绍兴文理学院越文化研究院（浙江省哲社重点研究基地越文化研究中心）
《中国越学》编委会

顾　　　问	安平秋	李学勤	黄　霖				
委　　　员	王志民	叶　岗	冯根尧	朱万曙	寿永明	李圣华	张太原
	陈书录	周鸿勇	赵敏俐	胡晓明	柳巨波	高利华	郭英德
	徐吉军	钱　明	黄胜平	梁　涌	谢一彪	廖可斌	潘承玉
主　　　编	潘承玉						
责 任 编 辑	莫尚葭						

中国越学
【第九辑】

ZHONGGUO YUEXUE

主编 ◎ 潘承玉

中国社会科学出版社

图书在版编目（CIP）数据

中国越学．第九辑/潘承玉主编．—北京：中国社会科学出版社，2018.11
　ISBN 978-7-5203-3586-7

　Ⅰ.①中… Ⅱ.①潘… Ⅲ.①文化史—研究—浙江 Ⅳ.①K295.5

中国版本图书馆 CIP 数据核字（2018）第 258880 号

出 版 人	赵剑英
责任编辑	郭晓鸿
特约编辑	席建海
责任校对	闫　萃
责任印制	戴　宽

出　　版	中国社会科学出版社
社　　址	北京鼓楼西大街甲 158 号
邮　　编	100720
网　　址	http://www.csspw.cn
发 行 部	010-84083685
门 市 部	010-84029450
经　　销	新华书店及其他书店
印刷装订	北京君升印刷有限公司
版　　次	2018 年 11 月第 1 版
印　　次	2018 年 11 月第 1 次印刷
开　　本	880×1230　1/16
印　　张	13.5
插　　页	2
字　　数	289 千字
定　　价	66.00 元

凡购买中国社会科学出版社图书，如有质量问题请与本社营销中心联系调换
电话：010-84083683
版权所有　侵权必究

目 录

阳明学研究

王阳明仁学新释 …………………………………………… 董根洪（3）

王阳明的君子观审视 ………………………………… 孙君恒 刘可馨（13）

王阳明社会治理思想及其当代价值
　——兼论阳明心学的实践取向 …………………… 戴　黍 魏天翔（27）

王国维美学思想与"阳明心学"传统 ……………………… 蔡洞峰（35）

王阳明致良知与王凤仪化性论比较
　——兼论儒家思想的创新与发展 ………………… 陈海威 周爱华（44）

陈确的启蒙儒学思想及其现代意义 ………………………… 陈寒鸣（57）

试论阳明心学对当代中国文化自信的提升 ………………… 张华斌（75）

试论阳明心学与日本近代国民道德建设 …………… 杨　威 罗夏君（83）

阳明后学文献整理史 ………………………………………… 张宏敏（92）

张岱研究

传统与新潮融会的智者
　　——重读张岱………………………………………………夏咸淳（109）

张岱与明末党争史实述论………………………………………张则桐（126）

满眼英雄独怆然
　　——从《有明于越三不朽图赞》看张岱对明代乡贤的论述与交往……何信恩（135）

张岱笔下的王阳明形象
　　——以《快园道古》为例……………………………………华建新（146）

两浙名人研究

傅以礼辑书汇考………………………………………………廖章荣（157）

蔡元培学校美育思想及其当代价值……………………………韩秀秀（164）

怜君古人风　重有君子儒
　　——策动心理学的中国传人潘渊……………………王蕴瑾　陈　巍（172）

张元济与瞿启甲的友情及书事交往……………………………曹培根（189）

畛域：明清之际知识女性的社会交往与活动空间
　　——以李因（1610—1685）为个案………………………何永智（195）

附：《中国越学》征稿启事……………………………………………（209）

阳明学研究

王阳明仁学新释

董根洪

【摘要】 王阳明以"全体恻怛"和"真诚恻怛"完善和完成了儒家的仁学；而在深入构建其"天地人万物一体之仁"的同时，最终突破"等差之爱"而引入实质是"兼爱"的原则，从而实际终结了儒家仁学或创新了儒家仁学；而由于在理论和现实上，王阳明的致良知说并不能完成"一体之仁"的仁学理想，真正实现"一体之仁"必须有一种现代新仁学，这就是新发展理念与人类命运共同体有机构成的"开新"性的现代新仁学。

【关键词】 仁学　仁理恻怛　一体之仁　完善　终结　开新

"孔子贵仁"，以孔子为代表的儒学本质上就是仁学，而在儒家仁学发展史上，王阳明的仁学思想具有重要意义。而对王阳明仁学思想的理论价值和思想意义学术界也给予了多层面多角度的阐述和揭示，本文试从一个新的层面予以阐述，总的观点认为：王阳明以"全体恻怛"和"真诚恻怛"完善和完成了儒家的仁学；而在深入构建其"天地人万物一体之仁"的同时，最终突破"等差之爱"而引入实质是"兼爱"的原则，从而实际终结了儒家仁学或创新了儒家仁学；而由于在理论和现实上，王阳明的致良知说并不能完成"一体之仁"的仁学理想，真正实现"一体之仁"必须有一种现代新仁学，这就是新发展理念与人类命运共同体有机构成的"开新性"的现代新仁学。

一

王阳明在儒家仁学史上一个重要贡献就是使儒家仁学完善化，使其走向完成形态，其集中体现，就是王阳明提出了"仁理恻怛"及"全体恻怛"和"真诚恻怛"三大新命题。

什么是仁？王阳明认为，"仁"本质上就是"心"和"良知"，而其内涵就是"恻怛"，所谓"仁理恻怛"①。这里，王阳明在儒家仁学史上第一次提出了一个崭新的命题："仁理恻怛。"虽然，王阳明没有进一步阐释，但依照孟子"恻隐之心仁之端"的逻辑理路，"恻怛"是对"恻隐"的超越，"恻隐"只是"仁"的自然发端，尚未上升到自觉的认识和达到本体形态，而"恻怛"则体现了主体对"仁"的自觉体认及对"仁"作为本体之"理"的一致性认识。因此，王阳明提出"仁理恻怛"表征着对于孟子"恻隐之仁"的超越。

不仅如此，王阳明还进一步提出了"全体恻怛"和"真诚恻怛"两个新命题，由此极大完善了儒家的仁学。王阳明说："心一而已，以其全体恻怛而言谓之仁"②"仁，人心也；良知之诚爱恻怛处，便是仁；无诚爱恻怛之心，亦无良知可致矣"③"盖良知只是一个天理，自然明觉发现处，只是一个真诚恻怛，便是他本体……只是一个良知，一个真诚恻怛。"④下面分两部分予以论述。

首先，就"全体恻怛"言，王阳明超越了孟子《尽心上》提出的"亲亲仁也"观点，并将程颢提出的"仁者天地万物一体"的命题进一步具体化、普遍化，从而充分体现"仁"的一般性、普遍性本体特点。

王阳明认为，"仁是造化生生不息之理"，"仁"的这一本体化的生生造化不息之理，必然体现出广泛性、普遍性特点，因此，王阳明认为仁爱恻怛不仅遍于"亲亲之仁"的家庭亲人间，遍于社会大众间，还遍于动物植物一切生命间，遍于无生命的瓦石物体间，总之具有"全体性"。这一"全体"之仁性，王阳明也常用一个更为标准正式的命题即"天地万物一体之仁"，这一命题应该也是儒家仁爱甚至整体儒学思想的成熟化的核心命题，从而标志着儒家仁爱思想的完成。

我们知道，北宋理学家程颢在其著名的《识仁篇》中首提"仁者天地万物一体"并解释说："所以谓万物一体者，皆有此理，只为从那里来。"程颢命题的重心是主体的"仁者"，其落脚点在"仁者"达到一种体认到与"万物"为一体一理的至上精神境界，所谓"仁者浑然与物同体""反身而诚，乃为大乐"。而王阳明则更加进一步予以"仁化"。在王阳明"天地万物一体之仁"的命题中，其重心在"天地万物"，其落脚点在主体体认到"一体"的基础上，将"恻怛之仁"落实到"全体"的"天地万物"每一个体上，从而体现孔子"博施于众"的仁爱本质。王阳明具体揭示这一"全体恻怛"的仁爱说，集中体现在著名的《大学问》开篇首问中："大人者，以天地万物为一体也，其视天下犹一家，中国犹一人焉……是故见孺子之入井而必有怵惕恻隐之心焉，是其仁之与孺子而为一体也；孺子犹同类者也，见鸟兽之哀鸣觳觫，而必有不忍之心焉，是其仁之与鸟兽而为一体也；鸟兽犹有知觉者也，见草木之摧折而必有

---

① 《王阳明全集·外集六》，红旗出版社1996年版，第993页。以下引用本书，只注篇目、页码。
② 《传习录》中，第45页。
③ 《续编二》，第543页。
④ 《传习录》中，第86页。

悯恤之心焉，是其仁之与草木而为一体也；草木犹有生意者也，见瓦石之毁坏而必有顾惜之心焉，是其仁之与瓦石而为一体也。"显然，这里，王阳明从"仁之与孺子而为一体"出发，推而将"仁"一个个具体化，普遍化，即社会化、自然化，进而宇宙化，从"仁之与鸟兽而为一体"，再到"仁之与草木而为一体"，最后到"仁之与瓦石而为一体"。这样，就完整系统地落实体现了"天地万物一体之仁"的"仁"的本体地位，进而落实了"仁者天地万物一体"的圣人之道。显然，王阳明这样的一种"全体恻怛"的"仁"的观念，已经大大超越了孟子的仁爱思想与程颢的"一体"仁论。因为，孟子虽有"仁民爱物"观点，但孟子只是"亲亲之仁"，没有将"仁"遍及到"物"，即他说的"君子之于物也，爱之而弗仁"。而在程颢那里，他重视的是"浑然一体"的整体体认，而王阳明重在将"浑然"具体化，强调"仁"与每一具体个体的"一体化"实施，强调"一体"中的具体事事物物上实际落实"一体之仁"。也就是说，在王阳明这里，作为本体化的"仁"，其具有的"造化生生""一体之仁"的性理，已经具体化、普及化到自然人类的各个角落，仁爱之情具有了"全体"的本质特性，"仁者以天地万物为一体，使有一物失所，便是吾仁有未尽处"①。"仁"的天地万物一体性，就是要求将"仁"的本体之光普照到其中的每一个物体上，要做到"完完全全"，不能缺失一物，有所"亏欠"，假如有"一物失所"，就是"未尽"的，不完善的，不完美的，不完全的。因此，在这里，"全体"构成"仁"的本质特性，不可或缺。

其次，就"真诚恻怛"言，王阳明是在强调"仁"的纯度，表征本体之"仁"具有的绝对性、根本性。

什么是"真诚恻怛"的"真诚"？所谓真诚，就是强调"恻怛"之"仁"完完全全是从心底真诚发出的爱，强调主体仁爱的真切性、实诚性、彻底性、纯粹性。这一"真诚恻怛"有时王阳明也叫"诚爱恻怛"，就是表达真诚的爱，就是要求在"致良知"的仁爱过程中，心中容不得半点私欲，行不得半点苟且，来不得半点虚伪。王阳明强调，人要始终做到"一念真诚恻怛之良知""致此良知之真诚恻怛，以事亲便是孝；致此良知之真诚恻怛，以从兄便是弟；致此良知之真诚恻怛，以事君便是忠"②。良知的实质就是"真诚恻怛"，致良知就是要实实诚诚地仁爱，而不得掺假，只有在"真诚恻怛"中，良知才能得到完整落实。否则，不真诚，不真切，就不是致良知，就不是施仁爱。"孝亲之心真切处才是天理。如真心去定省问安，虽不到床前，却也是孝。若无真切之心，虽日日定省问安，也只与扮戏相似，却不是孝。此便见心之真切，才为天理。"③ 王阳明十分厌恶现实中言行不一、心口不一即知行不一的虚假之"仁"，反对只会口上"知孝知弟"，实际不孝不弟的现象，强调"善能实实的好，是无念不善矣；恶能实实的恶，是无念及恶矣，如何不是圣人？故圣人之学，只是一诚而已"。显

---

① 《传习录》上，第27页。
② 《传习录》中，第86页。
③ 《补录》，第1137页。

然，王阳明强调"真诚恻怛"之仁，是要保证儒家仁爱的彻底性、纯粹性，这是在总结儒家仁爱思想长期实践中暴露出来的"大病痛"而特别开出的医疗"良方"，是对儒家仁爱学说的一个完善。

综上所述，王阳明以"全体恻怛"和"真诚恻怛"，从"全体"和"真诚"两大维度强化了儒家良知之仁应该具有的广度和纯度，从而完善全面地表征了良知之仁具有的本体特性和工夫特质，即仁爱具有普遍性、一般性、彻底性、绝对性和根本性，儒家的仁爱走向了广度和深度的极致，走向了完善。

二

王阳明完善了儒家的仁学，形成了一个完成形态。但与此同时，王阳明也将儒家的仁学终结了，这一终结主要源于理论本身，也源于实践限制。其根本在于：王阳明仁学的一体性与等差性蕴含着的不可调和、难以自洽的内在矛盾，这一本质上是普遍性与特殊性的矛盾最终使王阳明的仁学在走向儒家仁学的完善完成形态时，无以止步，继续迈出了儒家仁学的边境，从而终结了儒家仁学，开启了连通墨子兼爱的大门。

我们知道，儒家的仁爱建立在孝亲的基础性伦理原则上，而孝亲之仁必然要求的是等差之仁，必然是同心圆之爱。也就是说，孝亲之仁爱，从其理论逻辑出发，是亲亲疏疏的"厚薄"之仁爱，因此，客观上必然具有区隔人己、分割物我的性质，其最终趋向是形成对立分裂而分解"一体之仁"或"全体恻怛"并背离"真诚恻怛"的结局。我们从分析王阳明回答学生的疑问的论析中就可以看出以下三点结论。

其一：问："程子云'仁者以天地万物为一体'，何墨氏'兼爱'反不得谓之仁？"先生曰："此亦甚难言，须是诸君自体认出来始得。仁是造化生生不息之理，虽弥漫周遍，无处不是，然其流行发生，亦只有个渐，所以生生不息……惟其渐，所以便有个发端处；惟其有个发端处，所以生；惟其生，所以不息……父子兄弟之爱，便是人心生意发端处，如木之抽芽。自此而仁民，而爱物，便是发干生枝生叶。墨氏兼爱无差等，将自家父子兄弟与途人一般看，便自没了发端处；不抽芽便知得他无根，便不是生生不息，安得谓之仁？孝悌为仁之本，却是仁理从里面发生出来。"①

其二："良知只是一个，随他发现流行处当下具足，更无去求，不须假借。然其发现流行处却自有轻重厚薄，毫发不容增减者，所谓天然自有之中也。……孟氏'尧舜之道，孝弟而已'者，是就人之良知发现得最真切笃厚、不容蔽昧处提省人，使人于事君处友仁民爱物，与凡动静语默间，皆只是致他那一念事亲从兄真诚恻怛的良知，

---

① 《传习录》上，第27页。

即自然无不是道。"①

其三：（学生问）"大人与物同体，如何《大学》又说个厚薄？"先生曰："惟是道理，自有厚薄。此如身是一体，把手足捍头目，岂是偏要薄手足？其道理合如此。禽兽与草木同是爱的，把草木去养禽兽，又忍得。人与禽兽同是爱的，宰禽兽以养亲，与供祭祀，燕宾客，心又忍得。至亲与路人同是爱的，如箪食豆羹，得则生，不得则死，不能两全，宁救至亲，不救路人，心又忍得。这是道理合该如此。及至吾身与至亲，更不得分别彼此厚薄。盖以仁民爱物，皆从此出；此处可忍，更无所不忍矣。《大学》所谓厚薄，是良知上自然的条理，不可逾越，此便谓之义；顺这个条理，便谓之礼；知此条理，便谓之智；终始是这条理，便谓之信。"②

具体分析王阳明的上述回答，我们起码可以理出三条头绪：第一条，仁或良知之"爱"有"轻重厚薄"之分序，其顺序为："吾身与至亲""父子兄弟之爱"或"事亲从兄"—"路人""途人"或"仁民"—"爱物"（"禽兽"—"草木"）。第二条，这一仁或良知"轻重厚薄"之"爱"的顺序其本质是"良知上自然的条理"，其义礼智信因此而起。第三条，仁之"爱"内含着"忍"，儒家实现仁爱必须学会"忍得"，"仁"的同时存在着相反的"忍"，无法事事处处都是"仁"，这种"仁"与"忍"并存的现象是"道理合该如此"。

显然，从王阳明的上述观点论述中，我们还是发现了不少问题，如：仁或良知本身是否有"厚薄""差等"？显然，仁或良知是无所谓轻重厚薄等差的，"盖良知之在人心，亘万古，塞宇宙，而无不同"③。"人人自有，个个圆成，……不假外慕，无不具足"④，具有"亘万古""塞宇宙"的绝对性、普遍性、全体性、真诚性的良知仁爱，"无不具足""无不相同"，其"自有度""圆成度"都是一样的，因此，在其现实中也难以发生"轻重厚薄"的不一和差别来。

而最大的问题在于，这一仁或良知之爱在其流行发生实际表现出来的轻重厚薄、亲亲疏疏之爱，其逻辑结果必然是消解"一体之仁"。显然，人人按良知发现表现，每个人必然只是亲其亲、疏其人，重其亲、轻其人，厚其亲、薄其人，每个人首先思虑所及就是"吾身与亲"，这在实质就是首先选择一个"私"。而在这样一个实际以"私"为核心交往原则的互动关系中，这一个社会尽管高倡"仁爱"，然其必然结果，免不了有诸多的竞私逐利现象。试想，当王阳明所说："至亲与路人同是爱的，如箪食豆羹，得则生，不得则死，不能两全，宁救至亲，不救路人，心又忍得。"在这一场景中，设想"路人"也作"宁救至亲"想，那我与"路人"之间都本着"宁救至亲，不救路人"的原则，势必为了这一"箪食豆羹"的利益展开互不相让、不可调和的斗争。在这里，"仁"与"忍"共存，"爱"与"争"同在。也就是说，从每个个体"轻重厚

---

① 《传习录》中，第87页。
② 《传习录》下，第113页。
③ 《传习录》中，第76页。
④ 《传习录》上，第32页。

薄"之"仁爱"出发,在其生活资源紧缺的情形下(在小农经济社会里,这是经常会有的现象),无论理论上或实践中,不同家庭个体社会交往的必然结果,很可能会走向"仁爱"的对立面,即"争斗"乃至"仇恨",王阳明及儒家理想的"一体之仁"就分崩离析,无以可能。从根本上,"等差之爱"与"一体之仁"具有内在矛盾性。所以,当王阳明沉痛指斥:"后世良知之不明,天下之人用其私智以相比轧……相陵相贼,自其一家骨肉之亲,已不能无尔我胜负之意,彼此藩篱之形,而况于天下之大,民物之众,又何能一体而视之? 则无怪于纷纷藉藉,而祸乱相寻于无穷矣。"① 殊不知,这里王阳明大声指斥的不良社会现象,由其"轻重厚薄"等差的良知或仁爱,也是完全可以造成的。

显然,王阳明的"全体恻怛"或"天地万物一体之仁"的理想,在"轻重厚薄"的等差之爱中是难以真正实现的,那怎么办? 于是,王阳明在不自觉中,只有开始突破儒家的理论建构框架,延伸至墨子的"兼爱"思想,从"兼爱"出发建设"一体之仁"的理想境界。

显然,作为正统的儒家思想家,王阳明对于墨子总体是否定的,但他也并非一味否定。王阳明在其《答罗整庵少宰书》中,就以自己不得已"抵牾朱子"的行为与孟子不得已"辟"墨子的行为相比拟,实际是将墨子与朱子相类看待。王阳明也肯定墨子是"当时之贤者",认为墨子的"兼爱"也致力于"行仁",无非是"行仁有过"。然而,在王阳明一再推崇的"天地万物一体之仁"的仁爱说中,王阳明却不乏运用墨子的兼爱观点。我们知道,墨子的"兼爱"思想作为与儒家的仁爱思想不同的地方就在于它取消了儒家倡导的亲亲疏疏、轻重厚薄之分的"等差"原则,而主张一视同仁的爱,而从理论逻辑上,只有"一视同仁",才是达致"一体之仁"的不二选择,任何的不平衡、不均衡、不平等的等差之"仁",都不足以完善实现"一体之仁"。而墨子的"兼爱"思想其基本原则就是"视人之国若视其国""视人之家若视其家""视人之身若视其身",这一原则并非儒家提倡的递减性的推己及人之爱,而是不分亲疏的平等的爱。而这一兼爱与非攻是相辅相成的,它不会带来相互的争斗冲突。而墨子的这一"兼爱"观点,我们在王阳明关于天地万物一体之仁的思想论述中,有多次发现。如他说:"世之君子惟务致其良知,则自能公是非,同好恶,视人犹己,视国犹家,而以天地万物为一体,求天下无治,不可得矣。古之人所以能见善不啻若己出,见恶不啻若己入,视民之饥溺犹己之饥溺,而一夫不获,若己推而纳诸沟中者。"② 又说:"夫圣人之心,以天地万物为一体,其视天下之人,无外内远近,凡有血气,皆其昆弟赤子之亲,莫不欲安全而教养之,以遂其万物一体之念。"③ 这里,王阳明提出的"视人犹己,视国犹家""视民之饥溺犹己之饥溺"及"视天下之人,无外内远近,凡有血气,皆其昆弟赤子之亲"的观点,明显表达的是墨子的"兼爱"思想,而非儒家固有

---

① 《传习录》中,第82页。
② 同上书,第81—82页。
③ 同上书,第56页。

的推己及人的等差性的仁爱思想。值得注意的是，王阳明这里非常自觉和明确地认识到只有这一实质是"兼爱性"的一视同仁的仁爱思想，才是实现"一体之仁"的根本手段，才能"遂其万物一体之念"。也就是说，实质上，王阳明已经发现了传统儒家等差性的仁爱是难以完成"一体之仁"的重任的。

显然，王阳明的仁学思想，在以"全体恻怛"和"真诚恻怛"完善和完成了儒家仁学思想的同时，为践行其"一体之仁"的儒家仁学核心目标，最终偏离了儒家固有的"事亲从兄"的"根本"，而援用了墨子的兼爱原则，从而实际终结了儒家的仁学思想。

三

王阳明的仁学思想是一视同仁与一体之仁的统一体，是兼爱与天地人万物一体的统一体，也可以说是对儒家仁学的完善、终结又创新的统一体。

王阳明的这一仁学思想，从理论上说，对今天的人类发展具有重要的思想启迪意义。英国著名历史学家汤因比先生曾经评判儒家和墨子的仁爱思想说："儒家认为，爱应分阶段地加以分配。用同心圆做比喻，以自己为圆心，随着向外扩展，爱则逐步减少。这种主张和把无差别的普遍的爱作为义务的墨子学说相比，显而易见易于为人的本性所接受……但是，爱自己不熟悉的他人，把普遍的爱落实到行动上，并满足这种伦理上的困难要求，那才是现代的绝对要求……我想只有普遍的爱，才是人类拯救自己的唯一希望。对现代人类社会的危机来说，把对'天下万物'的义务和对亲密的家庭关系的义务同等看待的儒家立场，是合乎需要的。现代人应当采取此种意义上的儒教立场。进一步说，我们不要再随意解释儒教对爱的观点，而应该向前发展一步采取墨子的立场。就是说，现代人应当为追求没有阶段、没有限制的普遍的爱而努力。墨子之道，确实比孔子之道，更难实践。但我认为墨子之道，比孔子之道更适合现代人的实际情况。"[1] 显然，汤因比先生在通过对孔子的仁爱与墨子的兼爱思想进行分析后，总的结论是"墨子之道比孔子之道更适合现代"世界的需要，墨子提倡的普遍平等的爱比孔子提倡的差别特殊的爱更有助于拯救现代人类危机。但这里需要注意的是，汤因比先生这里还特别提出有一种"合乎需要"的"儒家立场"，即"把对'天下万物'的义务和对亲密的家庭关系的义务同等看待的儒家立场"，显然，这一同通墨子之道的"儒家立场"，不是属于正统的孔孟的"孔子之道"，它正来自王阳明，它正是王阳明的兼爱式仁爱思想。因而，汤因比说："现在人类居住的整个地区，在技术上已经统一成为一个整体。因此在精神上也应该统一成为一个整体。以前只向人类居住地区的局部地区，只向其居民和政府献身的

---

[1] 汤因比、池田大作：《展望二十一世纪》，国际文化出版公司1997年版，第412—413页。

政治热情，现在必须奉献给全人类和全世界，不，应该奉献给全宇宙……按照王阳明的世界观来说就是'大人者，以天地万物为一体也，其视天下犹一家也。'"① 这里，汤因比指出并肯定了王阳明在《大学问》开篇所说的"以天地万物为一体""视天下犹一家"的"奉献给全宇宙"的"普遍的爱"的思想，而王阳明这里的"视天下犹一家"思想即视天下之人犹一家之人，"天下之人熙熙皞皞，皆相视如一家之亲"② 这一思想已明显不同于儒家传统的同心圆等差之爱，而通同于墨子的兼爱思想，它是实现"天地万物为一体"的合适原则。也就说，王阳明上述万物一体天下一家的仁爱思想具有现代意义，为解决现代人类危机提供了重要的思想资源。考虑到习近平总书记对于王阳明及其思想不仅非常重视而且非常熟知，肯定王阳明的心学思想是"中华优秀传统文化的精髓"，我们有理由相信，王阳明的"天地人万物一体之仁"的思想为习近平总书记提出"人类命运共同体"提供了直接而重要的思想资源。

然而，王阳明的"天下犹一家"的"一体之仁""儒家立场"虽然提出了一种"普遍的爱"，甚至可以成为"人类命运共同体"思想的重要思想资源，但它是否具备"人类拯救自己的唯一希望"的现实性呢？显然，还不能。

我们知道，王阳明提出"天地人万物一体之仁"，根本上是要达到天地人万物一体生生，是要实现"天地位，万物育"和百姓兴，亦即王阳明"全体恻怛"与"真诚恻怛"的现实统一。仁者不仅要对天地人万物全体具有恻怛之心，而且具有实际的恻怛之效。故在《大学问》中论道："是故亲吾之父，以及人之父，以及天下人之父，而后吾之仁实与吾之父、人之父与天下人之父而为一体矣；……君臣也，夫妇也，朋友也，以至于山川鬼神鸟兽草木也，莫不实有以亲之，以达吾一体之仁，然后吾之明德始无不明，而真能以天地万物为一体矣。"王阳明经常用"全得仁体""全其万物一体之仁"等说法，都在表达希望在现实中真正实现和成就一个"一体之仁"的理想社会。如何实现？王阳明将实现"一体之仁"的根本手段和途径都放在"致良知""明明德"的道德修养教育上，所谓"共明良知于天下，使天下之人皆知自致其良知，以相安相养，去其自私自利之蔽，一洗谗妒胜忿之习，以济于大同"③。"是以推其天地万物一体之仁以教天下，使之皆有以克其私，去其蔽，以复其心体之同然。"④ 这样的"一体之仁"实现路径，虽然不乏合理性因素，但从根本上不具现实性。其不现实的原因也很多，而其最根本原因则在缺乏和否定经济社会的发展性、创新性。由于忽视发展性、创新性，便从根本上无以支撑维系"天地人万物一体之仁"所需的经济物质资源和科学技术。王阳明曾经论述其"一体之仁"思想说："仁者以天地万物为一体，使有一物失所，便是吾仁有未尽处""视民之饥溺犹己之饥溺，而一夫不获，若己推而纳诸沟中

---

① 汤因比、池田大作：《展望二十一世纪》，国际文化出版公司1997年版，第220页。
② 《传习录》中，第57页。
③ 同上书，第83页。
④ 同上书，第57页。

者。"① 显然，按照"一体之仁"的内在要求，必须消除和避免世上的"一物失所""一夫不获"的现象，否则，"一体之仁"就是"未尽的"，即未完成的、不圆满的、有缺失的。然而，不通过发展创新科学技术和经济建设，能够消除和避免"一物失所""一夫不获"的社会现象吗？显然不能！试想，古代社会里，在自然旱灾洪灾下，往往有许多动植物丧失生命，甚至导致一个物种消失，这是"一物失所"？往往会有大量百姓，由于大旱大涝庄稼颗粒无收，被迫流离失所，到处逃荒要饭，成为灾民饥饿而死，这是"一夫不获"？还有因为贫穷落后、经济科技特别是医疗技术不发达，许多百姓不幸生病，由于不能获得治疗，只能在病痛中死去，这也是"一夫不获"？面对上述一系列"失所""不获"痛苦悲惨甚至残忍的"忍得"现象，心怀"一体之仁"的仁者除了在心理无助的"恻然而悲，戚然而痛"之外，还能有什么实际助益？没有，也不可能有。显然，在这里，不仅需要的是大家心中固有的良知，大家有一体之念，而且需要有发展实现"一体之仁"，使天下万物都能各得其所、天下百姓各得其养的科技经济条件和物质生活条件。显然，这种积极推动经济社会发展的思想理论在王阳明的仁学思想中是缺失的，实际上，在整个中国传统思想文化中都是缺失的。王阳明的"天地人万物一体之仁"本质上是为了实现"天地人万物一体之和"，王阳明的仁学乃至整个中国传统思想文化都致力于实现"太和"，"和为贵"是根本价值追求，而实现经济社会发展，改善百姓生活，增进人民福祉这是"存天理、灭人欲"的价值体系无法容纳的。在王阳明的仁学中，"吾平生讲学，只是致良知""除却致良知，还有什么说得？"如在长长的《答顾东桥书》中王阳明就明确摒斥"知识技能"和"富强功利"，反对人们有"功利之心""功利之习"。"学者学圣人，不过是去人欲而存天理耳。"② 要人们通过存天理去人欲的致良知工夫，将一切"好色""好名""好利"之心革除尽净。要求天下百姓"安其农、工、商、贾之分，各勤其业以相生相养，而无有乎希高慕外之心"③。显然，过一种简单的相生相养的自然生活，而不要有追求更高水平的幸福生活，即不可有"希高慕外之心"，这就是王阳明希望的社会生活图景。然而，如上所述，在这样一种小农经济条件下，在这样一种传统农业社会的生产生活基础上，人们是无法避免各种天灾人祸及其造成的家破人亡、生灵涂炭的"失所""不获"惨相的，是无法"全其万物一体之仁"的。显然，这是历史的逻辑使然，王阳明也无以摆脱。

如何走出王阳明仁学不能"全其万物一体之仁"的困境？这就必须实现儒家仁学的历史性开新。这一开新其实质就是当代中国共产党人提出的新发展理念及"人类命运共同体"思想，它实际上构成了现代中国的新仁学。这一新仁学，在弘扬"天地人万物一体之仁"的"讲仁爱"的思想基础上，提出了"构建人类命运共同体"目标，致力于实现全球性普遍和谐发展。如何实现？坚持新发展理念，即通过坚持创新发展、

---

① 《传习录》中，第82页。
② 《传习录》上，第29页。
③ 《传习录》中，第57页。

协调发展、绿色发展、开放发展和共享发展,实现世界各国共商共建、共赢共享,真正实现人与人、人与社会、人与自然、国家与国家、民族与民族的和谐一体发展,真正践行"天地人万物一体之仁"。这是时代赋予中国共产党人的重大理论创新,也是自觉践行人类社会发展规律的伟大实践杰作。

【作者简介】董根洪,浙江省委党校教授

王阳明的君子观审视

孙君恒　刘可馨

【摘要】 王阳明强调道对于成为君子至关重要，君子的核心在于亲民，造福广大老百姓，为社会公众服务，爱人体现在从百姓日用方面的关切。君子之学，需要克己、去私，在道德上进行完善、升华，达到高尚的境界。人生应该推崇仲尼、颜子乐处、圣贤之乐。王阳明的君子认识有不少个人领悟，如君子大众化、普及化，对诚、贞的认识，用竹比喻君子。但是，他的君子概念不能严格贯彻，君子专论匮乏，论述自相矛盾，其阶级倾向性也不能否认。

【关键词】 王阳明　君子　根本　规范　评价

王阳明是孔子君子思想的崇拜者、传承者。他的书籍里几乎每页都有"君子"字眼，出现的频率非常高，说明他十分喜欢、特别重视君子思想。钱穆把王阳明的《传习录》归为七本"中国人所必读的书"之一，"阳明以不世出之天姿，演畅此愚夫愚妇与知与能的真理，其自身之道德、功业、文章均已冠绝当代，卓立千古，而所至又汲汲以聚徒讲学为性命，若饥渴之不能一刻耐，故其学风淹被之广，渐渍之深，在宋明学者中，乃莫与伦比"[②]。孔子关于君子应该"修齐治平"见解，在王阳明那里得到了发扬光大，有很多思想闪光点，值得我们深入研究。王阳明的君子美德体系，有非常多的条目，几乎涉及传统美德的方方面面。这里挂一漏万，仅举几点进行简要说明。

---

① 基金项目：国家社会科学基金项目（编号：16BKS111）；国家社会科学基金项目（编号：13BZX073）。
② 钱穆：《王守仁》，商务印书馆1930年版，第50页。

一　君子之道

道是君子与小人的分水岭。道不同，则区分了人的高雅与卑鄙、伟大与平凡。道对于成为君子至关重要。王阳明指出："《中庸》一书，大抵皆是说修道的事。故后面凡说君子，说颜渊，说子路，皆是能修道的；说小人，说贤、知、愚、不肖，说庶民，皆是不能修道的；其他言舜、文、周公、仲尼至诚至圣之类，则又圣人之自能修道者也。"① 求道、守道乃君子分内要事，不尽到道的要求，则是君子的严重错误。"君子与小人居，决无苟同之理，不幸势穷理极而为彼所中伤，则安之而已。处之未尽于道，或过于疾恶，或伤于愤激，无益于事，而致彼之怨恨仇毒，则皆君子之过也。"②

仁道是君子的核心，在于亲民，造福广大老百姓，为社会公众服务。学会爱人、爱他人，是君子的大学问。处理好利人的事情，才能利自己。为此，王阳明非常强调孔子的道德黄金律"己所不欲，勿施于人"的指导思想，主张切实加以运用，才能达到君子道德的最佳境界。正是由于君子的高尚人格和崇高理想，才人人敬仰。君子严格遵守儒家的根本，遵守爱人、爱民的处世之道，才能永远受到尊敬。王阳明对君子境界非常向往，他期待满城都是君子，社会大同。王阳明热情讴歌了孔子修己以安百姓、天下平，千古流芳，成为人们学习和敬仰的楷模，主张君子应该胸怀天下，为芸芸众生谋福利，才是真正明白了孔子的用意、儒家的真谛，自然也是君子之道、大学之道。王阳明认为《大学》里的"亲民"，不应该做"新民"讲，而应该做"亲民"，才是把握了实质。"'作新民'之'新'是自新之民，与'在新民'之'新'不同，此岂足为据？'作'字却与'亲'字相对，然非'亲'字义……安百姓便是'亲民'。说'亲民'便是兼教养意，说'新民'便觉偏了。'"③

君子之道仁者爱人体现在从百姓日用方面的关切。道不远人，就在老百姓的世俗生活中。君子关切普通老百姓的日常需要，就是认真遵从、实现了道，尽了自己的本分。若是以君子自居，夸夸其谈，不关心老百姓的生活，那样的做法未免是离经叛道，很难达到仁道的要旨。"百姓又日用而不知，故君子之道鲜矣。仁智可岂不谓之道？但见得偏了，便有弊病。"④ 君子名副其实，表里如一，重在利民，"恐更当于日用之间为人之本者，深加省察，而去其有害于此者为佳。不然，诵说虽精，而不践其实，君子盖深耻之"⑤。蔡元培先生高度评价王阳明关切老百姓日常生活实践的做法，"促思想之自由，而励实践之勇气者，其功故昭然不可掩也"⑥。

---

① 《王阳明全集·传习录下》。
② 《王阳明全集·静心录之一·文录一》。
③ 《王阳明全集·传习录上》。
④ 同上。
⑤ 《王阳明全集·传习录下》
⑥ 《蔡元培全集》第2卷，中华书局1984年版，第100页。

道的把握，就在人的良知。遵循良知，就是守道、敬理，才是君子应该坚持的根本。王阳明把良知作为君子的根本之道、第一要义，"致良知是学问大头脑，是圣人教人第一义……能致良知，则心得其宜矣，故集义亦只是致良知。君子之酬酢万变，当行则行，当止则止，当生则生，当死则死，斟酌调停，无非是致其良知，以求自谦而已。故君子素其位而行，思不出其位，凡谋其力之所不及而强其知之所不能者，皆不得为致良知；而凡劳其筋骨，饿其体肤，空乏其身，行拂乱其所为，动心忍性以增益其所不能者，皆所以致其良知也"①。依据良心行动，才是君子之道，不应该奢谈虚无缥缈的道理。"夫良知即是道，良知之在人心，不但圣贤，虽常人亦无不如此。若无有物欲牵蔽，但循着良知发用流行将去，即无不是道。但在常人多为物欲牵蔽，不能循得良知。如数公者天质既自清明，自少物欲为之牵蔽，则其良知之发用流行处，自然是多，自然违道不远。学者学循此良知而已，谓之知学，只是知得专在学循良知。"②

遵循良知的美德要求，讲究天下之利、社会公利、忠信礼义，是君子之道的关键。君子胸怀天下，大公无私，奉献社会。君子和小人在利益追求上泾渭分明，利他、利社会与利己、利私完全对立。恪守儒家的忠信礼义传统美德，是君子德行的要求，是衡量是否君子的试金石。在考科举做官盛行的时代，王阳明能够认真反省人生，主张遵守仁道，胜于求仕，非常难得。他看透官场的功名利禄，认为世俗的追求有时祸害接踵而来——害人、害身、害心，那样的做法不是君子应该追求的。"古之君子……定国本而安社稷，则亦断非后世偷生苟免者之所能也。夫权者，天下之大利大害也。小人窃之以成其恶，君子用之以济其善，固君子之不可一日去，小人之不可一日有者也……忠诚忧国之君子能之，而小人不能也……君子论事当先去其有我之私，一动于有我，则此心已陷于邪僻，虽所论尽合于理，既已亡其本矣……君子以忠信为利，礼义为福。苟忠信礼义之不存，虽禄之万钟，爵以侯王之贵，君子犹谓之祸与害；如其忠信礼义之所在，虽剖心碎首，君子利而行之，自以为福也。"③

王阳明使君子之道从抽象走向具体、从庙堂进入民众。他明确主张"百姓日用即道"，指出"百姓"和"圣人"都有良知，放在等同的地位，以平等的眼光看待圣人和普通老百姓的需要、本性。他把神圣和世俗结合起来，从世俗中发现、触摸、追求、逼近神圣。这样，"百姓日用"就成了检验君子之"道"的标准，君子从容地走下了圣坛，与广大老百姓打成一片，与普通老百姓成为命运共同体。王阳明的这些观点，充分体现了广大市民、老百姓的生存要求和愿望，积极维护了劳苦大众的利益，使儒家君子观有了强大的群众基础和社会平台，从而给予君子认识注入了非常强大的活力。他的平民性的观点，挑战权威地位，肯定广大群众的利益诉求，具有人人平等、共享幸福、反等级差别的进步意义。近代学术大家对王阳明非常崇拜。例如，康有为从他那吸取的是"六经皆我注脚，群山皆其仆从"的气概，在广州万木草堂讲学期间"斥

---

① 《王阳明全集·传习录中》。
② 同上。
③ 《王阳明全集·静心录之四·外集三》。

数百年旧儒学都是无用之学，乃教之以陆王心学"，其演讲内容汇编成《南海康先生口说》一文，语涉王阳明达17次。梁启超更是对王阳明心悦诚服，在各种场合为阳明心学摇旗呐喊，如"阳明先生，百世之师""我辈今日所犯者，阳明以前社会之普通病""王学绝非独善其身之学，而救时良药，未有切于是者""王阳明是一位豪杰之士，他的学术像打药针一般，令人兴奋"。

二　君子之学

君子贵在学习，从孔子《论语》第一句话就开宗明义："学而时习之，不亦乐乎。"王阳明强调学习的必要性在于"君子惟患学业之不修"。① 君子之学，诚意为本、为始。"君子之学，以诚意为主，格物致知者，诚意之功也……君子之于学也，因用以求其体"② "君子之学以诚身。格物致知者，立诚之功也。譬之植焉，诚，其根也；格致，其培壅而灌溉之者也。后之言格致者，或异于是矣。不以植根而徒培壅焉、灌溉焉，敝精劳力而不知其终何所成矣。"③

君子之学，需要克己、去私，在道德上进行升华，达到高尚的境界。"君子之学，为己之学也。为己故必克己，克己则无己。无己者，无我也。世之学者执其自私自利之心，而自任以为为己；溺焉入于隳堕断灭之中，而自任以为无我者，吾见亦多矣。"④ 对自我严格要求，不计较个人利害、名誉、得失、悲喜，方显示君子品性。"君子之学，务求在己而已。毁誉荣辱之来，非独不以动其心，且资之以为切磋砥砺之地。故君子无入而不自得，正以其无入而非学也。若夫闻誉而喜，闻毁而戚，则将惶惶于外，惟日之不足矣，其何以为君子！……固君子之严于自治，宜如此也。"⑤

君子之学，专一精心、日积月累是提高的主要途径。"今时同志中，往往多以仰事俯育为进道之累，此亦只是进道之志不专一，不勇猛耳。若是进道之志果能勇猛专一，则仰事俯育之事莫非进道之资。"⑥ 学习过程中，同窗好友相互切磋，互相鼓励和鞭策，才能不断进步。"君子之学，非有同志之友日相规切，则亦易以悠悠度日，而无有乎激励警发之益。"⑦ 君子之学，注重日积月累，脚踏实地，兢兢业业，不能华而不实，投机取巧。阳明子曰："君子之于学也，犹农夫之于田也，既善其嘉种矣，又深耕易耨，去其螟螣，时其灌溉，早作而夜思，皇皇惟嘉种之是忧也，而后可望于有秋。夫志犹种也，学问思辩而笃行之，是耕耨灌溉以求于有秋也。"⑧ 君子之学讲究动静结合。动

---

① 《王阳明全集·静心录之一·文录一》。
② 同上。
③ 《王阳明全集·悟真录之二·文录五》。
④ 同上。
⑤ 《王阳明全集·静心录之三·文录三》。
⑥ 《王阳明全集·静心录之六·续编二》。
⑦ 《王阳明全集·静心录之一·文录一》。
⑧ 《王阳明全集·悟真录之一·文录四》。

强调运用,静重在专一。"君子之学,无间于动静……静,其体也,而复求静根焉,是挠其体也;动,其用也,而惧其易动焉,是废其用也。故求静之心即动也,恶动之心非静也,是之谓动亦动,静亦动,将迎起伏,相寻于无穷矣。"①

君子之学强调和而不同,观点争鸣,追求大同小异。"君子论学,固惟是之从,非以必同为贵。至于入门下手处,则有不容于不辩者,所谓毫厘之差千里之谬矣。致知格物,甘泉之说与仆尚微有异,然不害其为大同。若吾兄之说,似又与甘泉异矣。相去远,恐辞不足以达意,故言语直冒,不复有所逊让。近与甘泉书,亦道此,当不以为罪也。"② 学术争鸣,理所当然,是君子之风,从孔孟圣人到朱熹、陆象山就有不同见解,是十分正常的现象,排除甚至打击异己不利于思想进步。"君子之学,岂有心于同异?惟其是而已。吾于象山之学有同者,非是苟同;其异者,自不掩其为异也。吾于晦庵之论有异者,非是求异;其同者,自不害其为同也。假使伯夷、柳下惠与孔、孟同处一堂之上,就其所见之偏全,其议论断亦不能皆合,然要之不害其同为圣贤也。若后世论学之士,则全是党同伐异,私心浮气所使,将圣贤事业作一场儿戏看了也。"③

三 君子之乐

王阳明认为,君子具有乐观主义精神。君子胸怀博大,能够超越狭隘的功利思想,达到天人合一的境界,不依赖外物,从而心安理得,潇洒自在。这样的人生,何乐而不为?我们岂不应该选择?我们看到王阳明的这个见解,和古希腊的亚里士多德的看法很接近,亚氏注重智慧的人生幸福不依赖外物,心灵上的自得是最高境界的幸福,真是"英雄所见略同"!

"君子乐得其道,小人乐得其欲。然小人之得其欲也,吾亦但见其苦而已耳。'五色令人目盲,五声令人耳聋,五味令人口爽,驰骋田猎令人心发狂。'营营戚戚,忧患终身,心劳而日拙,欲纵恶积,以亡其生,乌在其为乐也乎?若夫君子之为善,则仰不愧,俯不怍;明无人非,幽无鬼责;优优荡荡,心逸日休;宗族称其孝,乡党称其弟;言而人莫不信,行而人莫不悦。所谓无入而不自得也,亦何乐如之!"④

王阳明特别关注人生四乐:亲情之乐、讲学之乐、修身之乐、山水之乐。王阳明在对人伦亲情的念念不忘中,体验着人类最本真的自然之乐,正是对亲情的眷念和责任,使他内心充实,有所寄托,有所满足,从而珍惜生命,乐于追求人生存在的价值;讲学,对王阳明来说是无上的享受、无上的乐事,从中可以获得向圣贤之道进发的生

---

① 《王阳明全集·静心录之一·文录二》。
② 《王阳明全集·静心录之二·文录二》。
③ 《王阳明全集·静心录之三·文录三》。
④ 《王阳明全集·悟真录之五·外集六》。

命意义和人生的价值追求,讲学传道成为他的宿好,贵州龙场、平叛、归家讲学经历,其乐无穷。王阳明注重修身行善,做一篇《为善最乐文》里说:君子乐得其道,小人乐得其欲,小人对感官享乐和虚荣满足的追逐,只会整日劳心忧身,步入歧途,没有真正的快乐可言;王阳明常常从山水中体验快乐,说自己平生山水已成癖、独于泉石尚多求,山水自然与一颗灵心交融,感悟到自然的生生不息,体验到洒脱自得的人生乐趣。

王阳明非常推崇仲尼、颜子乐处、圣贤之乐。针对自古以来君子忧患意识的强调和自己弟子的闷闷不乐的情况,他强调在一般老百姓的七情之乐中,升华人生快乐,寻找高雅的圣贤之乐、超越境界。王阳明论道:"乐是心之本体,虽不同于七情之乐,而亦不外于七情之乐。虽则圣贤别有真乐,而亦常人之所同有。但常人有之而不自知,反自求许多忧苦,自加迷弃。虽在忧苦迷弃之中,而此乐又未尝不存。但一念开明,反身而诚,则即此而在矣。"①

自古以来的君子榜样,很受王阳明推崇:"古之君子所以凝至道而成盛德,未有不由于斯者。虽尧、舜、文王之圣,然且兢兢业业,而况于学者乎!后之言学者,舍心而外求,是以支离决裂,愈难而愈远,吾甚悲焉!"②宋代的君子也得到了王阳明的高度评价。"欧阳文忠、范文正、韩魏公其人也,所谓名世之大贤君子!"③

杜保瑞在《论王阳明的知行关系》一文中,高度评价王阳明:"有开创儒家哲学理论意境的哲学史意义,在当代新儒家的讨论中,有超越一切儒学与中国哲学的登峰造极意义。关键就在,王阳明论知行关系的意见,融会贯通,透彻骨髓。以其一生的学问与事功,将儒者的典范即身实现,显现出理论与实践的完美结合,故而在哲学史上有如此显赫的地位。"④

日本的冈田武彦先生指出:"王阳明的'良知'说振奋了弱者的心灵,给那些深陷权势和名利的旋涡而不能自拔。遭受现世重压而不能逃脱的世俗中人指出了一条正大光明、强而有力的快乐生存之路。"⑤

四 君子之范

君子的言行符合美德体系要求,是美德的化身和综合。王阳明对君子的修养要求很全面,继承了孔子的君子美德条目。其君子规范要点有如下六点。

---

① 《王阳明全集·传习录中》。
② 《王阳明全集·悟真录之一·文录四》。
③ 《王阳明全集·静心录之四·外集三》。
④ 杜保瑞:《论王阳明的知行关系》,http://www.aisixiang.com/data/96669.html。
⑤ [日]冈田武彦:《王阳明大传:知行合一的心学智慧》,杨田等译,重庆出版社2015年版,第15页。

（一）君子坦荡，处世泰然

君子坚守良心，顺应道理，尊德性而道问学，能够克服个人私欲，为社会和他人着想。因此心安理得，处世恰到好处，游刃有余。"君子之论学，要在得之于心。众皆以为是，苟求之心而未会焉，未敢以为是也；众皆以为非，苟求之心而有契焉，未敢以为非也。心也者，吾所得于天之理也，无间于天人，无分于古今。苟尽吾心以求焉，则不中不远矣。学也者，求以尽吾心也。是故尊德性而道问学，尊者，尊此者也；道者，道此者也。不得于心而惟外信于人以为学，乌在其为学也已！"①"君子之行，顺乎理而已，无所事乎矫。然有气质之偏焉。偏于柔者矫之以刚，然或失则傲；偏于慈者矫之以毅，然或失则刻；偏于奢者矫之以俭，然或失则陋。凡矫而无节则过，过则复为偏。故君子之论学也，不曰'矫'而曰'克'。克以胜其私，私胜而理复，无过不及矣。矫犹未免于意必也，意必亦私也。故克己则矫不必言，矫者未必能尽于克己之道也。虽然，矫而当其可，亦克己之道矣。行其克己之实，而矫以名焉，何伤乎！古之君子也，其取名也廉；后之君子，实未至而名先之，故不曰'克'而曰'矫'，亦矫世之意也。"②

君子往往安心立命。对于个人财富、地位、得失、荣辱、去留等方面合理对待，是君子的处世对策。"君子素其位而行，不愿乎其外。素富贵，行乎富贵；素贫贱，行乎贫贱；素患难，行乎患难；故无入而不自得。"③王阳明在《奖留佥事顾溱批呈》（嘉靖六年十一月二十三日）里强调："看得士大夫志行无惭，不因毁誉而有荣辱。君子出处有义，岂以人言而为去留？"④他在《批左州分俸养亲申》（嘉靖七年正月十八日）里强调："虽屡遭厌抑之言，而愈申恳切之请，固流俗共指以为迂，而君子反有取焉者也。"⑤

为了追求真理，应该牢记信念，持之以恒，不断进取，不为外界舆论所左右。"昔之君子，盖有举世非之而不顾，千百世非之而不顾者，亦求其是而已矣。岂以一时毁誉而动其心邪！惟其在我者有未尽，则亦安可遂以人言为尽非？伊川、晦庵之在当时，尚不免于诋毁斥逐，况在吾辈行有所未至，则夫人之诋毁斥逐，正其宜耳。"⑥

（二）君子不计较功利得失

王阳明认为君子有高尚的道德，不追求世俗的、自私的、个人的、狭隘的利益和功名利禄。"志于道德者，功名不足累其心；志于功名者，富贵不足以累其心。但近世所谓道德，功名而已；所谓功名，富贵而已。'仁人者，正其谊不谋其利，明其道不计

---

① 《王阳明全集·静心录之四·外集三》。
② 《王阳明全集·悟真录之一·文录四》。
③ 《王阳明全集·静心录之一·文录一》。
④ 《王阳明全集·知行录之七·三征公移逸稿》。
⑤ 同上。
⑥ 《王阳明全集·静心录之一·文录二》。

其功.'一有谋计之心,则虽正谊明道,亦功利耳。"① 王阳明在《批将士争功呈》一文里,谆谆告诫君子不应该争名夺利,私欲膨胀:"获级者匹夫之所能,争功者君子之大耻。"②

善良意志、讲究仁义,利于社会,值得提倡和赞扬。"果无功利之心,虽钱谷兵甲,搬柴运水,何往而非实学?何事而非天理?况子、史、诗、文之类乎?使在我尚存功利之心,则虽日谈道德仁义,亦只是功利之事,况子、史、诗、文之类乎?"③ 对于口是心非,狭隘功利,王阳明深恶痛绝,给予了严厉的批评和无情的揭露,认为严重背离了君子之道,世人应该防微杜渐,认真反省。"后世功利之说日浸以盛,不复知有明德亲民之实。士皆巧文博词以饰诈,相规以伪,相轧以利,外冠裳而内禽兽,而犹或自以为从事于圣贤之学。"④

梁启超对王阳明的功利把握,非常精准,十分到位:"阳明之'非功利',并不是叫人不做事,也不是叫人做事不要成功,更不是把人生乐利幸福一概抹杀,这些话无须多辨。只是把阳明一生替国家替地方人民所做的事业点检一下,当然可以得着绝好的反证。然则他所非的功利是什么呢?是各个人自私自利——以自己利益为本位的那种念头。详细点说,凡专求满足自己的肉欲,如食膏粱、衣文绣、宫室之美、妻妾之奉等等,以及为满足肉欲起见而发生的财货欲,更进而求满足自己的权势欲,求满足自己的虚荣欲。凡此之类,阳明统名之为私欲——即功利,认为一切罪恶之根源。'知善知恶为良知,为善去恶是格物',所谓善恶者以何为标准呢?凡做一事,发一念,其动机是否出于自私自利,即善恶之唯一标准。良知所知之善恶,就只知这一点,而且这一点,除自己的良知之外,没有别人或别的方法能知得真切确实的。"⑤

(三)君子不自欺、不媚俗

王阳明主张不自欺就是良知发现。心中的诚意始终存在,才能自我肯定,道德自觉,并且取信于他人。"君子学以为己,未尝虞人之欺己也,恒不自欺其良知而已;未尝虞人之不信己也,恒自信其良知而已;未尝求先觉人之诈与不信也,恒务自觉其良知而已。是故不欺则良知无所伪而诚,诚则明矣;自信则良知无所惑而明,明则诚矣。明诚相生,是故良知常觉常照。常觉常照,则如明镜之悬,而物之来者自不能遁其妍媸矣。何者?不欺而诚则无所容其欺,苟有欺焉,而觉矣;自信而明则无所容其不信,苟不信焉,而觉矣。"⑥

君子注重心性修养,强调良知,直面人生。"夫君子之所谓敬畏者,非有所恐惧忧患之谓也,乃戒慎不睹,恐惧不闻之谓耳。君子之所谓洒落者,非旷荡放逸,纵情肆

---

① 《王阳明全集·静心录之一·文录一》。
② 《王阳明全集·知行录之四·公移一》。
③ 《王阳明全集·静心录一·文录一》。
④ 《王阳明全集·悟真录二·文录五》。
⑤ 《梁启超全集》,北京出版社1999年版,第4913页。
⑥ 《王阳明全集·传习录中》。

意之谓也，乃其心体不累于欲，无入而不自得之谓耳。夫心之本体，即天理也。天理之昭明灵觉，所谓良知也。君子之戒慎恐惧，唯恐其昭明灵觉者或有所昏昧放逸，流于非僻邪妄而失其本体之正耳。戒慎恐惧之功无时或间，则天理常存，而其昭明灵觉之本体，无所亏蔽，无所牵扰，无所恐惧忧患，无所好乐忿懥，无所意必固我，无所歉馁愧怍。"①王阳明非常重视君子的为人之道，强调君子人格的高尚，在与权贵交往时，洁身自好，保持独立，不随意巴结奉承。"求媚于其上，倡为夸侈，以荡君心，而靡国费。盖欺天罔人，无耻之大者，君子之所不道，司马相如之所以见讥于天下后世也。"②

（四）君子善于反省悔过

君子善于反省自己的过错，恪守不二过的戒律，对他人宽宏大量，不斤斤计较。"君子之过，如日月之食，其更也，人皆仰之，而小人之过也必文，某虽不肖，固不敢以小人之心事朱子也。执事所以教反复数百言，皆以未悉鄙人格物之说。"③

对于过错，君子往往寻找自己的欠缺，不至于纠缠他人。若他人对我有偏见，不能给予关爱，那么我就应该深刻反省自我到底有什么不妥之处，不能责怪他人。"夫君子之过也，如日月之食，人皆见之；更也，人皆仰之。而小人之过也必文。世之学者以晦庵大儒，不宜复有所谓过者，而必曲为隐饰增加，务诋象山于禅学，以求伸其说；且自以为有助于晦庵，而更相倡引，谓之扶持正论。不知晦庵乃君子之过，而吾反以小人之见而文之。晦庵有闻过则喜之美，而吾乃非徒顺之，又从而为之辞也。晦庵之心，以圣贤君子之学期后代，而世之儒者，事之以事小人之礼，是何诬象山之厚而待晦庵之薄耶！"④有过错，就要及时痛改前非，不能放任自流，酿成大祸。"悔者，善之端也，诚之复也。君子悔以迁于善；小人悔以不敢肆其恶；惟圣人而后能无悔，无不善也，无不诚也。然君子之过，悔而弗改焉，又从而文焉，过将日入于恶，小人之恶，悔而益深巧焉，益愤谲焉，则恶极而不可解矣。故悔者，善恶之分也，诚伪之关也，吉凶之机也。君子不可以频悔，小人则幸其悔而或不甚焉耳。"⑤

（五）君子慎独

王阳明非常强调慎独。他对学生的提问进行了仔细的回答："'戒惧是己所不知时工夫，慎独是己所独知时工夫，此说如何？'先生曰：'只是一个工夫，无事时固是独知，有事时亦是独知。人若不知于此独知之地用力，只在人所共知处用功，便是作伪，便是见君子而后厌然。此独知处便是诚的萌芽，此处不论善念恶念，更无虚假，一是

---

① 《王阳明全集·静心录之二·文录二》。
② 《王阳明全集·传习录中》。
③ 同上。
④ 《王阳明全集·静心录之四·外集三》。
⑤ 《王阳明全集·悟真录之五·外集六》。

百是，一错百错，正是王霸义利诚伪善恶界头'"①"天下治乱盛衰所系，君子小人进退存亡之机，不可以不慎也。此事譬之养蚕，但杂一烂蚕于其中，则一筐好蚕尽为所坏矣。凡荐贤于朝，与自己用人又自不同，自己用人，权度在我，故虽小人而有才者，亦可以器使。"②

不断反省自我的欠缺，寻找为人处世的欠缺，才能进步。"君子之慎其所以与人者如此，此其所以动容周旋，必中夫礼乐，而无失色于人也欤！抑论礼乐者，与人交接之具，慎独者，与人交接之本也。君子戒慎于不睹不闻，省察于莫见莫显，使其存于中者，无非中正和乐之道，故其接于物者，自无过与不及之差。昔之君子，乃有朝会聘享之时，至于失礼而不自觉者，由其无慎独之功，是以阳欲掩之，而卒不可掩焉耳。故君子而欲慎其所以与人，必先慎独而后可。"③

（六）君子知行合一

王阳明强调知行合一。"夫尽心、知性、知天者，生知安行：圣人之事也。存心、养性、事天者，学知利行：贤人之事也。夭寿不贰，修身以俟者，困知勉行，学者之事也。岂可专以尽心知性为知，存心养性为行乎？……立者创立之立，如'立德''立言''立功''立名'之类，凡言'立'者，皆是昔未尝有而本始建立之谓，孔子所谓'不知命，无以为君子'者也；故曰'此困知勉行，学者之事也'"④。

五 简要的评论

王阳明的君子之学，对于发扬光大孔子的君子观念，功不可没。我们在他的君子思想里，看到的多是继承，和孔子的君子观一脉相承。笔者认为，王阳明的君子见解里有以下四点思想闪光点、新认识。

（一）君子之道的认识，从神圣走向民间

王阳明侧重老百姓和普通群众的日常需要，把君子之道具体到对民生需要的满足上有切实的群众基础，使君子观彻底改变了空谈说教和少数人的"专利"的局限。他的君子之道，甚至普及"愚夫愚妇"，强调"与愚夫愚妇同发便是同德"，很有平等精神，也表明君子之道有深厚的草根基础和广阔的应用前景。钱穆指出："守仁的良知学，本来可说是一种社会大众的哲学。"余英时认为："阳明说教的对象根本不是朝廷而是社会。他撇开了政治，转而向社会去为儒学开拓新的空间，因而替当时许多儒家

---

① 《王阳明全集·传习录上》。
② 《王阳明全集·静心录之四·外集三》。
③ 《王阳明全集·悟真录之三·外集四》。
④ 《王阳明全集·传习录中》。

知识分子找到了一条既新鲜又安全的思想出路……良知则是人人都具有的，这样一来，他便把决定是非之权暗中从朝廷夺还给每一个人了。从这一点来说，致良知教又涵有深刻的抵抗专制的意义。"阳明学说的亲民性、平民性、大众性特点非常突出，得到了日本学者的认同。日本的沟口雄三认为："在认为原本'亲民'正确的阳明这里，却是和民处于同一层面的'亲其民'，表现了从民生中引出道德性的平民的立场……阳明学却能在平民间广泛传播的秘密，即在于此……扩大了面向平民的道德之学的门户……成为一般广大平民所拥有的精神资源。"① 日本的冈田武彦指出王阳明的："'良知'说不仅鼓舞了知识分子，也鼓舞了不通文墨的平民百姓，它迅速在都市和乡村中传播开来，成为风靡一时的学说。"②

（二）诚的深刻论述，凸显了在君子思想中的价值

"夫天地之道，诚焉而已耳；圣人之学，诚焉而已耳。诚故不息，故久，故征，故悠远，故博厚。是故天惟诚也，故常清；地惟诚也，故常宁；日月惟诚也，故常明……诚之无所与也，诚之不容已也，诚之不可掩也。君子之学亦何以异于是！是故以事其亲，则诚孝尔矣；以事其兄，则诚弟尔矣；以事其君，则诚忠尔矣；以交其友，则诚信尔矣。是故蕴之为德行矣，措之为事业矣，发之为文章矣。是故言而民莫不信矣，行而民莫不悦矣，动而民莫不化矣。是何也？一诚之所发，而非可以声音笑貌幸而致之也。故曰：诚者，天之道也；思诚者，人之道也，""应周之有取于南冈而将以求其实者，殆亦无出于斯道也矣！果若是，则知应周岂非思诚之功欤！夫思诚之功，精矣微矣，应周盖尝从事于斯乎？"③

（三）君子之贞的广泛论述，十分独到

君子良知的元（仁）、亨、利、贞，王阳明有新注脚，阐发了它们具有普遍性、通用性、包容性、永恒性，为君子品性中重要性情元素，贞以养心，贞以齐家，贞以治国平天下。保持贞性，才能处理好各种各样的社会关系，实现君子的伟大理想。《白说字贞夫说》指出："君子之德不出乎性情，而其至塞乎天地。故说也者，情；贞也者，性也。说以正情之性也；贞以说性之命也。性情之谓和；性命之谓中。致其性情之德而三极之道备矣，而又何二乎？吾姑语其略而详可推也，本其事而功可施也。目而色也，耳而声也，口而味也，四肢而安逸也，说也，有贞焉，君子不敢以或过也，贞而已矣。仁而父子也，义而君臣也，礼而夫妇也，信而朋友也，说也，有贞焉，君子不敢以不致也，贞而已矣。故贞者，说之干也；说者，贞之枝也。故贞以养心则心说，贞以齐家则家说，贞以治国平天下则国天下说。说必贞，未有贞而不说者也；贞必说，未有说而不贞者也。说而不贞，小人之道，君子不谓之说也。不伪则欲，不佞

---

① ［日］沟口雄三：《中国的思想》，中国财富出版社2012年版，第121页。
② ［日］冈田武彦：《王阳明大传：知行合一的心学智慧》，杨田等译，重庆出版社2015年版，第100页。
③ 《王阳明全集·悟真录之五·外集六》。

则邪，奚其贞也哉？夫夫，君子之称也；贞，君子之道也。字说曰贞夫，勉以君子而已矣。敬斋起拜曰：'子以君子之道训吾儿，敢不拜嘉！'顾谓说曰：'再拜稽首，书诸绅，以夙夜祗承夫子之命！'"①

元、亨、利、贞，有自身的运行规律，应该从《周易》中汲取智慧，观察其消长、变化、机理，加以灵活运用，才能恰到好处。"盖君子犹在于位，而其朋尚盛，小人新进，势犹不敌，尚知顺应于君子，而未敢肆其恶，故几微。君子虽已知其可遁之时，然势尚可为，则又未忍决然舍去，而必于遁，且欲与时消息，尽力匡扶，以行其道。则虽当遁之时，而亦有可亨之道也。虽有可亨之道，然终从阴长之时，小人之朋日渐以盛。苟一裁之以正，则小人将无所容，而大肆其恶，是将以救敝而反速之乱矣。故君子又当委曲周旋，修败补罅，积小防微，以阴扶正道，使不至于速乱。程子所谓'致力于未极之间，强此之衰，艰彼之进，图其暂安'者，是乃小利贞之谓矣。夫当遁之时，道在于遁，则遁其身以亨其道。道犹可亨，则亨其遁以行于时。非时中之圣与时消息者，不能与于此也。"②

（四）以竹比喻君子，通俗易懂，便于普及

唐代的韩愈以兰花比喻君子，王阳明则以竹比喻君子，他的弟子王心斋则以莲花比喻君子。这样很便于一般老百姓明白君子的寓意，不至于局限于文人理解的抽象概念了。在《君子亭记》里，"阳明子既为何陋轩，复因轩之前营，驾楹为亭，环植以竹，而名之曰'君子'。曰：'竹有君子之道四焉：中虚而静，通而有间，有君子之德；外节而直，贯四时而柯叶无所改，有君子之操；应蛰而出，遇伏而隐，雨雪晦明无所不宜，有君子之时；清风时至，玉声珊然，中采齐而协肆夏，揖逊俯仰，若洙泗群贤之交集，风止籁静，挺然特立，不挠不屈，若虞廷群后，端冕正笏而列于堂陛之侧，有君子之容。竹有是四者，而以'君子'名，不愧于其名；吾亭有竹焉，而因以竹名名，不愧于吾亭。'门人曰：'夫子盖自道也。吾见夫子之居是亭也，持敬以直内，静虚而若愚，非君子之德乎？遇屯而不慑，处困而能亨，非君子之操乎？昔也行于朝，今也行于夷，顺应物而能当，虽守方而弗拘，非君子之时乎？其交翼翼，其处雍雍，意适而匪懈，气和而能恭，非君子之容乎？夫子盖谦于自名也，而假之竹。'"③ 王阳明善于将抽象的道理，加以浅显明白的说明，由此才有很多人追随他、相信他、传播他的思想，陈荣捷（Wing-tsit Chan）指出："王阳明哲学是一种根源于严肃探索和苦涩体验而又充满活力的哲学。它并不是出于理智的好奇而进行的懒散沉思或建构的抽象理论。"④

现在看来，王阳明的君子观，不免也有一些明显的局限。譬如以下四点。

---

① 《王阳明全集·悟真录之五·外集六》。
② 《王阳明全集·悟真录之七·续编一》。
③ 《王阳明全集·悟真录之四·外集五》。
④ 陈荣捷：《王阳明〈传习录〉详注集评》，重庆出版社2017年版，第13页。

第一，他的君子表述，概念多种多样，容易造成歧义，没有严格界定。

君子大多数指与小人对立的道德高尚之人，但是有时则是对他人的尊称，有时是对帝王、君主的赞扬。例如，《重修浙江贡院记》里"若浙之诸君子之重修贡院，斯其有足以起予者矣"①，这里的君子就是对他人的尊称。又如："今天下事势，如沉疴积痿，所望以起死回生者，实有在于诸君子。若自己病痛未能除得，何以能疗得天下之病！"②《平乐同知尹公墓志铭》里指出："赫赫尹氏，望于宗周；源洙比颍，焞畅厥休。自洛徂越，公启其暗；君子之泽，十世未斩。"③ 此处的君子也是对人的赞扬，是对他人祖先的赞誉，甚至奉承。有时，君子甚至独特指称孔子。例如，君子亦曰："朝闻道，夕死可矣。"④

第二，王阳明的君子论述闪光而分散。他对于君子的论述，星星点点，很不系统。

虽然多见，但是没有专门的阐发。我们往往是刚刚看到他的君子见解的闪光点，期待更加深入和全面的阐发，结果就戛然而止，不知所终，未免遗憾，意犹未尽，留下了不少悬念。

第三，王阳明的君子观，立足于心学。

心＝理＝道＝善，儒家的心学哲学和伦理体系，在君子之道上严格布控，纯粹的善良动机、愿望、理念，成为主宰、决定君子行为的关键，在一定程度上仍然禁锢、束缚了君子行为选择的自主性、主动性、能动性。这些君子理念，一方面是中华传统美德的可能要素，具有超越时空的继承性、普遍性、积极性；另一方面未免带有统治阶级的利益诉求和固有成见，培养君子也是为统治阶级服务，有一定的阶级倾向性、特殊性、狭隘性。张岱年认为："程朱理学以'理'的名称把封建道德的基本范畴永恒化绝对化了，以为是宇宙万物的根源……陆、王所谓理，指封建道德的根本原则。"⑤

第四，对于墨家学说认识的自相矛盾、前后不一。

王阳明一方面吸取了墨子的兼爱思想，另一方面反对墨子的思想。王阳明认为墨子思想有合理之处，"视人犹己，视国犹家""视其家之尊卑长幼，犹家之视身也；视天下之尊卑长幼，犹乡之视家也"，这样的表达和墨家如出一辙。墨子指出："视人之国若视其国视人之家若视其家视人之身若视其身"⑥。王阳明论述道："世之君子惟务致其良知，则自能公是非，同好恶，视人犹己，视国犹家，而以天地万物为一体，求天下无治，不可得矣"⑦"古之君子，惟知天下之情不异于一乡，一乡之情不异于一家，而家之情不异于吾之一身。故视其家之尊卑长幼，犹家之视身也；视天下之尊卑长幼，犹乡之视家也。是以安土乐天，而无入不自得。"⑧

---

① 《王阳明全集·悟真录之四·外集五》。
② 《王阳明全集·与黄宗贤书》。
③ 《王阳明全集·悟真录之六·外集七》。
④ 《王阳明全集·悟真录之八·续编三》。
⑤ 张岱年：《中国哲学大纲》，中国社会科学出版社1982年版，第13页。
⑥ 《墨子·兼爱中》。
⑦ 《王阳明全集·传习录中》。
⑧ 《王阳明全集·悟真录之九·续编四》。

但是，王阳明又在其他地方，谩骂墨子的兼爱无发端、无根性，与孟子批评墨子的兼爱是无父无母之空洞、抽象、普遍的爱非常相似。"墨氏兼爱无差等，将自家父子兄弟与途人一般看，便自没了发端处。不抽芽，便知得他无根，便不是生生不息，安得谓之仁？孝弟为仁之本，却是仁理从里面发出来。有根方生，无根便死。无根何从抽芽？父子兄弟之爱，便是人心生意发端处，如木之抽芽。自此而仁民，而爱物，便是发干生枝生叶。墨氏兼爱无差等，将自家父子兄弟与途人一般看，便自没了发端处。不抽芽，便知得他无根，便不是生生不息，安得谓之仁？"①

总之，王阳明以诚心为起点，主张良知为君子之道，强调知行合一，进行了大量阐发，展示了君子哲学的丰富智慧，对儒家的君子思想，很有突破和创新。他的历史贡献，有目共睹，光耀千秋。张君劢认为："阳明先生不但是中国最伟大的思想家，也可以与西方最伟大的哲学家相比……我们可以确定，在中国这位伟大思想家的思想体系中，含有西方唯心论及实用主义哲学精华，阳明先生在世界哲学家中将永远占有很高的地位。"② 太虚法师认为："今世兽欲横流，人性垂灭，亟须有阳明之人者兴，救之以人伦之正！"③

【作者简介】孙君恒，武汉科技大学马克思主义学院教授；刘可馨，武汉科技大学马克思主义学院在读研究生

---

① 《王阳明全集·传习录上》。
② 张君劢：《新儒家思想史》，中国人民大学出版社2006年版，第283页。
③ 太虚法师：《论王阳明》，http://www.tlfjw.com/xuefo-89421.html。

王阳明社会治理思想及其当代价值

——兼论阳明心学的实践取向

戴 黍 魏天翔

【摘要】 王阳明在巡抚南赣期间，亲身践履了自己力倡的"知行合一""致良知"等主张，他在社会治理领域中的思想与事功，主要表现在以下三个方面：其一，行"十家牌法"以强约束；其二，举《南赣乡约》以促良善；其三，兴社学以教化风俗。

【关键词】 阳明心学 实践取向 社会治理

作为中国历史上极罕有的称得起既"立言""立功"又"立德"的"三不朽"人物，王阳明集心学之大成，亲身践履了自己力倡的"知行合一""致良知"等主张，对其所处时代及后世影响深远。直到今天，着意于道、学、政的人们仍不忘从阳明心学中汲取营养。但是，我们时常会发现这样的误解：很多人往往将心学视为远离寻常日用、专注于心性玄谈且不切实际的空疏理论。本文试图消除这样的误解，更紧切地关注阳明心学的实践取向，着重阐析阳明巡抚南赣期间在社会治理领域中的思想与事功，并探讨其当代价值。

一 行"十家牌法"以强约束

正德十一年（1516），王阳明受命巡抚南赣。明朝的南赣是南安、赣州二府的合称，地连四省，山险林深。其时"南赣之镇，溪谷凶民聚党为盗，视效虐劫，肆无忌惮。凡在虔、楚、闽、广接壤山泽，无非贼巢。大小有司，束手无策，皆谓终不可理"①。

---

① （明）黄绾：《明军功以励忠勤疏》，《王阳明全集》（肆）卷三十八，天津社会科学院出版社2015年版，第55页。

基于实地调查、走访及借鉴秦汉以来的乡里、保甲制度，王阳明提出"十家牌法"，力求控制乡村民众，加强对人员居处、流动的约束，防范贼盗猖獗。在《十家牌法告谕各府父老子弟》中，他强调：

> 本院奉命巡抚是方，惟欲剪除盗贼，安养小民。所限才力短浅，智虑不及；虽挟爱民之心，未有爱民之政……今为此牌，似亦烦劳。尔众中间固多诗书礼义之家，吾亦岂忍以狡诈待尔良民？便欲防奸革弊，以保安尔良善，则又不得不然，父老子弟，其体此意。①

王阳明充分认识到十家牌法的烦琐，但为了"除盗安民"，光有"爱民之心"是不够的，必须力行"爱民之政"，运用强制性的制度化管理措施。阳明在南赣时期的文案中，涉及十家牌法的不少于十处，足见他对此法的重视。② 所谓"十家牌法"，是指以十家农户为单位，将各户人员的个人及家庭基本情况，记录于按"某县某坊""某人某籍"格式专门制作的牌子上，十家轮流掌管，每天按固定时间由值日者持牌到各家查验审核（各家也有固定的牌式，载明男女人口、生计来源、房屋归属、寄歇客人等项），看各家有无人员外出、来宿的情况，以及相关事由、相应的往回时间等，务必查问清楚，通报各家知晓。如果事有可疑，则须立即报官，知情不报而出现事端的，十家同罪。③

紧随《十家牌法告谕各府父老子弟》之后，王阳明又颁发了《案行各分巡道督编十家牌》，进一步分析了南赣地区匪盗横行的原因，对府道官员提出严格要求：

> 各属府县，著落各掌印官，照依颁去牌式，沿街逐巷，挨次编排，务在一月内了事。该道亦要严加督察，期于著实施行，毋使虚应故事。仍令各将编置过人户姓名造册缴院，以备查考；非但因事以别勤惰，且将旌罚以示劝惩。④

十家牌法的实施过程中，王阳明还亲自到各地调查，一旦发现地方官吏没有认真落实，便立即发牌令督促。正德十四年（1519），他就指出部分官员视牌法为虚文未严格执行，但考虑到他们"尚恐未悉本院立法之意"而暂不追究之外，再发《申谕十家牌法》，重申立法意图："言之所不能尽者，其各为我精思熟究而力行之；毋徒纸上空言搪塞，竟成挂壁之虚文，则庶乎其可矣！"⑤ 又在《申谕十家牌法增立保长》中提出，"即行各道守巡兵备等官，备行所属各府州县，于各乡村推选才行为众信服者一人

---

① 《王阳明全集》（贰）卷十六，天津社会科学院出版社2015年版，第87页。
② 参见陆自荣、徐凤仙《习性与秩序：王阳明南赣社区治理模式及意义》，《中共浙江省委党校学报》2012年第3期。
③ 《王阳明全集》（贰）卷十六，天津社会科学院出版社2015年版，第87—88页。
④ 同上书，第89页。
⑤ 同上书，第136页。

为保长，专一防御盗贼"①。

正德十五年（1520），王阳明收到江西按察司呈报，称"盗贼之纵横，由于有司之玩弛"，于是立即《批再申十家牌法呈》，对承担主管之责府县掌印官员处分记罪，责令其修败补隙；对承担实施之职的巡捕等官则立即提审问讯，加以惩戒。并强调：

> 自兹申戒之后，悉要遵照本院近行十家牌谕，及于各街巷乡村建置锣鼓等项事理，上紧著实举行，严督查考务，鉴前车之覆，预为曲突之徙，毋得仍前玩忽怠弛，但有疏虞，定行从重拿究，断不轻贷。②

即使从今天的管理视角看，"十家牌法"也仍然不失为一种可行的分类分组登记工具。在当时致力于乡村社会稳定、避免和限制人口流动的背景下，以十家牌法明确登记管理手续与留存档案，并设计"十家连坐"的民户担保制度和官吏问责制度，有助于较准确地掌握地方人口流动及田产变迁状况，并通过准军事化的威权管理来重建社会秩序，进而治理盗贼滋生的环境，使其无法聚众作乱。择要而言，阳明着力甚多的"十家牌法"，至少有四个方面值得今人重视：其一，立足现实，准确诊断社会疾患和社会矛盾。"十家牌法"主要的直接用途就在于"弭盗"，而所用的方法就是全力切断盗贼和民众之间的瓜葛，清除盗贼生存和活动的环境。其隐含的治理逻辑就是：寻找问题发生的原因，分析并清除使病因扩散的条件，进而消除发病的糟糕结果。在把握"因（原因）—缘（条件）—果（结果）"发展态势的前提下，实施全过程治理。其二，调动一切可用资源，多元主体共同参与社会治理。以官府追究"连坐同罪"的威权体制，奠定基层自治的格局，同时对轻忽法令的地方官吏加以问责，强化社会控制。其三，设定管理幅度和档案格式，以"十家"为单位，规定"十家"和"各家"牌式，避免管理层级过多及管理标准混乱，确保管理的有序。其四，严格落实，反复督查，务求实效。综览《王阳明全集》，不难发现，其心学体系中"务实""事功"所占的比重。甚至可以说，"心学"之根本，即在于力倡"知行合一"中的"实行"。③

二 举《南赣乡约》以促良善

在诸多文案中，王阳明都坚称，如果十家牌法能较好地实行，那么地方事务基本上都可以得到理想的处置。但是，当一个社会尤其是在僻远地区的"深山穷谷"中，相当多的住户都难免有隐匿人口、规避赋役的行为，十家牌法的实行就不得不面对许多百姓虚报、官员敷衍的情况。与此相应，由于官府并不能掌握地方社会的真实人口，

---

① 《王阳明全集》（贰）卷十六，天津社会科学院出版社2015年版，第137页。
② 《王阳明全集》（叁）卷三十一，天津社会科学院出版社2015年版，第153—154页。
③ 相似论点可见于朱汉民《由工夫以见本体——阳明心学的实践性品格分析》，《北京师范大学学报》（社会科学版）2006年第3期，第93—96页。

十家牌法也就缺少了必要的根据和基础。也许正是在此情境下，王阳明于正德十三年（1518）十月，颁布了《南赣乡约》。① 据《阳明先生年谱》（以下简称《年谱》所记）：

> 十月，举乡约。先生自大征后，以为民虽格面，未知格心，乃举乡约告谕父老子弟，使相警戒，辞有曰："顷者顽卒倡乱，震惊远迩。父老子弟，甚忧苦骚动。……虽然，父老之所以倡率饬励于平日，无乃亦有所未至欤？……然创今图后，父老所以教约其子弟者，自此不可以不豫。……聊属父老，其率子弟慎行之。务和尔邻里，齐尔姻族，德义相劝，过失相规，敦礼让之风，成淳厚之俗。"②

《南赣乡约》的宗旨是，通过推行乡约，以规范基层民众的行为，促使其弃恶扬善，保证乡村社会秩序的安定。王阳明指出：

> 民俗之善恶，岂不由于积习使然哉！往者新民盖常弃其宗族，畔其乡里，四出而为暴，岂独其性之异，其人之罪哉？亦由我有司治之无道，教之无方。……往者不可及，来者犹可追。故今特为乡约，以协和尔民，自今凡尔同约之民，皆宜孝尔父母，敬尔兄长，教训尔子孙，和顺尔乡里，死丧相助，患难相恤，善相劝勉，恶相告戒，息讼罢争，讲信修睦，务为良善之民，共成仁厚之俗。……尔等父老子弟毋念新民之旧恶而不与其善，彼一念而善，即善人矣；毋自恃为良民而不修其身，尔一念而恶，即恶人矣；人之善恶，由于一念之间……③

阳明坦承，民俗的善恶起因于积习。过去"新民"（被招抚而安定的盗贼或曾与官府对立者）之所以横行施暴，并不只是品性的差异和个人的罪孽所致，也有地方官员缺乏治理、教化的原因。制定乡约就是为了稳定社会秩序，从家庭内部的孝悌做起，进至族群、邻里间的相助、劝勉、诚信、和睦，以成良善之风气。他特别强调后天的修养，将善恶归于"一念之间"，彰显了深厚的心学工夫论特色。

《南赣乡约》的正文共16条。内容主要涉及三大部分：一是刚性制度化层面的组织规范，包括约长的推举选任、彰善与纠过、危疑难事的处理、同约会规、纳粮当差、放债收息、治安维护等；二是柔性礼仪层面的行为与道德规范，包括婚丧嫁娶、耕织生计、集会陈设程序等；三是直接解决现有典型问题的应对措施，包括乡民及约长如何对待"新民"，告诫"新民"如何改过自新，对"阴通贼情""走传消息"指实劝诫，对"揽差下乡""索求赍发"的胥吏由约长呈官追究等。④

应当说，乡约的源起几乎可以远溯至《周礼》，且一直和儒家理论与实践密不可

---

① 参见黄志繁《乡约与保甲：以明代赣南为中心的分析》，《中国社会经济史研究》2002年第2期，第3—8页。
② 《王阳明全集》（叁）卷三十二，天津社会科学院出版社2015年版，第203页。
③ 《王阳明全集》（贰）卷十七，天津社会科学院出版社2015年版，第130页。
④ 参见龚妮丽《王阳明〈南赣乡约〉的乡村治理思想》，《贵州大学学报》（社会科学版）2016年第5期，第24—28页。

分，北宋时期的《蓝田吕氏乡约》就既具备规条的含义，也带有乡村民众自治组织的意味。南宋朱熹对《吕氏乡约》做斟酌损益之后，通过把"乡约"四条加以注释与细化，又出于"免于干政之讥"的政治顾虑，减去相关的罚式，作《朱子损益吕氏乡约》，弱化其乡民自治的色彩，转而成为"约众"月旦集会读约之礼。虽然朱熹本人无论在治闽任上还是在推广教学方面，都没有真正将乡约付诸实行，但他的传播之功十分显著，深切影响了《南赣乡约》的制定。明成祖（1402—1424年在位）更是将《蓝田吕氏乡约》作为"性理之书"，颁行天下。但他与朱子相同，重视的是乡约的规条作用，而对其作为乡民自治组织的功能则并不赞同。[①]

与宋代相比，明代政治生态是极为恶劣的。儒家"得君行道"的理想在明代几乎就是痴人说梦，体现在学者身上，往往就是由向"外在"寻求"天理"到向"内心"寻求"天理"的转变，表现在政治活动中，则是由"得君行道"向"觉民行道"的转变，王阳明堪称这一转变中最具代表性的人物。[②] 阳明以"正民心"为己任，为《南赣乡约》的推行倾注了大量心血，他在吸收《吕氏乡约》倡导的传统儒家伦理道德之外，更是将洪武皇帝的《圣训六言》纳入乡约的目的之中，艺术性地为乡约的推行提供了坚实保障。而且，阳明还十分敏锐地根据乡约施行效果，及时做出修改与调整。正德十四年（1519），宁王宸濠叛乱，江西各府县兵戈骚动，兼时值天旱，出现了乡村失控、山民再度勾结贼寇之势，王阳明于是将原定的"同约中推年高有德为众所推服者一人为约长，二人为约副"的规条改为"各约会推家道殷实、行止端庄一人为约长，二人副之"，同时规定"将约人户编定排甲，自相巡警保守，各勉忠义，共图国难，敢有违抗生事、惊扰地方者，就便拿解赴官，治以军法。约长若有乘机侵害众户及受不举，许被害人告发重治"[③]。这些修改，一方面表明当时乡约推行中遇到的包括乡绅富户豪族在内的阻挠，另一方面也体现了阳明因时权变、借力顺势的掌控技巧与坚韧卓绝的实行力。

就当今而言，《南赣乡约》提供了不可多得的民众参与、有序自治的范例。具体说来，表现有三：其一，乡约在确立和维持乡村精英体系的基础上，借助例会规矩，重构了社会信任，促进了社会整合；[④] 其二，乡约对聚会礼仪、时间、地点及资金保障等细节的设计，使其有据可依、合理可行，并且在相互监督、相互促动中得以持续，产生了体恤弱者、维护公益的功能；其三，较大限度地将社会矛盾和利益冲突化解于乡村内部，只是在矛盾与冲突不可调和的情况下，才设定最终诉诸官府的威权救济底线。

---

① 参见曹国庆《王守仁的心学思想与他的乡约模式》，《社会科学战线》1994年第6期，第76—84页。
② 参见孙佳立《阳明乡治思想研究——以〈南赣乡约〉为例》，硕士学位论文，中国计量学院，2014年。
③ 《王阳明全集》（贰）卷十七，天津社会科学院出版社2015年版，第115页。
④ 参见马馨、宣朝庆《明代南北方地方秩序重建的不同展现——以〈南赣乡约〉和〈乡甲约〉为中心并基于社会管理创新视角的考察》，《理论学刊》2014年第3期。

三 兴社学以教化风俗

提督南赣军务期间，王阳明曾极具针对性地就社会风气问题发出告谕：

> 告谕百姓，风俗不美，乱所由兴。……吾民居丧不得用鼓乐，为佛事，竭资分帛，费财于无用之地，而俭于其亲之身，投之水火，亦独何心！……尔民之中岂无忠信循理之人，顾一齐众楚，寡不胜众，不知违弃礼法之可耻，而惟虑市井小人之非笑，此亦岂独尔民之罪，有司者教导之不明与有责焉！至于孝亲敬长、守身奉法、讲信修睦、息讼罢争之类，已尝屡有告示，恳切开谕，尔民其听吾诲尔，益敦毋怠！①

基于"致良知"的心学主张，王阳明认为纠治民心不正、民风不善的根本在于"教化"乡民。而要教化乡民，必须兴办社学。社学即民间化的学校，学生以15岁以下的乡下孩童为主，有别于正式官学，今天可视之为较自由的乡村平民教育。社学制度原自明初洪武年间（1368—1398），在弘治年间（1488—1505）还一度受朝廷重视，但到王阳明所处时代已经大致废弛。阳明此时重新兴办，正是力图扎根民间教化，冀望于"正民心"与"觉民行道"，推行心学主张，作为振兴社会的准备。②《年谱》载：

> （正德十三年）四月，班师，立社学。
>
> 先生谓民风不善，由于教化未明。今幸盗贼稍平，民困渐息，一应移风易俗之事，虽未能尽举，姑且就其浅近易行者，开导训诲。即行告谕，发南、赣所属各县父老子弟，互相戒勉，兴立社学，延师教子，歌诗习礼。出入街衢，官长至，俱叉手拱立。先生或赞赏训诱之。久之，市民亦知冠服，朝夕歌声，达于委巷，雍雍然渐成礼让之俗矣。③

为推广社学，王阳明先后颁发了十余道牌谕，其中专为南安、赣州两府的就有《兴举社学牌》《颁行社学教条》和《行雩都县建立社学牌》三块。正德十三年（1518）四月《兴举社学牌》云：

> 看得赣州社学乡馆，教读贤否，尚多淆杂；是以诗礼之教，久已施行；而淳厚之俗，未见兴起。为此牌仰岭北道督同府县官吏，即将各馆教读，通行访择；务学术明正，行止端方者，乃与兹选；官府仍籍记姓名，量行支给薪米，以资勤

---

① 《王阳明全集》（贰）卷十六，天津社会科学院出版社2015年版，第110页。
② 参见周志文《王阳明在南赣的活动与事功纪实》，《中共宁波市委党校学报》2008年第5期。
③ 《王阳明全集》（叁）卷三十二，天津社会科学院出版社2015年版，第201页。

苦；优其礼待，以示崇劝。①

王阳明认为，其时的赣州社学乡馆还不尽规范，并没有为陶塑良好淳厚的社会风尚发挥应有作用。他认为当务之急是提高教师的待遇，形成尊师重道的风尚，为此他特地要求地方官府承担教舍建设及师资费用，对入学生员给予免除差役等待遇并提供一定的学资补助，这些发自地方主官的主张和措施使得社学在南赣地区一时颇为兴盛。王阳明主政期间及之后较长时期，几乎每个县邑的人口主要聚居地都建有社学。仅据清同治版《赣州府志》记载就有赣县章水乡社学、长兴乡社学、大由乡社学、爱敬乡社学，兴国县城南隅孝行坊社学、城北隅新安坊社学，长宁县黄乡司故城社学，南康县顺化乡社学、南良村社学，崇义县养正社学、志通社学、徙义社学、广业社学等。受官府办学影响，民间义学也随之兴起，如雩都（今于都）县奎星阁义学，信丰县宾兴义学、养正义学，兴国县冀林义学、王原义塾等。②

在南赣期间，王阳明亲自撰写了关乎教育方针和教学方法的社学《训蒙大意》，另在《颁行社学教条》中，对社学的宗旨、方式及内容等也做出了规定。王阳明希望教师对学生"尽心训导，视童蒙如己子，以启迪为家事，不但训饬其子弟，亦复化喻其父兄；不但勤劳于诗礼章句之间，尤在致力于德行心术之本；务使礼让日新，风俗日美"。③ 王阳明本人曾先后在贵阳书院、白鹿洞书院讲学，而且亲自创办了稽山书院、阳明书院、敷文书院等。他还号召他的弟子深入乡村兴办书院、聚徒讲学，以维风范俗为己任。④

取今天的视角，王阳明对社学的重视实际上是他亦儒亦官双重身份的一种当然取向。作为心学的集大成者，他对"致良知"的孜孜之求和对"知行合一"的深切自信，使得他将"悟道""传道"视为天职；作为一名功业显赫的将领和官员，他在"破山中贼"之后，又以"破心中贼"为志，自然进至教化民众、正民心、美民俗的全新领域。更为可贵的是，王阳明的"务实""立行"与"坚持"，赢得的不仅是令人称羡的事功，更获得了众多弟子、同道及广大民众的真心拥戴，其心学理论汇聚在历代一版再版的《王阳明全集》及中国乃至东亚学者与普罗大众的口耳相传之中。他成功地将学校、家庭与社会联系贯通起来，使教育与政治形成合力，通过旨在"正民心""美风俗"的教化手段，很大程度上将隐伏的社会矛盾加以化解。

经过历史的反复验证，王阳明无愧于"三不朽"的称誉。在他置身的时代中，他对心学的贡献、开创的功业和所表现出的德行，体现了难能可贵的高度一致。任何关注过由他亲身践履的"事事着力""时时坚守""处处务实"的"知行合一"过程的人，都不应对阳明心学存有"空疏"的误解与偏见。至于对其思想之当代价值的评价，

---

① 《王阳明全集》（贰）卷十七，天津社会科学院出版社2015年版，第133页。
② 参见龚文瑞《王阳明在赣南兴学》，《中国纪检监察报》2016年3月4日。
③ 《王阳明全集》（贰）卷十七，天津社会科学院出版社2015年版，第137页。
④ 参见王金洪、郭正林《王阳明的乡村治理思想及其实践体系探析》，《华南师范大学学报》（社会科学版）1999年第4期。

则诚如习近平在论述传统治国经验和当代国家治理体系的关系时曾指出的那样:

> 一个国家选择什么样的治理体系,是由这个国家的历史传承、文化传统、经济社会发展水平决定的,是由这个国家的人民决定的。我国今天的国家治理体系,是在我国历史传承、文化传统、经济社会发展的基础上长期发展、渐进改进、内生性演化的结果。我国国家治理体系需要改进和完善,但怎么改、怎么完善,我们要有主张、有定力。①

在王阳明那里,有主张即致良知,有定力即倡实行、坚持知行合一。

【作者简介】戴黍,华南师范大学公共管理学院教授;魏天翔,华南师范大学公共管理学院博士研究生

---

① 习近平:《习近平谈治国理政》,外文出版社2015年版,第105页。

王国维美学思想与"阳明心学"传统

蔡洞峰

【摘要】 对王国维思想与文化价值的判断，离不开当时社会转型的历史语境。面对众声喧哗的晚清变革语境，王国维在中西文明历史梳理与文化比较的宏阔视野中，选择美学与美育来解决近代危机的"精神"层面。提出解决个人内心"私欲"，塑造精神道德。这种文化选择既来自对西方美学思想的接受，更有着对中国传统文化特别是儒家心学传统的承续。从王阳明的心本体到良知学说，强调道德人格的修养，从而去除私欲，恢复良知道德本能。王国维借助于美学的价值功能，发扬心性之学，使中国美学的现代转型有着浓厚的本土意识。王国维在当时的文化选择对当今中国文化思想建设仍有着重要的现实意义。

【关键词】 美学　阳明心学　王国维　儒家传统

王国维作为现代中国美学的奠基人和开创者，赋予中国美学强烈的现代本土意识，对中国现代美学形成有着特殊的意义。他的"艺术独立论"和审美"无用之用说"，他的美育理论研究和中国古代文学的美学批评等，已成为中国美学现代传统的重要基石，同时奠定了中国美学的强烈的社会实践功能。

中国现代美学的定位，既是一个历史时段的定位，更重要的还在于它的价值功能的定位，即它是具有现代价值功能的美学。因此，研究王国维之于中国现代美学的意义和价值，应看重其在具体的历史语境中对推动中国美学现代转型和创新而形成的思想和价值意义。王国维从精神层面、实践功用以及方法论等方面入手，对中国传统美学进行了现代性的改造与创新，凸显其本土美学问题和美学思想，深刻地改变了中国美学在过去百年产生的功用和影响。因此，我们从中国传统美学现代转型的视角来解读王国维美学的价值意义及历史贡献，才能更好地把握王国维美学蕴含的现代精神资源特质。

一　现代美学转型的哲学意蕴

1905 年，王国维从人性的角度比较中西方思维的差异：吾国人之所长，宁在于实践之方面，而与理论之方面，则以具体的知识为满足，西洋人之特质，思辨的也，科学的也，长于抽象而精于分类。① 在学术上，王国维反对当时学术界强调现实的功利性，在其文章《论近年之学术界》中对这种现象提出批判。他认为，在中国思想史上，先秦时期是"中国思想之能动时代"，而两汉时期思想则趋向被动；宋明理学则摄取中国传统思想和印度的思想，又使思想"稍带能动之性质"。此后思想发展又停滞不前。晚清时期西学东渐，如同"第二之佛学"，对当时中国思想界影响显著。

可是，在王国维看来，此前中国接受的西方学术主要是"形下之学"，与中国思想上没有丝毫关系。在晚清历史语境中，由于社会的黑暗与国力的衰微，促使有识之士探索救亡图存的道路，从以实业救国的"洋务运动"到以政治救国的"维新变法"，再到"革命救国"。但所有这一切都没有使中国摆脱落后的状态。后来，包括鲁迅在内一大批先驱者意识到应该从改变国人的精神入手，进行思想启蒙，以塑造民魂。"近世人士，稍稍耳新学之语，则亦引以为愧，幡然思变，言非同西方之理弗道，事非合西方之术弗行，抨击旧物，唯恐不力，曰将以革前缪而图富强也。"②

王国维同鲁迅一样，着重从国民精神方面来求索中国落后的原因以及解决之道。因此，他从中西比较的角度来审视两者之间内在的差别。在王国维看来，中华民族重实际而缺乏理想，重经验而忽视学理。在学习西方学术的态度上，则只是以学术为手段，以实用为目的。学习西方哲学的，目的是政治学与法学。引进西方文学的，"亦不重文学自己之价值，而唯视为政治教育之手段，与哲学无异"。恰如鲁迅批判当年的那些"假是空名，遂其私欲"的倡言革新者那样"况乎凡造言任事者，又复有假改革公名，而阴以遂其私欲者哉"③。

因此，他认为要树立一种理想信仰，这种信仰就是真理和人生。他引进了西方现代学术求真观念和西方生命哲学中的人本主义思想。从满足人性需要的角度来对待学术，这种观念来自叔本华的"人是形而上学的动物而有形而上学的需要"。所以，在王国维那里，研究学术就是要探索人生的真理，解决他对人生的许多疑惑和苦恼，并将其看作治学的根本，并指向其人生价值。可谓"宇宙何廖廓，吾知则有涯。面墙见人影，真面固难知"（《静庵诗稿·来日二首》）。正是以研究人生为本体，王国维因此让中国现代美学有了形而上学基础。

在青年时期，王国维一再强调学术的独立性及其形而上意义。"学术的独立，首先

---

① 王国维：《论新学语之输入》，《中国现代美学名家文丛·王国维卷》，浙江大学出版社 2009 年版，第 5 页。
② 鲁迅：《坟·文化偏至论》，《鲁迅全集》第 1 卷，人民文学出版社 2005 年版（下同），第 44 页。
③ 鲁迅：《坟·摩罗诗力说》，《鲁迅全集》第 1 卷，第 69 页。

是强调哲学的独立；而哲学的独立，又是指哲学在'形上之学'意义上的独立。从康德、叔本华等西方现代哲学家那里，王国维接受了'本体论'的观念以及'经验'与'先验'、'相对'与'绝对'、'形而下'与'形而上'等相对的概念，并十分注重哲学作为形而上学思辨的性质和价值。"① 由于对中国学术界只关注实际功用而轻视思辨和理论的形而上之学的状况不满。王国维旨在构建中国哲学的形而上传统。认为中西学术"学术之所争，只有是非真伪之别耳。学术之发达，存于其独立而已"。因此要"与我中国固有思想相化"②。唯其如此，方能改造国民性和国人的精神。正是致力于追求形而上学术，促使王国维将传统美学转换为实践论人生美学成为可能。

中国古典美学中也有形而上的审美特征，如意境、神韵等。但更多的是注重审美经验的感悟和类比，而在古代占统治地位的儒家美学更是将世俗生活经验和行为准则纳入审美的核心范畴。这种美学形式有着十分鲜明的中华文化特征，有其显著的优点，但也存在着缺少理性思辨的不足。针对中国传统美学重感悟而轻理性这一倾向，王国维在引进西方哲学美学时，注重吸取西方哲学思想中的理性精神和逻辑特征。从哲学层面来思考艺术和审美的特征，突出美学的形而上意义，以弥补中国古代美学在理性思维方面的欠缺。王国维认为，中国学术长于经验归纳而缺乏逻辑思维："在自然世界中，名生于实，而在吾人概念之世界中，实反依名而存故也。事物之无名者，实不便于吾人之思索，故我国学术而欲进步乎……语言之不足用，固自然之势也""言语者，思想之代表也。故新思想之输入，即新言语输入之意味也。十年以前，西洋学术之输入，限于形而下学之方面，故虽有新字新语，于文学上尚未有显著之影响也。"③ 王国维在这里表达的是要运用西方的理性思维和逻辑语言来改造中国的学术话语方式，借此促进中国哲学美学研究的现代转型，赋予中国美学本土问题意识和现代精神。

不可否认，王国维主张的艺术独立论和形上特征是受康德、叔本华等思想影响的，即其美学思想的形成是受到他们理论启发的。受其影响，他认为"物之美者，有时亦足供吾人之利用，但人之视为美时，决不计及其可利用之点。……一切之美皆形式之美也"④。

我们无意于探寻这些话语所指的确切内涵，只是想厘清这样一种事实。植根于其美学思想中这种审美独立论的现代性价值诉求。何谓现代性？作为一个历史分期的概念，现代性标志了一种断裂或一个时期的当前性或现在性。它既是一个量的时间范畴、一个可以界划的时段，又是一个质的概念，即根据某种变化的特质来标识这一时段……⑤

其实早在17世纪，法国思想家帕斯卡尔在《思想录》的开头就指出人类思维中

---

① 杜卫：《王国维与中国美学的现代转型》，《中国社会科学》2004年第1期。
② 王国维：《论近年之学术界》，《中国现代美学名家文丛·王国维卷》，浙江大学出版社2009年版（下同），第10页。
③ 王国维：《论新学语之输入》，第5—6页。
④ 王国维：《古雅之在美学上之位置》，第100页。
⑤ 杨向荣、谭善明、李健：《西方美学与艺术》，南京大学出版社2013年版，第115页。

"几何学精神"和"直觉精神"的对立。波德莱尔也明确指出"诗和工业是两个本能地相互仇恨的野心家,假如他们狭路相逢,只能是一个为另一个服务"。尼采呼唤酒神精神来释放被理性压抑的生命冲动,韦伯认为审美活动为人们摆脱工具理性的"铁笼"提供了可能,法兰克福学派如阿多诺等人则为治愈理性和科技造成的病痛开出了"审美救赎"的药方,等等。[1]

作为一个历史分期概念,审美自律或艺术自律都基于这样的一种现代性概念,即主张通过审美达到一种人性的解放和灵魂的救赎。王国维借助于康德、叔本华等西方现代哲人的"审美无利害"理论,创立了"美是形式说"和"艺术独立论",其深层意义就在于突出美、审美和艺术的独立性这个现代美学命题,将美学研究引入了西方理性精神,摆脱了传统美学那种经验归纳和感悟式的思维模式,从而使中国美学有了现代精神特质。不仅如此,他将这种研究范式引入中国文学艺术的研究,超越以往传统学术研究注重经验归纳,使他在《红楼梦》研究、词学研究以及戏剧(特别是悲剧)研究中彰显出独特的现代学术品格。这一切都从思维范式上促进了中国美学理论研究的现代转型和创新。

二 "为人生"的审美功利主义美学观

王国维正是借助西方哲学的思维方式,并将其嫁接到中国传统美学中,使中国美学获得了现代性意义,促进了中国美学的现代转型。作为一位传统文化人,王国维对美学研究最切近的原点应该就是中国本土文化,传统文化的熏陶和影响使得他在研究西方学术思想时都不自觉地带有本土问题意识,以及"中学为体"的立场。作为中国现代美学开创者和奠基者,王国维研究和引进西方美学的最初动机,却是要解决人生的痛苦,即"为人生"的美学,强调了美学的功能作用。这种美学思想可以称为功利主义审美观,"审美功利主义是针对中国现代化的问题,源自中国传统文化和西方现代思潮的双重影响而产生的中国现代美学思想。从目的上看,审美功利主义把思想文化的改造和人的启蒙教育联系在一起,并由此使中国现代美学具有了启蒙和人的心理本体建设的人文精神;从思想来源上看,它把西方现代思想和中国传统文化融合在一起,并创生了新的意义;理论上,明显体现出两种学术思想的交互作用;从范围来看,它虽然主张审美和艺术的相对独立性,并反对传统的文以载道说,但是在人的内在修养和精神境界提升的意义上,把审美与道德联系在一起,从而拓展了审美范畴的社会现实意义;从功能上看,虽然主张审美的超越性,但是把作为学术研究的美学和作为社会实践的美育结合在一起,构成了颇具中国思想特色的人生论美学"[2]。

---

[1] 杨向荣、谭善明、李健:《西方美学与艺术》,南京大学出版社2013年版,第116页。
[2] 杜卫:《审美功利主义:中国现代美育理论研究》,人民出版社2004年版,第208—209页。

在王国维看来，将学术同人生结合起来，用形而上观点观照人生问题，促使他的知识观和价值观达到了统一，从而使其完成了中国美学在价值定位上的现代转型。在中国现代美学史上，最先将"美"与"艺术"的功能看作无利害、超脱的是王国维。在其《论教育之宗旨》文章中谈到美育："美育者，一面使人之感情发达，以达完美之域；一面又为德育与智育之手段，此又教育者所不可不留意也。"① 在这里，王国维将美学的功能定位于使人感情发达，塑造完美人格的作用，使人忘记一己之利害。他认为，人生痛苦的根源是"欲"，有欲就有利害得失的计较，从而就会心生烦恼和痛苦，就是恶，而美和艺术有"去欲"的功能。这是王国维早期钟情于西方美学的着眼点。

康德在《判断力批判》中提出了审美四契机，第一条便是审美"无利害性"，这与王国维提出的"忘一己之利害"有着相似性。但是康德讲的是审美观照中审美对象与审美主体之间的无利害关系，而不涉及审美功能本身，即强调审美感官的特性，并没有提到人的精神和心理方面作用。由于王国维研究美学问题是有着强烈的本土问题意识与功能意识，同晚清前后知识分子一样，都十分关注国民性改造和精神方面的提升，因此在引进康德审美"无利害性"时，王国维有意无意"误读"了康德的观点，将审美无利害性从审美的感性状态转换为一种审美功能，即将原本康德认为审美不涉及自身利害的条件转换为审美能使人超越自身的利害，而摆脱自身欲望的一种道德伦理境界。审美从一种心理情感方式被王国维误读为一种能让人精神升华的审美功能论，将审美理论转换为美育理论，从而将美学视为改造人的精神，改造国民性的一种有力的工具。王国维美学思想由此成为一种"为人生"的实践论美学。当然，任何一种跨文化交流都难免存在误读和过度阐释的现象。在此，我们无意于纠缠王国维是否有意误读康德等西方哲人思想，只是想追问这种误读和阐释背后的思想文化根源是什么？这对理解王国维美学思想与中华传统文化之间的精神传承以及中国美学现代转型的本土因素有着关键意义。

三 美学现代转型的传统资源

在19世纪末20世纪初中国遇到了"三千年未有之大变局"的现代转型，中华文明遭遇到西方文明前所未有的挑战。当时中国现代知识分子都认为要改变中国落后与世界的状况，振兴腐朽没落的中国，只有通过以"立人"为中心的救亡思路，改变中国人的精神，重振民魂，以兴国安邦，即借助思想文化来改造国民性和国民精神。

因此鲁迅认为："是故将生存两间，角逐列国是务，其首在立人，人立而后凡事举；若其道术，乃必尊个性而张精神。"强调了改造国民精神和思想文化对振兴民族国家的重要性。这种实践就是对国人进行精神启蒙，通过引进域外思想和学术，兴办现

---

① 王国维：《论教育之宗旨》，第90页。

代教育乃至进行文艺创作，目的都是传播新思想、新文化，开启国人麻木的心智，促使精神的觉醒，起到新民的教化功能。林毓生曾将这种"借思想文化以解决问题的途径"[①]的救国立人路径方案归之为儒家心学传统，认为在当时的历史语境中，形成了以改造思想为根本的整体观思维模式。

诞生于救亡与启蒙语境中的中国现代美学无疑汇入时代的大潮中。不同于思想文化的价值功能，美学作为感性的科学，其独特功能在于净化心灵和升华情感，这种功能更接近中国传统"心的问题"的解决。儒家思想最主要特征是通过强调心本体的道德功能，经过宋明理学的发展，形成了强调人自身的主体精神力量来解决现实中的道德和政治问题，而中国现代美学无疑传承着这样一种儒学修身、齐家、治国思路："古之欲明明德于天下者，先治其国，欲治其国者，先齐其家；欲齐其家者，先修其身；欲修其身者，先正其心；欲正其心者，先诚其意；欲诚其意者，先致其知，致知在格物。物格而后知至，知至而后意诚，意诚而后心正，心正而后身修，身修而后家齐，家齐而后国治，国治而后天下平。"[②]

儒家思想的核心和目的是君子人格的培养，宋明理学对儒家的这一传统进行了系统的阐释和发展。儒家心学传统形成于宋，成熟于明，程颢和程颐创立，经过陆九渊、王阳明而趋于完善。他们都认为心是一个先验的本体，即"心即理""心外无理"，提出通过个人后天的修养，去除本来就是"仁义礼智"之心的遮蔽，恢复心的本体。陆九渊认为本心是人先天生成的，"本心提供道德法则，发动道德情感，故又称仁义之心"[③]。而人的不道德行为的根源在于"失其本心"，因而一切学术的根本都是保持不散失本心，去除"私欲"。王阳明充分阐释了这个思想。

王阳明心学的旨归是追求良知，即人的知行合一的精神修养，他说："人心是天、渊。心之本体无所不该，原是一个天，只为私欲障碍，则天之本体失了。心之理无穷尽，原是一个渊。只为私欲窒塞，则渊之本体失了。如今念念致良知，将此障碍窒塞一齐去尽，则本体已复，便是天、渊了。"[④]在这里，他表达的思想是：人心与天理是同一的，现在却产生了分裂，原因是因为有着自私的欲望，将心本体遮蔽了；而要恢复到心理一体的状态，只有通过内心的修养获得内心的净化，即寻找被欲望遮蔽的心本体良知。

正因为将心与天理看成一体的存在，强调心的本源意义，因此，阳明心学将人内心的动机看成道德行为的标准，要求"知行合一"，道德的行为来自内心的道德情感和心理动机。因此，"动机的善才是真正的善。心外无理主要强调心外无善，善的动机意识的动机意识是使行为具备道德意义的根源，因而善只能来自主体而不是外物，格物和致知都必须围绕着挖掘、呈现这一至善的根源入手"[⑤]。在致良知学说中，人生修养

---

① 林毓生：《中国意识的危机》，贵州人民出版社1988年版，第45页。
② 《礼记·大学》，《十三经注疏》（下），浙江古籍出版社1998年版，第1673页。
③ 陈来：《宋明理学》，生活·读书·新知三联书店2011年版，第207、226页。
④ 《传习录》（下），《王阳明全集》（上），上海古籍出版社2011年版，第109页。
⑤ 陈来：《宋明理学》，生活·读书·新知三联书店2011年版，第285—286页。

的第一步必须端正内心的动机，首先必须去除内心私欲入手。

至此，我们可以看出王国维开创的中国现代美学与儒家心学之间的内在关联。在王国维看来，美学的价值能够使人的情感得到净化和愉悦，能获得形而上意义的人生慰藉，从而能将人从世俗的危机中拯救出来，达到一种理想的人生境界。王国维这种"人生论美学"的根本上还是要解决现实的人生问题，这与儒家心性之学强调道德人格如何养成问题，通过心的修养而获得一种道德人格主体有着深刻的内在关联。文学艺术的价值在于能够让人获得一种审美的愉悦，所以王国维提出的审美艺术独立论、审美无用等观点，究其实质而言还是着眼于审美的功能性价值即"用"。他想通过美学的形而上意义，来实现对现实人生的解救功能，正是在这种审美功利主义思想的驱使下，王国维将西方的"审美无利害性"命题嫁接到中国儒家心学传统中，借此汇入启蒙与救亡的时代洪流中。

王国维借助美学实现国民道德人格的养成，与儒学倡导的"内圣之学"都聚焦于道德境界的生成。依照王国维的理解，"审美无利害性"的实质在于观照美的对象时，"决不计及可利用之点""其性质如是，故其价值亦存于美之自身，而不存乎其外。"并且，由于审美对象不牵涉审美主体自身的利害，因此，审美过程可以"无关于利用故，遂使吾人超出乎利害之范围外，而恍惚于缥缈宁静之域"。①

道德人格的修成首要是对国民性的改造，这是拯救民族与国家的根本手段。王阳明认为："后世良知之学不明，天下之人用其私智以相比轧，是以人各有心，而偏琐僻陋之见，狡伪阴邪之术，至于不可胜说，外假仁义之名，而内以行其自私自利之实，诡辞以阿俗，矫行以干誉，损人之善而袭以为己长，污人之私而窃以为己直，忿以相胜而犹谓之徇义，险以相倾而犹谓之嫉恶，妒贤嫉能而犹自以为公是非，恣情纵欲而犹自以为同好恶，相陵相贼，自其一家骨肉之亲，已不能无尔我胜负之意，彼此藩篱之形，而况于天下之大，民物之众，又何能一体而视之？则无怪于纷纷藉藉，而祸乱相寻于无穷矣！仆诚赖天之灵，偶有见于良知之学，以为必由此而后天下可得而治。"②儒家心学将人内心"私欲"看作一切恶的根源，私欲即"一己之利害"，因此，成为新人必须消除内心私欲。这种思想对王国维美学思想的形成影响至深。心学讲求通过道德修养去除私欲，而王国维通过美育，即借助审美精神来消除私欲。这种精神沉浸在审美对象之中，从而将审美无利害性由审美知觉的方式转变为审美作用于人自身的功能。审美主体在此过程中，由于欣赏美的形式而暂时忘却利害考虑而形成一种高尚纯粹的情感。这种情感的发生不仅在审美过程中，还可以将这种审美情感生发到整个人生，这种由审美和艺术生发出的情感可以消除人内心的私欲。

王阳明心学强调去除内心私欲，通过修养去除私欲对人心的遮蔽，恢复人心的良知状态，即将心或情感的纯洁化看作去除私欲的途径，进入纯粹的情感境界。这也是

---

① 王国维：《古雅之在美学上之位置》，第102页。
② 《传习录》（中），《王阳明全集》（上），上海古籍出版社2011年版，第90页。

王国维以及同时代的蔡元培、鲁迅等中国现代知识分子热衷于美或文艺的功能并建立起审美或艺术的功能论，由此可见这种审美立场与儒家心学在拯救人心问题上内在的一致性和传承性。

　　王国维在借助西方学术特别是美学思想上始终不放弃本土问题立场，坚持"中西体用结合"的实践思路，在中华文化现代转型的语境中，面对本土问题，时刻不忘在对传统思想文化进行批判的同时，又使中西文化相互融合而使传统文化获得现代性，"王国维接受康德和叔本华的思想的影响，是以其自身深厚的中国学术功底在悄悄地承接着，说王国维骨子里依然是被传统问题所牢牢吸引着，不妨说他一只脚留在传统中国，另一只脚迈入近代西方，成为跨时代、跨地域的巨人"①。正是儒家心学经世致用的文化传统，促使其从解决中国本土问题出发，对西方美学思想的研究有了一个坚实的本土基础。

　　至此，我们可以窥见中国美学现代转型中承续了儒家心学的传统。现代美学从一开始就将审美与道德、人性结合在一起。作为中国现代美学的开创者，王国维虽然提出审美与艺术的独立性，但究其美学思想的实质而言，还是将审美、艺术作为社会启蒙和个人达到理想精神状态的一种路径。在此基础上，他引进德国的康德、席勒和叔本华等思想家的哲学美学思想，继而改造中国传统美学，倡导美育的现实实践功能。因为他们思想在现实功能上，都与儒家心学关注个体人性都有外在的相似性。王国维在促进美学的现代转型中，从深层文化选择上都有着与儒家心学特别是王阳明的良知哲学上有着内在的渊源。正如一些学者指出："虽然中国现代美学特别是审美功利主义思想所面对的现实问题与传统的儒家心性之学不同，但是，二者的核心价值指向是一样的。"② 虽然两者之间产生的历史语境以及面对的现实本土问题不同，但在价值以及关注社会现实问题上，王国维明显表现出了对儒家心学的服膺和继承。

四　王国维文化选择的反思与启示

　　王国维在中国面临现代转型前所未有的变局中，做出自己的文化选择。以自身深厚的国学文化传统采取拿来主义的策略引进域外的思想和文化，为我所用。其目的十分明确，就是关注本土问题，解决国家民族生存危机。他们从批判国民性出发，着眼于改造国民精神，重建本土文化，重视文化和思想启蒙，构建"人国"理想。

　　在古老中国面临现代转型的历史文化语境中，王国维以及那一代的现代知识分子都受到良好的传统文化熏陶，他们开创的中国现代文化和美学都以传统文化根基来吸收外来文化：引进西方思想而不回避本土现实思想文化问题，学习西方话语而不失中

---

① 蔡洞峰：《纯粹直观与意境——兼论王国维对中国美学的贡献》，《青海社会科学》2004年第3期。
② 杜卫：《论中国现代美学与儒家心性之学的内在联系》，《文学评论》2015年第4期。

国本土学术话语，接受西方价值观念而不放弃坚守自身传统价值定位，创立了与传统文化血脉传承的中国现代美学和现代文化。

回顾一百多年来中国走过的道路，"现代转型的难题，并没有随 20 世纪的过去而结束，文化反思仍然是我们面临的任务。经济的崛起，本来正是改革开放的成果，不能反而成为停止文化反思的凭借。我们已经有几千年的文化优越感的历史，而开始真正的文化反思却不过百年，在文化自卑感和文化优越感之间，更易产生后者，文化优越感是缺少反思的结果，更是一种惯性，今天国学热不又闪现着文化优越感的色彩？文化优越感如果是建立在自我中心不知他者的基础上，这样的文化优越感无异于盲目自大，恰恰是文化自我不成熟和不健全的表现"[①]。

王国维文化选择的初衷，是想借助西方美学，实现国家富强，民族独立的梦想。而国人精神的现代转型则是摆脱近代危机的唯一路径。在王国维那里，从美学的角度提出解决国人精神危机的思路和方案。王国维通过中西文明比较与现实洞察，认为内心"私欲"是导致现实危机的根本原因，而美育是治愈私欲的一种切实的方案。因此，提倡美育，借此唤醒振作国人的精神，成为王国维美学功能价值的首要选择。

王国维在承续中华文化传统基础上借鉴西方学术思想创立的中国现代美学表明："中华文化既坚守本根又不断与时俱进，使中华民族保持了坚定的民族自信和强大的修复能力，培育了共同的情感和价值、共同的理想和精神。"[②] 在中国现在重新树立文化自信、话语自信的今天，回望王国维美学思想和当初的文化选择，又何尝不是弘扬中国精神，凝聚中国力量，实现中华民族伟大复兴梦想的重要借鉴呢？

【作者简介】蔡洞峰，安庆师范大学文学院教师，文学博士

---

① 汪卫东：《现代转型与鲁迅的文化选择》，《文学与文化》2015 年第 2 期。
② 习近平：《在文艺工作座谈会上的讲话》，http://cpc.people.com.cn/n/2015/1020/c64387-27718609.html。

王阳明致良知与王凤仪化性论比较

——兼论儒家思想的创新与发展

陈海威　周爱华

【摘　要】 王阳明的致良知与王凤仪的化性论是儒家思想在不同历史时期的发展和创新,二者在修身思想上十分相似,对天性良知持先验论观点,都以《大学》"修齐治平"思想为理论基础,以恢复天性良知为根本目的,以为善去恶为修正方法;但二者又有区别,致良知重视对心性隐微的审查,在修正方法上侧重由"体"到"用",走的是"由内推外"的理路,适合社会精英的修正;化性论以家庭伦理道德为行为规范,由伦理实践入手,从"用"到"体",走的是"由外推内"的理路,是儒家思想在三教合一潮流中的大胆尝试,适合底层平民的教化修行。二者具有殊途同归的效果。

【关键词】 致良知　化性论　比较

王阳明(1472—1529),名守仁,字伯安,绍兴府余姚人,明弘治十二年(1499)进士,历任刑部主事、左佥都御史等职,巡抚南赣,总督两广,晚年官至南京兵部尚书,封新建伯。梁启超评价:"他在近代学术界中,极其伟大,军事上政治上,亦有很大的勋业。"[①] 纵观王阳明的一生,作为军事家和政治家,他立下不世之功,彪炳史册;作为思想家和哲学家,他开创了儒学新天地,成为一代心学宗师,在中国思想史上具有不可替代的地位。

王凤仪(1864—1937),热河省朝阳(今辽宁朝阳)人,农民出身,未曾接受过正规教育,因笃行忠孝,自诚而明,致力于大众教化,提倡女子教育,创办义学 700 余所,人称"王善人"。他是中国近代伟大的民间教育家、伦理道德宣传家、女子教育的开拓者,被誉为"儒家之慧能"。[②] 作为近代儒学民间化的典型代表,王凤仪教化哲学

---

① 杨嵘:《王阳明大全集》,中国华侨出版社 2014 年版,勒口页。
② 王凤仪(撰),朱允恭编:《王凤仪年谱与语录》,九州出版社 2013 年版,扉页。

逐渐受到学术界的关注，李明先生认为"其教化哲学构成了中国儒释道三教近现代内在转型探索不可或缺的内容""是培育民族文化自信的现代尝试，也是西方文化中国化的宝贵指南"①。

本文把致良知和化性论进行比较的原因主要有三：其一，在修正思想上二者都以《大学》的"修齐治平"思想为理论基础，是对传统儒家思想的继承；其二，都是儒家思想在社会变革时期，发展遭遇瓶颈或受到冲击后的改良和创新，是儒家思想顺应社会发展的体现；其三，两种思想的产生和传播大相径庭，是儒家思想精英化与平民化路线的典型代表。

一 致良知和化性论的相似比较

致良知和化性论的相似有以下四点。

（一）都以恢复人的天性良知为根本目的

王阳明认为良知是人天生就有的，但对于常人来说良知显现并发挥作用一定会受到私欲障蔽，"人孰无根，良知即是天植灵根，自生生不息。但著了私累，把此根戕贼蔽塞，不得发生耳"②。要想恢复良知的本来面目，就要扫除物欲的遮蔽，这就是格物致知。"自圣人以下，不能无蔽。故须格物以致其知。"③ 通过格物致知，使良知成为人的主宰，这个过程就是致良知。王阳明认为为学的根本就是学习致良知："良知之在人心，不但圣贤，虽常人亦无有如此，若无有物欲牵蔽，但循着良知发用流行将去，即无不是道。但在常人多为物欲牵蔽，不能循得良知……学者学循此良知而已。"④

王凤仪因病悟道，认识到人的性格气质与身体健康息息相关，从而提出了化性论。关于性格气质与疾病的关系，他在1930年9月给江希张（1907—2004，中国现当代著名化工专家，年少时被誉为"神童"）讲病时作过论述：人是三界生的，性出于天……但是常人天性在出生时都被禀性所沾染，失去了原性，所以才会生病受灾⑤。所谓的化性，就是转化不良性格气质的过程，其内涵可以概括为"去习性，化禀性，长天性"。何为天性？王凤仪道："天性就是良知。开性的人，问他什么他知道什么，就是因为天性来朝。"⑥ 化性论的根本宗旨是要去除禀性与习性对天性的影响，恢复天性的本来面目，从而达到自我治疗和身心修养的目的。

孟子认为良知是人不虑而知，良知是先天的，因为受到后天私欲的遮蔽才无法显

---

① 李明：《传统三教内在转型的近现代尝试》，《东岳论丛》2013年第1期。
② （明）王阳明：《传习录》，中国画报出版社2013年版，第266页。
③ 同上书，第107页。
④ 同上书，第183页。
⑤ 王凤仪（撰），朱允恭编：《王凤仪年谱与语录》，九州出版社2013年版，第203页。
⑥ 同上书，第281页。

现，修养的目的就是要恢复天性良知的本来面目。王阳明和王凤仪继承了这一观点，致良知和化性论的根本目的都是为了恢复天性或良知的本来面目。

（二）对天性良知持先验论

哲学中的先验论，一般被归为唯心主义范畴，和唯物主义的反映论相对，认为人的知识（包括才能）是先于客观存在、社会实践和感觉经验的，是先天就有的。王阳明和王凤仪坚持良知和天性具有先验性，这有以下两方面的含义。

首先，良知或天性是先于个体的存在而存在的。"王阳明认为，人类之所以存在，其根本便是良知，而良知也正是世间万物的生命本源，尤其是存在于每个人心灵之中的天地万物之总纲。"① 这个"总纲"说白了就是分别善恶的总称，也就是宋明理学提倡的"天理"。钱穆先生认为，"'天理'两字，本是北宋以来理学家最认真寻讨的问题，其实天理只是分善别恶的一个总名，除却分善别恶，便无天理可见"②。天理是不会因个体生灭或变化而改变的，也就是良知始终存在，"良知之在人心，无间于圣愚，天下古今之所同也"③。可见，良知是先于个体的存在而存在的。

王凤仪吸收了儒释道三教思想，他对天性的先验性也持肯定态度。他说过："性是天给的，命是地府给的，身是人间的父母给的，这是就来处说"④"三界就是三魂，耶稣讲灵魂就是我说的天性。"⑤ 在王凤仪看来，天赋的天性如同灵魂一般具有不灭特性，是先于个体的存在而存在。

其次，良知或天性是人人具有的。"这良知人人皆有，圣人只是保全无些障蔽，兢兢业业，亹亹翼翼，自然不息，便也是学。"⑥ 王阳明认为通过致良知，人人都有使良知显现并发挥作用的可能。换句话说，人人都具有成为圣人的可能。良知的"圣愚同具"是"人皆可以为尧舜"的逻辑基础，这正是良知的共有性。

王凤仪认为，天性的实质是人类纯洁高尚的道德，"人人都有天性在，若真悔过，天性自现"⑦"拿天性为主的人，和世人都合性，因为天性是大公无我的，是人所共有的"⑧。在人皆可以成圣贤的观点上，王凤仪与王阳明是一致的。

事实上，良知或天性的先验论正是儒家"圣人可学"观点的逻辑出发点，是孟子人性善的观点推演。"圣可学的教育理念和儒家主流的人性论相关。孟子的人性善观念到宋代以后成为最有影响的人性论，这种人性论认为，人的本性不论其社会等级、职业差别、教育程度，都是本善的。善表示人与动物的根本不同，也是人能自我教育和

---

① 韩博：《王阳明心学笔记》，华中科技大学出版社2014年版，第106页。
② 钱穆：《阳明学概要》，九州出版社2010年版，第57页。
③ （明）王阳明：《传习录》，中国画报出版社2013年版，第207页。
④ 王凤仪（撰），朱允恭编：《王凤仪年谱与语录》，九州出版社2013年版，第280页。
⑤ 同上书，第282页。
⑥ （明）王阳明：《传习录》，中国画报出版社2013年版，第250页。
⑦ 王凤仪（撰），朱允恭编：《王凤仪年谱与语录》，九州出版社2013年版，第152页。
⑧ 同上书，第137页。

自我发展的内在根据。"①

(三) 在方法上都主张为善去恶

关于良知如何"致"的问题,王门"四句教"给出了明示:为善去恶是格物。也就是说为善去恶既是致良知的方法,也是致良知的过程。王阳明认为,常人的良知被私欲蔽塞,为善去恶的过程正是使良知显现的过程:"去恶,固是格不正以归于正。为善则不善正了,亦是格不正以归于正也。如善此,则吾心良知无私欲蔽了,得以致其极,而意之所发,好善去恶,无有不诚矣。"②也就是说,对常人而言,只要能知行合一,从行为乃至起心动念处坚持为善去恶的方法,自然可以达到致良知的目的。

化性论要求"去习性,化禀性,长天性",人要恢复至善的天性,必须去除不良的禀性和习性,化性的关键就是要为善去恶。王凤仪教人一般分为两步:悔过是第一步,"悔过是祛病的无上妙法"③,悔过可以减轻人的罪恶感,有助于天性的显现;为善是第二步,悔过只是对过去错误的忏悔,只有为善才能使天性日渐增长。为善包括很多,既包括家庭伦理道德的实践,也包括社会活动中的行善,如出资办义学、赈灾捐款、照顾孤寡老人、热心公益事业等。人在为善去恶过程中使自身的不良禀性和习性逐渐消除,天性显现,从而达到化性的目的。

致良知和化性论都主张为善去恶的修正方法,其理论基础是人在道德选择上的主观能动性,"圣人可学"为普通人提供了至高道德追求的可能。

(四) 重视道德实践

知行合一是王阳明龙场悟道后提出的一个重要观点,也是致良知的重要内涵。"王阳明极力反对用天理来束缚人的思想与行为,尤其反对言行脱节、只说不做的学风。不仅如此,王阳明还提出每个人必须严格践行自己的德性,做到知行合一,将道德规范变成个人的道德直觉。"④扩充良知、让良知显现并发挥作用的过程正是王阳明强调的知行合一,他说:"知者行之始。行者知之成。圣学只一个功夫。知行不可分作两事。"⑤知行合一肯定了道德认识与实践合一的重要性,与朱熹主张的知先行后相对,是对当时文人士子中盛行的重思辨轻实行风气的反驳。

王凤仪生活在清朝末年,儒家伦理纲常维持社会秩序的功能基本瓦解,在农村表现得尤为突出,因家庭伦理道德缺失导致的家庭问题随处可见。王凤仪认识到道德实践的重要性,他曾说,"空谈道德,而没有实行,终究不是真正的道德事业,必有道德人,办道德事,说道德话,来装满了它,才真是道德事业"⑥。针对时人不注重实践、

---

① 陈来:《论儒家教育思想的基本理念》,《北京大学学报》(哲学社会科学版)2005年第5期。
② (明)王阳明:《传习录》,中国画报出版社2013年版,第320页。
③ 王凤仪(撰),朱允恭编:《王凤仪年谱与语录》,九州出版社2013年版,第73页。
④ 韩博:《王阳明心学笔记》,华中科技大学出版社2014年版,第147页。
⑤ (明)王阳明:《传习录》,中国画报出版社2013年版,第46页。
⑥ 王凤仪(撰),朱允恭编:《王凤仪年谱与语录》,九州出版社2013年版,第109页。

好高骛远的风气，他指出："所学的必须贵乎实行。今人之学都好高骛远，所以不进步"①"现在的人吃亏，吃在单纯求道上了。时时求道，也真能求得，也真能明白。只是求来不肯行，所以才糟了"。②

王阳明和王凤仪都强调知行合一，尤其重视道德实践，一方面和当时言行脱节、不重视实践的社会风气有关，另一方面也体现了儒家重视道德实践的特点。

二 致良知与化性论的不同比较

致良知与化性论的不同主要有以下三点。

（一）修正路子不同

致良知和化性论在学理上都秉承了《大学》"修齐治平"思想，但在修正方法上有所不同。具体而言，致良知偏重从"体"到"用"，走的是"内推外"的路子，化性论偏重从"用"到"体"，走的是"外推内"的路子。

王阳明认为"心外无理，心外无事"③，人一旦使良知成为主宰，掌握了道体，就可以应对外界的一切变化。良知如同真理的试金石、指南针，"随他千言万语，是非诚伪，到前便明"④。良知与节目时变是"体"与"用"的关系，二者之间如同规矩与方圆，"夫良知之于节目时变，犹规矩尺度之于方圆长短也。节目时变之不可预定，犹方圆长短之不可胜穷也……良知诚致，则不可欺以节目时变，而天下之节目时变不可胜应矣"⑤。王阳明认为，从良知入手正是抓住了事物根本，抓住了道体，因此他教导学生多从良知本体入手，注重从"体"到"用"，由内推外。

化性论以家庭伦理为切入点，把五伦八德作为行为规范，要求受教化者对照实践，在实践中达到天性良知的再现。王凤仪主张"打铁不离砧，讲道不离身"，化性的诀窍就是"认不是"和"找好处"。"认不是"是对己，通过"认不是"来悔过；"找好处"是对人，通过"找好处"可以化解内心的不良情绪。使人在"认不是""找好处"的实践过程中逐渐恢复良知本体，从而达到化性的目的。与致良知相比，化性论偏重于从"用"到"体"，采用的是由外推内的修正方法。

需要说明的是，致良知和化性论的"体""用"不同也是相对的，在实践中都有灵活使用的现象，从"体"到"用"，还是从"用"到"体"，往往是因人资质而异。致良知与化性论在教法上与禅宗的"顿""渐"教法类似，虽然方法不同，却能达到殊途同归的效果。

---

① 王凤仪（撰），朱允恭编：《王凤仪年谱与语录》，九州出版社2013年版，第510页。
② 同上书，第508页。
③ （明）王阳明：《传习录》，中国画报出版社2013年版，第51页。
④ 同上书，第244页。
⑤ 同上书，第142页。

（二）修正目标不同

"明明德""亲民""止于至善"被称为《大学》的"三纲领"，是传统儒家要达到的理想人格，"八条目"是达到这一目标的具体实践步骤，"八条目"即"格物""致知""诚意""正心""修身""齐家""治国""平天下"。"修齐治平"是儒家理想人格的具体实践，也是中国传统知识分子几千年来一直拥有的价值观和情怀。致良知与化性论在修正步骤上都遵循了"八条目"的路线，但在修正层次上有所不同。具体而言，致良知以"三纲领"为个人修正目标，涵盖了"八条目"的所有实践层次，是完整的儒家修正哲学；化性论以"齐家"为最终目的，没有把治国、平天下作为实践内容。

致良知是王阳明经过九死一生实践出来的圣人之学，他称为"千古圣圣相传的一点真骨血""真圣门正法眼藏"。儒家的圣人不仅要有完善的个人道德，还应该能"兼济天下"，有所担当。在他看来，圣人视天下万物为一体，早已超越了个人功业名利，但圣人并不排斥功业，"圣贤非无功业气节。但其循着这天理，则便是道。不可以事功气节名矣"①。王阳明的一生也是实践"圣人之学"的一生。正德元年（1506），王阳明因上疏获罪，被贬谪为贵州龙场驿丞，突如其来的打击使他一度迷茫。"谪居龙场之后，他已彻底从这个迷梦中清醒了过来。他一意求退出'仕'途，正是因为他确知'吾今不得行道矣'（见《龙场生答问》）。但是他的基本儒家立场不允许他从此'独善其身'，完全放弃孟子关于'平治天下'的终极理想。"②龙场悟道后王阳明的政治态度发生了变化，由"得君行道"转变为"觉民行道"。一方面他四处宣讲自己的良知之学，另一方面也积极投身政事，先后担任庐陵知县，平定南赣匪患，平息宁王叛乱和广西思州、田州土司叛乱，功业显赫。可以说，王阳明是用自身的实践证明了致良知的圣学血统。

王凤仪通过数十年的实践与观察，悟出这样一个道理：家庭是组成社会的基本单位，想要社会风气转变，必须从家庭风气转变开始，想要家庭风气转变，必须进行家庭伦理道德教化。从38岁起，王凤仪立志改造社会，他提出的化性论以家庭伦理道德为行为规范，倡导建立新型的"道德家庭"。化性论以"齐家"为最终目标，没有强调治国、平天下的实践。为何如此呢？王凤仪曾说："我们天天演讲，仅能讲讲诚意、正心、修身、齐家，对于治国的道，就不敢谈了。怎说呢，因为没到那个地步啊！将来道德若能普遍了，当道的诸公也都深信了，然后才可以谈。而对于平治天下的道，还不能谈，所以讲道也得有步数。"③他晚年时也说过："我这一生把'诚、正、修、齐'四个字做到了。至于'治国平天下'那是国家的责任了。"④

---

① （明）王阳明：《传习录》，中国画报出版社2013年版，第252页。
② 余英时：《宋明理学与政治文化》，吉林出版集团有限责任公司2008年版，第188—189页。
③ 王凤仪（撰），朱允恭编：《王凤仪年谱与语录》，九州出版社2013年版，第469页。
④ 同上书，第245页。

致良知和化性论的修正目的不同，与二人的出身、面对的受众有很大关系，也是儒家"君子以思不出其位"思想的体现。

（三）三教融合程度不同

佛教自东汉传入中国，与本土的道教和儒家思想经历了竞争融合的过程。"儒、释、道三教合流，于南北朝后期初露端倪，于唐宋大致定型，于元明清登峰造极。"① "三教合一及三教互相竞逐，是晚明思想的一大特色，这种竞合的现象不只发生在有名的文化精英身上，在乡里的层次也非常明显。当时成佛成仙的目标对许多人有非常大的吸引力，连成圣的'圣'究竟是儒家意义的圣人或佛道意义的圣人，都是游移不定的，所以如何将信徒由对方扳回，成为一件迫切的工作。当然在思潮竞逐的过程中，思想家也常常曲折地改变自己原有的思想内容，以涵括信徒的需要，借以保持住自己的优越性。"② 王阳明和王凤仪处在三教融合的大浪潮中，都在不同程度上吸收了佛老等思想，但在具体表现上有所不同。

王阳明早年对佛老有过深入研究。钱德洪在《阳明先生年谱》中评价道："先生之学凡三变，其为教也三变。少之时，驰骋于辞章；已而出入二氏；继乃居夷处困，豁然有得于圣贤之旨。是三变而至道也。"③ 湛若水也认为王阳明："初溺于任侠之习，再溺于骑射之习，三溺于辞章之习，四溺于神仙之习，五溺于佛氏之习。正德丙寅（元年）始归正于圣贤之学。"④ 无论是钱德洪的"三变说"还是湛若水的"五溺说"，都证明王阳明早年曾出入于佛老二氏的经历。王阳明曾经与道士畅谈养生之术以致忘记了新婚之夜，也有过到九华山寻仙访道的经历。弘治十五年（1502），他在绍兴阳明洞练习导引之术，可以预知朋友的到来，说明其道术修炼水平已经很高。鉴于此，如果说王阳明的心学没有受佛老思想的影响，实在令人难以信服。有趣的是，王阳明龙场悟道后，却极力避开佛老，旗帜鲜明地与二者进行了切割。他的一个学生对佛老很感兴趣，王阳明提醒他："吾亦自幼笃志二氏，自谓既有所得，谓儒者为不足学。其后居夷三载，见得圣人之学若是其简易广大，始自叹悔，错用了三十年气力。大抵二氏之学，其妙与圣人只有毫厘之间。汝今所学，乃其土苴，辄自信自好若此，真鸱鸮窃腐鼠耳。"⑤ 此番话可看出王阳明对佛老持否定的态度。他不愿意把致良知和佛老扯上关系，原因估计有二：其一，佛道是出世思想，不是他追求的圣人治世之学。"佛氏着在无善无恶上，便一切都不管，不可以治天下。"⑥ 其二，阳明心学从一出世就受到很多人的非议，部分原因是王阳明功劳过大，受到忌妒，更重要的原因恐怕是良知之学威胁到程朱理学的统治地位，朱熹的门徒群起而攻之，心学如果和佛老扯上关系，就更

---

① 杨海文：《儒释道三教合流的历史经验》，《孔子研究》2013 年第 2 期。
② 王汎森：《晚明清初思想十论》，复旦大学出版社 2004 年版，第 3 页。
③ 吴光等编校：《王阳明全集》，上海古籍出版社 2011 年版，第 1476 页。
④ 同上书，第 1538—1539 页。
⑤ （明）王阳明：《传习录》，中国画报出版社 2013 年版，第 114 页。
⑥ 同上书，第 91 页。

容易授人以柄。据此，王阳明极力和佛老撇清关系：一方面是他坚信良知之学就是真正的圣人学说，是"千古圣圣相传的一点真骨血"；另一方面也有现实政治生存的需要。这就造成了一个有趣的现象：致良知明显有吸收佛老学说的痕迹，但最终完全以儒家的身份面世。

王凤仪出生在穷苦人家，没有接受教育的机会，清朝后期农村盛行的讲善书活动为其提供了思想启蒙种子。善书，又称为劝善书，"是一种不论贵贱贫富，儒、佛、道三教共通又混合了民间信仰的规劝人们实践道德的书""到明清时期因应三教合流的趋势广收博采，囊括了儒、释、道三教的内容，而且善书涵括的范围也进一步扩大，把圣谕、官箴、家训、格言等劝诫文献都纳入善书的体系之中"。[1] 善书是三教融合的典型产物，因为其通俗易懂，故事性强，在民间深受欢迎。王凤仪的教化哲学虽然也以儒家《大学》《中庸》为主要学理依据，但明显从善书中吸收了佛老甚至基督教、伊斯兰教的众多思想，他曾说："我所讲的性合天理，心合道理，身尽情理，三者总称为三界，与佛家的三皈，道家的三宝，儒家的三纲是一样的。我所讲的五行，与佛家的五戒，道家的五气，儒家的五常也是一样的。所以只要能克己，能尽道，能与天地合一，自然也就能与万教合一了。"[2] 在三教融合上，王凤仪走得比王阳明更远，而且更彻底，但这并不代表他三教不分。他不排斥其他宗教，但也不支持佛老的出世修法。民国十四年（1925），道德会中有一个叫王泽溥的会员深信佛法，他经常在学员中宣讲佛理，因此有许多人信念产生分歧。王凤仪责备说："我教出来的人，你都给领出家了，这好像我是瓜倌，栽种的瓜不等熟你都给摘走了，不是可惜吗？"[3] 民国十七年（1928），王凤仪为刘静一、孙慕珩等出家女子讲明"清修不能成道"的道理，这些女子纷纷还俗出嫁，以尽人伦。可见，王凤仪主张的还是入世的修法。总之，与致良知相比，化性论虽以儒家思想为理论骨干，但三教融合的痕迹非常明显。

三 异同原因分析

致良知与化性论既有很强的相似性，又有一定的差异性，探究其深层原因，与二人所处的时代背景、开悟方式以及面对受众有一定关系。

（一）时代背景

王阳明生活在明朝中期，政治经济环境发生了较大的变化。从政治生态上看，正德皇帝朱厚照是历史上公认的昏君，朝纲不振，宦官专权，朝廷内党同伐异，官场生态极度恶劣。与此同时，社会经济发生了急剧变化，资本主义萌芽悄然产生，城镇规

---

[1] 张祎琛：《明清善书研究综述》，《理论界》2009 年第 8 期。
[2] 王凤仪（撰），朱允恭编：《王凤仪年谱与语录》，九州出版社 2013 年版，第 497 页。
[3] 同上书，第 165 页。

模不断扩大，工商业逐渐繁荣，新生的市民阶层成为社会的重要组成部分；在思想方面，功利主义在社会中受到重视和追捧，统治者大力提倡"存天理，灭人欲"，自己却横征暴敛，荒淫腐败，理学逐渐沦为说教之学，维护封建秩序的功能开始松动，社会急需一种新的思想来加以平衡。王阳明从小就有"读书成圣贤"的理想抱负，但现实与理想的差距让他迷茫，"格竹"的失败，仕途的多舛，尤其是正德元年（1506）因得罪权阉刘瑾，他被"褪衣廷杖"后贬为龙场驿丞，从一个京城六品官贬为不入品的驿站站长，王阳明的仕途和人生一片黑暗，但正是在绝境中，王阳明悟到圣人之道，心学横空出世。阳明心学的产生，从宏观层面上看，顺应了明朝中期社会发展的需要，是对朱子学说的反映和纠正，为思想界注入了清泉活水；从微观层面上看，是王阳明在遭遇困境挫折后，寻求解脱路上的一次成功飞跃。

王凤仪生活在清朝末年，清政府的统治已经到了瓦解的阶段。从外交上看，由于受制于洋人的船坚炮利，清政府接连战败，被迫签订了多份丧权辱国的条约，基本上处于任人宰割的地位；从国内统治看，巨额的战败赔款，官员的贪婪腐败，给本就空虚的国库雪上加霜，太平天国、义和团运动接连爆发，也加速了内耗，清政府的帝国大厦摇摇欲坠；从思想上看，两千年的封建礼教制度走到了尽头，传统的三纲五常伦理制度彻底僵化，加上新文化运动的萌发，西方民主、科学思想大受欢迎，整个社会的思想处于大变革之中。清政府虽已无力扭转局势，但仍做最后的挣扎。光绪二十年（1894），中日甲午战争以后，清朝皇帝降下圣旨，叫全国各地举人、秀才都为国教民，宣讲善事，挽正人心。王凤仪生活在农村，亲眼目睹因伦理道德缺失导致的家庭矛盾，他曾根据《训女良词》中的"七出"考察，发现"我们村中的妇女，没有一个不犯七出的。我再仔细考察男子，都争贪下顾，抛弃父母，没有一个能尽孝悌的。我知道这个世界坏到极点了，多咱是个头啊？"① 为了挽救人心，改造世界，他开始探索家庭伦理道德教化问题。化性论的出现，从时代背景上看，顺应了清政府挽救人心的政治需求，是儒家思想重心下移、民间化的自我尝试；从个人层面上看，是王凤仪在修正过程中的理论升华，也是三教融合在民间的典型体现。

致良知和化性论的出现，从宏观上看具有一定的时代必然性，是儒家思想与时俱进的创新和发展；从微观上看，又具有一定的偶然性，是王阳明和王凤仪在探求圣贤路上的个人证悟结果。

（二）开悟方式

王阳明和王凤仪都具有开悟的体验，这种略带神秘性的个人体验在二人理论形成过程中都起到重要的作用。

据《年谱》记载，王阳明开悟在正德三年（1508），地点是在贵州的龙场驿，这就是历史上著名的龙场悟道，记载如下：

---

① 王凤仪（撰），朱允恭编：《王凤仪年谱与语录》，九州出版社2013年版，第37页。

>（正德）三年戊辰（即西元1508年），先生三十七岁，在贵阳。……日夜端居澄默，以求静一……因念："圣人处此，更有何道？"忽中夜大悟格物致知之旨，寤寐中若有人语之者，不觉呼跃，从者皆惊。始知圣人之道，吾性自足，向之求理于事物者误也。①

王凤仪开悟发生在光绪二十四年（1898），时年35岁，有两件标志事件，第一件是悔过病愈。

> 我得了十二年疮痨，已经是不能治的了……我知道古代贤人争罪，今世愚人争理，怪不得我成愚人了！我只觉刷拉一声明白了！……第二天早晨疮就完全好了。②

第二件事是效仿古人羊角哀舍命救友，路途中出现顿悟：

> 我一面走一面喊着："杨柏死我也不活着，非学羊角哀舍命全交不可！"喊了多时，走到通都岭上，那时正是十月月底，黑洞洞的夜里，忽然就通亮了，这时我就不出声了。……说到这时，刷拉一下子就明白啦！③

略带神秘色彩的个人开悟现象在中国传统修行中并不少见，陈来先生在《心学传统中的神秘主义问题》④一文中曾有详细的论述，此不赘述。

通过比较可以发现，二人开悟有类似之处：其一，开悟前都遇到人生难题，都有持续深入思考的过程，都有自问自答细节；其二，顿悟是在瞬间发生的，时间上具有不确定性，都有类似宗教的神秘体验。二人开悟也有不同之处：其一，王阳明开悟前对儒释道有较深入的研究和实践，并有长时间静坐修养的过程，他的开悟有理论和实践的基础，有主动追求成分在内；王凤仪缺乏相应的理论和实践基础，是在偶然状态下发生顿悟，他的开悟具有被动性和偶然性；其二，王阳明是在睡梦中发生顿悟，王凤仪则是在清醒状态下发生顿悟。

从记载来看，二人的开悟与禅宗的顿悟类似。董平先生对"悟"的定义为："它是对某种长期以来困扰着自己的问题进行不断地深入思考、不断地反复沉思而最终达到的一种豁然贯通、豁然开朗的境界，是一种独特的精神境界或者心灵状态。"⑤ 抛开二人的神秘体验，开悟只是心智模式转换的过程，开悟过程似乎是一刹那间的事情，但实际上都有一个前期积累的过程，是由量变到质变的转化过程。就二人的开悟过程来看，王阳明龙场悟道前曾出入佛老，精研理学，有"成圣"的强烈渴望，有相关知识

---

① 吴光等编校：《王阳明全集》，上海古籍出版社2011年版，第1354页。
② 同上书，第37页。
③ 同上书，第39页。
④ 陈来：《有无之境——王阳明哲学的精神》，北京大学出版社2006年版，第359—384页。
⑤ 董平：《传奇王阳明》，商务印书馆2011年版，第75—76页。

的积累，在外界事件（被贬龙场）的激发下开悟，可以概括为由"知"到"行"的主动悟道；王凤仪则相反，既缺乏有意识的知识积累，也没有明确的内在动机，开悟完全是因为自己的至诚和笃行无意间激发他进入"悟"的状态，他的开悟可以理解为由"行"到"知"的被动开悟。正因为如此，致良知更多体现出由"体"到"用"的特点，化性论则是由"用"到"体"的模式。

（三）面对的对象不同

王阳明的心学在当时有很大的影响，究其原因，除了在学理上有别于程朱理学外，也与他的积极讲学分不开。据年谱记载，王阳明龙场悟道后就开始有意识地宣讲自己的学说，他先是在龙场极其简陋的条件下讲课，正德四年（1509）被贵州提学副使席书邀请到贵阳书院讲学将近一年，后来随着职务的变动，讲学足迹遍布北京、南京、滁州、绍兴、余姚、江西等地。王阳明所在之处，往往聚集了数百甚至上千名从各地慕名而来的学子，随着心学的影响越来越大，他的弟子也越来越多。王阳明的学生有一个共同点：基本都是知识分子。例如，他的第一个弟子徐爱，就是进士出身，曾任祁州知州、南京兵部员外郎、南京工部郎中等职务。又如，浙中王门创始人王畿，也考取了进士，官至南京兵部主事，对阳明学的发扬光大起到重要作用。可以说，早期的阳明心学基本上是以知识分子为主要传播对象，属于精英阶层的修正哲学。

王凤仪出身底层，接触对象以穷苦劳动人民为主，这些人基本没有受过正规教育，也缺乏经世治国的远大理想，他们愿意接受王凤仪的教化哲学：一方面是因为当时宗教信仰在底层人民中有较深厚的基础，成佛希圣是很多人的精神追求；另一方面，化性论能满足部分人的现实需求，不少人因为接受教化，个人健康问题或者家庭矛盾得到了解决，从而对王凤仪产生了信心。从传播人群和教化对象看，化性论受众多是贩夫走卒，农人村妇，属于平民阶层的教化哲学。

由于受众的不同，致良知和化性论在讲学方式上有差异：王阳明注重对本体的阐释，多以经典进行印证，语言表述严谨而简约；王凤仪侧重于现象的解读，把日常生活中的种种表象归纳到相应的伦理道德规范中，语言通俗易懂，充满了乡土气息。

四 当代的启示

致良知和化性论的发展异同，对当代儒学复兴具有启示意义，对当前社会主义核心价值观的落实也具有借鉴价值。下面分两部分予以论述。

（一）创新是儒学复兴和发展的根本

致良知和化性论是对传统儒家思想的继承和创新。一方面，二者都以人性善为哲学基础，秉承了儒家"内圣外王"的人格追求，是传统儒家思想精髓的发扬光大；另一方面，二者在针对人群、修正路线、修正目标、理论创新上体现出不同的特色，是儒家思想顺应社会发展，与时俱进的重要体现。致良知和化性论带给我们的启示是：一种思想只有与时代相结合，能解决社会面临的问题，才能永葆生机。

改革开放以来，中国经济飞速发展，取得了令世界瞩目的成绩，但精神文明建设方面却存在着一些与之不相适应的现象，如食品安全、环境污染、电信诈骗、道德冷漠等。同时，市场经济一切向钱看的评价标准，也助长了社会上的拜金主义、极端功利主义，归根结底，这是当今社会信仰缺失、价值失序的表现。随着时间的推移，越来越多的人认识到儒家思想对社会精神文明建设的重要性。近年来，随着儒学复兴的呼声日益高涨，"儒学复兴运动在中国与东亚的兴起，已经成为事实"①。我们在看到儒学复兴机遇的同时，也要清醒地认识到儒学复兴面临的挑战。儒学在当代的复兴和发展必须解决好继承和创新的问题，在继承传统儒家思想精髓的同时，也要有所创新。所谓有担当才能有地位，儒学复兴必须面对当代社会存在的问题，以创新的形式满足当代人的精神需求。可以说，能否做到与时俱进是儒学在当代复兴和发展的关键。

（二）重视实践是落实社会主义核心价值观的关键

道德理念只有落实到实践中才有意义。王阳明和王凤仪强调知行合一、重视道德实践，是为了纠正当时社会上理论与实践脱钩的虚浮之风。王阳明强调"事上磨炼"，他认为"知之真切笃实处即是行，行之明觉精察处即是知。知行工夫，本不可离"②。王凤仪认为道是行出来的，德是做出来的，没有实践就不是真正的道德。缺乏实践，任何道德理念本质上都只是一种口号。

社会主义核心价值观是社会主义核心价值体系的高度凝练和集中表达，十八大以来，党中央高度重视培育和践行社会主义核心价值观。习近平指出："培育和践行社会主义核心价值观，贵在坚持知行合一、坚持行胜于言，在落细、落小、落实上下工夫。要注意把社会主义核心价值观日常化、具体化、形象化、生活化，使每个人都能感知它、领悟它，内化为精神追求，外化为实际行动，做到明大德、守公德、严私德。"③培育和弘扬社会主义核心价值观必须重视实践，重视知行合一，让每个人都能把它与自己的日常生活紧密结合起来，从我做起，从身边做起，从生活中的小事做起，从当下做起，才能真正发挥它的价值和作用。

---

① 吴光：《中国当代儒学复兴的形势与发展方向》，《杭州师范大学学报》（社会科学版）2011年第1期。
② （明）王阳明：《传习录》，中国画报出版社2013年版，第128页。
③ 习近平：《走好科技创新先手棋 就能占领先机赢得优势》，http://news.xinhuanet.com/politics/2014-05/24/c_1110843342_2.htm。

结　语

王阳明的致良知主要在知识分子中传播，是精英阶层的修正哲学，王凤仪的化性论以底层人民为主要对象，是平民大众的教化哲学，二者虽理路不同，却都秉承了儒家"内圣外王"修正哲学的精髓，具有殊途同归的效果，是儒家思想在不同历史时期的创新和发展，是中华民族的宝贵精神财富。

【作者简介】陈海威，杭州电子科技大学人文学院讲师；周爱华，浙江建设职业技术学院讲师

陈确的启蒙儒学思想及其现代意义

陈寒鸣

【摘要】 陈确是蕺山门下三杰之一,明末清初重要的儒家学者、思想家。他治学无所依傍、无所瞻顾,唯是是求,绝无附和雷同、老生常谈,故其思想不仅表现出一种处处标新立异的风格,而且体现出强烈的启蒙特性,反映了中国17世纪早期启蒙时代精神。陈确的启蒙儒学思想,至今仍有重要的现实意义。

【关键词】 明末清初　陈确　刘宗周　反宋儒　程朱理学　启蒙儒学

"中国启蒙思想开始于十六七世纪之间,这正是'天崩地裂'的时代。思想家们在这个时代富有'别开生面'的批判思想。"① 陈确虽非这时代最卓越的思想家,但他富有批判性的儒学思想是与这时代的启蒙精神相符应的。

陈确(1604—1677),字乾初,浙江海宁人。初别道永,字非玄,青年时即颖悟绝伦,潇洒拔俗,是位风流倜傥的文人雅士。40岁同友人祝渊(开美)游儒学宗师刘宗周(蕺山)门下,敛华就实,奉慎独之教,躬行实践。甲申鼎革后不久,刘宗周、祝渊相继殉国,陈确虽未死节,但上书学府自求永削儒籍,闭门事母,躬耕乐道,并更名确字乾初,其更名之用意则在于《周易·文言传》对乾卦初九"潜龙勿用"的注解:"'潜龙勿用',何谓也?子曰:'龙德而隐者也,不易乎世,不成乎名,遁世无闷,不见是而无闷,乐则行之,忧则违之,确乎其不拔,潜龙也。'"这表示了他虽然身逢政治险难,但坚持气节操守,不移其志,确然不拔的志向和决心。陈确一生都为此而努力,直至他晚年患拘挛之疾,坐卧病榻垂12年,仍不懈地进行理论战斗,撰述而成《葬书》《瞽言》《大学辨》等重要著作。黄宗羲《陈乾初先生墓志铭》称"其学无所依傍,无所瞻顾,凡不合于心者,虽先儒已有成说,亦不肯随声附和",其子黄百家亦在《查石丈传》中赞曰:"乾初先生斟酌经术,独凿五

---

① 侯外庐:《中国早期启蒙思想史》,人民出版社1956年版,第3页。

丁，扫从前之陈说，不异宋之水心先生，伯仲其间。"黄氏父子之论，堪称的评。近人蒙文通对陈确思想独有所契，称其为明清之交的"巨擘"①，陈确完全当得起蒙氏的这一评价。侯外庐先生则在其主编的巨著《中国思想通史》中把陈确作为一位早期启蒙思想家予以表彰。

一

陈确首先是一位儒者，只不过他始终有着自身强烈的个性特征，而这种个性又随其思想的成熟性发展而不断升华。在程朱理学被著为功令的社会里，他同无数儒者一样，自小就为准备应试而读《性理全书》一类著作，但他并不悦理学家言。20岁后屡次科考落榜，"遂薄视一衿，放情山水，恣情声律，韵管谱琴。时共一二知交，吟风弄月，超然远寄，有点游舞雩之致。间以双陆围棋，篆刻临池，得心应手，无不穷极其妙"②。当时文人社集蔚为风习，但他以为饮酒赋诗无益身心，一会之后便不复赴。他对当时盛行的聚徒号众、自树门户，高谈性命、长傲饰非的讲学之风极为反感，斥曰："不为所当为，而徒呼朋讲学，空言过日，于本身绝无相干。"③陈确又是位刚直尚节、不挠于势位的任侠之士。始入庠，太守刘雪诗怜其家贫，意欲周全，他坚辞不受。崇祯十五年（1642）秋，海宁乡间"苦墨吏殃民"，他率同学上告官府，却遭追究，失去三年一次的乡试机会，他不以为憾，谓："捐吾生以救一县之民，亦何所惜，一乡荐何足道哉！"陈确一生都有着这种特重品节操守的个性特质，且在拜入蕺山门下后，受刘宗周思想深刻影响而使得他对之有更自觉的理性认识，并由对个人品节的注重上升为对民族气节的坚守。他以"君子之于生，无所苟而已"为宗旨而撰作《死节论》④，既认为"死合于义之为节，不然，则罔死耳，非节也"，又指出："向无夷、齐之饿，则天下后世宁复知君臣之义哉！此抗古以来一大砥柱也。"这是很深刻而又有极强现实针对性的思想。甲申鼎革，故国沦亡，异族入主，一时"死节"者甚众，多为忠贞报国者，然亦有平居袖手谈心性，临难一死报君王者，如严起恒在永历朝"终日与故人门生诙谐小饮。"有人问其"何恃而暇，公笑曰：'更何恃哉？直办一死耳，焉得不暇'！"（钱澄之：《闽粤死事偶记》，《藏山阁文存》卷五）。甚至还出现了一些迂陋现象，如《明季北略》卷二十一记汪伟夫妇同缢："……乃为两环于梁间，公以便就右，耿氏就左。既皆缢，耿氏复挥曰：'止，止！我辈虽在颠沛，夫妇之序不可失也。'复解环，正左右序而死。人比之'结缨易簀'云。"陈确与他们有本质区别。刘宗周认为，人生当以求仁为志向。仁是做人的准则，人不能求生以害仁，宁

---

① 蒙文通：《致郦衡叔书》，《中国哲学》第五辑，生活·读书·新知三联书店1981年版，第370页。
② 陈翼：《乾初府君行略》，《陈确集》上册首卷，中华书局1979年版，第12页。
③ 陈确：《寄诸同志》，《陈确集·文集》卷十六，中华书局1979年版，第379页。
④ 见《陈确集·文集》卷五，中华书局1979年版，第152—155页。

可杀身以成仁。他说:"一边是求生以害仁,一边是杀身以成仁:几人看得清楚?就下一割,惟有志之士必遂其志,成得之人必成其仁。志一决而莫违,心已安而无累。君子之于仁道,则以杀身殉之也"(刘宗周《刘子全书》卷三十一《论语学案四》)。在他看来,求仁大义即在尽忠报国。故其当明朝倾覆,国家存亡之秋,绝食蹈仁,遂平生之志而全其名节。陈确尽管没像祝渊那样追随蕺山殉难,但他认同其师思想,学伯夷之高行,绝意进取,不仕新朝而以遗民自处,并认为"吾辈之绝意进取,本是极寻常事"①。

陈翼曾谓乃父平生之学凡有三变:"始崇尚夫风流,继绚烂夫辞章,继又矜厉夫气节,自后一变至道。要其淡功名,薄荣利,则周根原于性天,历盛衰,阅老稚而不渝其初者也。"② 作为一位儒家学者,陈确的学思确曾有过重大变化,而导致其变化的原因则是他与祝渊一道拜刘宗周为师,并从此深受刘氏影响。此亦诚如陈翼《乾初府君行略》所说:"甲申、乙酉,沧桑变革,动魄惊魂,先君子思俭德避难,挫明用晦,与祝开美同游山阴先生之门,奉先生慎独之教,益从事于黯然之学,而操其功于知善必迁,知过必改,以无歉其所独知,兼动静,合人己,无往而非独,即无往而非慎。已而学益邃,识益卓,则见其胸怀恬旷而践履真笃,议论切实而理致精微。"③

刘宗周字起东,别号念台,因讲学于山阴蕺山,学者称蕺山先生。生于明万历六年(1578)戊寅,二十九年(1601)辛丑进士,以行人司行人累官至顺天府尹、工部侍郎。蕺山为人清廉正直,立朝时敢于抗疏建言,虽屡遭贬谪,始终不改其志。明亡之次年乙酉(1645)清军南下入浙,蕺山在家乡绝食殉节。观其一生,立朝从政时间并不很长,多半时间从事于讲学育人,弟子遍天下,其中最著名者有黄宗羲(梨洲)、陈确(乾初)、张履祥(杨园)、祝渊(开美)等人。今查陈确一生赴山阴亲炙蕺山凡三次。第一次是明崇祯十六年(1643)癸未秋八九月间,他同祝渊一道至山阴拜刘宗周为师。初见蕺山,蕺山先晓以"圣人可为"之旨,指点其为学方向,复以道理玄言教之。这对陈确、祝渊影响很大,他们辞别恩师后曾相约卜居云门山结庐共学,惜乎不久时势剧变而未能如愿。陈确后来在《祭山阴刘先生文》中满怀深情地写道:

> 确之登师门最后,得师吾师之日浅:年已逾于强仕,学未及乎童蒙;日用之间,举步滋疚;圣贤之道,窅乎未闻。方期与渊结庐云门、若邪之中,朝夕函丈,订数年游,究千秋之业,而时移事违,天崩地坼,执友见背,明师云殂,宇宙茫茫,向谁吐语!④

---

① 陈确:《寄诸同志》,《陈确集·文集》卷十六,中华书局1979年版,第378页。
② 《乾初府君行略》,《陈确集》首卷,中华书局1979年版,第13页。
③ 同上。
④ 《陈确集·文集》卷十三《祭文一》,中华书局1979年版,第305—306页。

崇祯十七年即清顺治元年（1644）正月，陈确曾再次渡江至山阴向宗周问学。次年正月他又同祝渊"蕺山之麓，问业执经"①，六天后别师而归，不意竟成永诀。

陈确好友张元岵说乾初"少年时，遇事任性，衣食言动不能尽戢；游蕺山之门而归，为之一变，安静和好，能以其学教其子弟"②。《海宁县志·理学传》也说："自奉教蕺山，一切陶写性情之技，视为害道而屏绝之；其勇于见义，遇不平而辄发者，亦视为任气而不复蹈。惟皇皇克己内省，黜伪存诚，他不暇顾也。"③刘宗周对陈确的思想确乎有十分深刻的影响，以至于有学者认为正是在刘氏影响下，陈确才"自'俗学'走向'道学'"，并将"师从蕺山"视为"乾初一生精神生命中的最大事件"："此前是'崇尚夫风流'的倜傥后生，此后逐渐成为'克己复礼'的好修君子；此前是'绚烂夫辞章'的文士，此后逐渐化为'为往圣继绝学'的学人；此前是娴于杂艺的才人，此后成了一意弘道的'道学家'；此前是好刚使气、一触即发的气节之士，此后逐渐成为'素位而行'的中道者；此前从事的是锋芒毕露的'为人之学'，此后所从事是'暗然而章'的'为己之学'。总之，乾初前半生的生命方向是'旁逸斜出'，从师之后则转为'敛华就实'。"④

这些看法大体无误，但在注意到"师从蕺山"导致陈确精神生命巨大变化的同时，还应充分认识到他始终是位有着独立个性的儒者，并未像王瑞昌《陈确评传》所说那样圭锋消融而转变成"一意弘道的'道学家'"。众所周知，陈确与黄宗羲、张履祥并称为蕺山门下三杰，但高名耆旧的黄宗羲在学术上据守师说，多存道学余枝，故其在《陈乾初先生墓志铭》中说乾初，"其于圣学，已见头脑。故深中诸儒之病者有之；或主张太过，不善会诸儒之意者亦有之"⑤。"这是宗羲'余枝'犹存的证明。"⑥至于张履祥后来转向朱学，成为清初由王返朱思潮的主要代表人物，但他"对于学术上并没有什么新发明、新开拓，不过是一位独善其身的君子罢了"⑦。反观陈确，他虽然十分敬重其师，但学说思想上已经破除了理学樊篱，"一往直前不顾利害以推翻理学的宝座"⑧。此外，他与挚友祝渊同时师事刘宗周，但"开美邃于理学，而确素不悦理学家言"⑨，黄宗羲《陈乾初先生墓志铭》说他"读书卓荦，不喜理学家言，尝受一编读之，心弗善也，辄弃去，遂四十年不阅。其后与同邑祝渊……同问学于山阴，先师深痛末学之支离，见于辞色，乾初括磨旧习，一隅三反。迨先师梦奠，得其遗书而尽读之，憬然而喻，取其四十年所不阅者重阅之，则又格格不能相入，遂见之论著，同辈

---

① 陈确：《祭祝开美文》，《陈确集·文集》卷十三《祭文一》，中华书局1979年版，第303页。
② 张元岵：《竹窗解颐杂录下》，《张待轩先生遗集》卷十二。转自《陈确集》首卷，中华书局1979年版，第43页。
③ 转自《陈确集》首卷，中华书局1979年版，第7页。
④ 王瑞昌：《陈确评传》，南京大学出版社2002年版，第56—57页。
⑤ 《陈确集》首卷，中华书局1979年版，第1页。
⑥ 侯外庐：《中国早期启蒙思想史》，人民出版社1956年版，第198页。
⑦ 梁启超：《中国近三百年学术史》，中国书店1985年版，第97页。
⑧ 侯外庐：《中国早期启蒙思想史》，人民出版社1956年版，第191页。
⑨ 陈确：《辑祝子遗书序》，《陈确集·文集》卷十，中华书局1979年版，第239页。

为之一哄，不顾也"①。这怎么能说他因"师从蕺山"而变成"一意弘道的'道学家'"呢？事实上，陈确是蕺山门下特立独行的儒者，早年的狂放性格并未因入蕺山门墙而有彻底改变，相反地，蕺山心学的熏陶，使他在"敛华就实"的表象下更自觉地形成起王阳明所谓"狂者胸次"②。他曾说：

> 岂惟陈子，彼古之所谓孔、孟，皆病狂之人而已矣。③

这使他成为师门中很有争议的人物，但他对此毫无惧色，仍保持鲜明个性并坚持自己的思想，尝叹言："嗟呼！五六百年来，大道陆沉，言学之家，分崩离析，孰执其咎乎！语曰'止沸者抽其薪'，此探本之论也。姚江之合知行，山阴之言一贯，皆有光复圣道之功，而于《大学》之解，终落落难合。仆痛此入骨髓，幸而天启愚衷，毅然辨《大学》之决非圣经，为孔、曾雪累世之冤，为后学开荡平之路。圣人复起，不易吾言。而吾党无识，忧谗畏讥，苟幸一日之安，而不顾天下后世之计。此仆之所以抚膺摧胸，而又继之以痛哭者也。"④ 这是他自露心态，也是他对自己思想个性特征的最好表白。

作为始终有着自身强烈个性特征的儒者，陈确最反对因循守旧，墨守成规，说："吾辈学问，只缘'因循'二字，断送一生。"⑤"学者先发个真切向上心，时时唯恐堕于禽兽，那敢因循，那得轻放过一事，那能不深求义之精微；此真切向上心，即孔子所谓志学也。"⑥ 他治学无所依傍，无所瞻顾，其论述绝无附和雷同，因而他的思想表现出一种处处标新立异的风格。当时，程朱理学著作家弦户诵，学者尤为谋出身而精研细读，而陈确却不仅素不悦理学家言，更忽发异论，力反程朱理学，以致惊世骇俗。他自知"满肚皮不合时宜"⑦，但他认为"斯道之在吾身与在天下，岂有异耶？道明于吾身，即所以明于天下；道未明于天下，即是未明于吾身"⑧，故其

---

① 《陈确集》首卷，中华书局1979年版，第8页。
② "狂者胸次"，最早是由王阳明明确标示出来的。据《传心录下》载：薛尚谦、邹谦之、马子莘、王汝止侍坐，因叹先生自征宁藩已来，天下谤议益众，请各言其故。有言先生功业势位日隆，天下忌之者日众；有言先生之学日明，故为宋学争是非者亦日博；有言先生自南都以后，同志信从者日众，而四方排阻者日益力。先生曰："诸君之言，信皆有之，但吾一段自知处，诸君俱未道及耳。"诸友请问。先生曰："我在南都已前，尚有些子乡愿的意思在。我今信得这良知真是真非，信手行去，更不着些覆藏。我今才做得个狂者的胸次，使天下之人都说我行不掩言也罢。"尚谦出，曰："信得此处，方是圣人的真血脉"（吴光等编《王阳明全集》，上海古籍出版社1992年版，第116页）。由这段记载可以看出三点：其一，王阳明承认其经历过由"尚有些子乡愿的意思在"到"更不着些子覆藏""行不掩言"的"狂者"的发展过程。其二，王阳明自谓其所以能够"做得个狂者的胸次"，及是因其"信得这良知真是真非"。其三，王阳明所谓"狂者的胸次"甫一提出，便激起很大反响，被称为"信得此处，方是圣人的真血脉"，并由此开启出晚明清初的狂放思潮。此请参拙文《晚明学者文士的"狂者胸次"及其意义》，《江海学刊》2000年第2期。
③ 《与朱岷左书》，《陈确集·文集》卷一，中华书局1979年版，第72页。
④ 《大学辨二·答查石丈书》，《陈确集·别集》卷十五，中华书局1979年版，第567页。
⑤ 《复吴裒仲书（乙未）》，《陈确集·文集》卷二，中华书局1979年版，第96页。
⑥ 同上书，第97页。
⑦ 《答吴裒仲书（丙申）》，《陈确集·文集》卷二，中华书局1979年版，第101页。
⑧ 《寄吴裒仲书》，《陈确集·文集》卷二，中华书局1979年版，第108页。

"不敢顾一人之身名,而忘千秋之道术也"①,为求真理而不顾利害,乃至甘当万世骂名:"虽一家非之不顾,一国非之不顾,天下非之不顾,千秋万岁共非之不顾也。"②在他看来,这才是君子应有的品格:"君子之行止,论是非,不论利害;论是非之关于世教者孰大孰小,而不论利害之切于身计者谁浅谁深。"③他在《答恽仲升书》中说:

> 凡弟所言,皆犯死道。然为之而不悔者,其志其事,诚可哀怜。求名乎,好胜乎,立异乎?求名耶,则弟自此将大受恶名。好胜耶,则弟必不能以一人之私,胜古往今来百千万亿公是非之口。立异耶,不自异于流俗,而自异于大贤,至愚不为。今之所为程、朱,人人自以为孔、孟复出,奉之者为正学,倍之者为异端,顾不正之立,而反立异乎?三者无一于心,昭然可见。然弟犹汲汲皇皇,闵不知畏者,将以何为也?语云:"千人所指,无病而死。"凡弟之所言,指之者岂值千人而已?同人即不论,上则俨有先圣贤、先师友之神灵赫临之于前;下亦代有辨黑白、别疑似之公心纷议之于后。弟宁不知愧惧,而自信若是?抑闻之"志士仁人,无求生以害仁",将或有必不可夺者在也。④

这是何等无畏而又自信的勇气!有此精神的陈确,同"异端辞不得,真谛共谁诠"的傅山颇为相类,要皆体现出真正儒者的风范,很值得敬佩。

二

历史上,凡真正儒家学者的思想无一不是其所处时代精神的体现。孔子开创的儒学形成于中国由古代文明社会向前近代的中古社会转化的起始点。生存、生活在权力下移、礼崩乐坏之春秋末世的孔子,在继承、总结夏商周三代文化传统的基础上,顺应着当时社会变革的需求而将缙绅先生的"儒术"创造性转化发展成为体现着国民阶级自觉意识的儒学。后世儒者虽皆自谓孔圣之道的正宗传人,但实际上,其思想都适应着各自所处时代的现实需要而对孔学有一定的变化性发展,这就使中国儒学体现出顺应社会变革而不断创新的特质。譬如,同中古前期(唐宋之际以前)社会现实需要相适应,汉唐儒者着重提出的是以强调外在强制性的伦理规范为特征的儒学,像汉儒董仲舒即在以其公羊学诱导儒学完成从古代到中古时代的形态转变,并将儒学由民间引入庙堂,成为意识形态化的官方思想的同时,更适应着巩固和加强君主专制主义极权统治的现实需要,竭力推扬其"天不变,道亦不变"的

---

① 《书大学辨后(乙未)》,《陈确集·别集》卷十六《大学辨三》,中华书局1979年版,第610页。
② 《与张考夫书》,《陈确集·别集》卷十六《大学辨三》,中华书局1979年版,第610页。
③ 《答查石丈书》,《陈确集·别集》卷十五《大学辨二》,中华书局1979年版,第568页。
④ 《陈确集·别集》卷十六《大学辨三》,中华书局1979年版,第609页。

宇宙模式和"三纲五常"之论。而同中古后期（唐宋之际以后）社会现实需要相适应，宋明儒者则将外在强制性的伦理规范内化于人心，普及社会日用生活之中，并在此基础上致力于哲理性的思辨，形成发展起形式不一、内容有异的种种道学思想体系，像程朱言"天理"、陆王倡"良知"均是如此。明代中后叶，以商品经济的发展和市民阶层的内容为背景，以阳明心学为内在思想资源，产生了以王艮所创泰州学派为主体的平民儒学，标志着儒学在新的社会历史条件下由庙堂重返民间的发展迹象。

陈确所处的时代，中国的历史正面临变革的关头，古老的中国文明开始由传统而向近代转化，故其时中国早期启蒙学术如万壑争流、千帆竞发，蔚为壮观。在明清之际"天崩地坼"的时代里，黄宗羲、顾炎武、王夫之、傅山、颜元、唐甄、张岱等提出许多富有时代意义的新思想、新观念、新命题，在思想文化领域形成波澜壮阔的早期启蒙思潮。他们对儒学的更新，揭开了儒学由传统而近代发展乃至整个中国思想文化近代化进程的历史序幕。①"抗议权威，冲破囚缚，立论尖新而不够成熟"乃是早期启蒙学说思想的主要特征②。而作为启蒙儒者的陈确，其思想无疑体现了这一时代的精神，同时，早期启蒙思想的主要特征在他那里也有充分展露。

陈确的启蒙儒学思想，或者说其儒学思想的启蒙性，在在有所体现。兹仅从下列三端予以论析。

（一）平等的真理观

陈确承继发扬阳明心学精神而力倡平等的真理观。阳明尝谓："夫道，天下之公道也；学，天下之公学也。非朱子可得而私也，非孔子可得而私也。天下之公也，公言之而已矣。故言之而是，虽异于己，乃益于己也；言之而非，虽同于己，适损于己也。"③陈确虽未直接称引阳明此说，但他屡言：

> 此道自开辟以来，便公之天下万世，且非孔、孟之所得私，况程、朱乎！今学者守一程、朱而废千古，诚非弟之愚所可解。④
> 夫道者，天下古今之所共由，非一人之所得而私也。⑤
> 夫道者，天下万世之公，非一人之所得而私也。⑥

这显然是一种平等的真理观，而他之所以认同孔孟之学，并非由于信服盲从圣贤的思想权威，而是基于这种平等的真理观，故其曰："孔、孟之道，将以公之天下万

---

① 请参阅拙文《明清之际文化性质与中国启蒙文化发展道路》（《晋阳学刊》1987年第4期）、《明清之际：中国文化近代化进程的起点》（《河北学刊》1992年第1期）等。
② 萧萐父、许苏民：《明清启蒙学术流变》，辽宁教育出版社1995年版，第3页。
③ 《阳明全书》卷二《传习录中·答罗整庵少宰书》。
④ 《与吴裒仲书（戊戌）》，《陈确集·文集》卷三，中华书局1979年版，第117页。
⑤ 《与吴仲木书》，《陈确集·别集》卷十五《大学辨二》，中华书局1979年版，第571页。
⑥ 《答沈朗思书》，《陈确集·别集》卷十五《大学辨二》，中华书局1979年版，第575页。

世，决非一人之所得而私也。……夫道之所共，固无分于长幼贤不肖也。如其言是，虽幼不肖，不能不伸于长贤，其言非是，虽长且贤，不能不绌于幼不肖，惟理之归而已矣。"①

在反对圣贤权威方面，陈确不如公开打出"不以孔子之是非为是非"旗帜的李贽（号卓吾）勇敢、彻底。李贽认为："前三代，吾无论矣。后三代，汉、唐、宋是也。中间千百余年而独无是非者，岂其人无是非哉！咸以孔子之是非为是非，故未尝有是非耳。"② 故其以"是非人"自居，欲推倒圣贤圣经之偶像权威。而陈确犹坚信孔孟、《语》《孟》的权威，他反对的只是程朱理学家推尊《大学》并将其驾乎于《语》《孟》之上的做法，说："嗟呼！学至于孔、孟，可以已矣；书至于《论》《孟》，可谓有证矣。而犹以为未足，而无端举二千余年无证据之《大学》，而强以为圣经，而尊之《论》《孟》之上，则喜新立异之讥，在程、朱固无以自解于昔日矣。"③ 但是，陈确主张真理面前人人平等，并无长幼贤不肖之分，人人都有平等追求真理的权利，人人都应"惟理之归而已矣"。这同卓吾一样，都具有反对文化专制而求思想解放的启蒙意义。而从知识论角度看，陈确的思想不会产生李贽观点可能会导致的是非无定的虚无主义之弊，并更具实际操作性。

陈确依据其平等的真理观，学无依傍、无所顾忌地进行理论探索，但其学又是立足实际的，而绝非玄虚空言。例如他论儒经，以为"《学》《庸》二书，纯言经济，而世不察，谓是言道之文，真可哑然一笑"④。陈确更说："有依傍固是腐，无依傍者，亦何遽非腐？学固不容有依傍，然亦须着实。如置物然。必着实地，始无欹倾之患，要于置物之心可以无憾矣。……孔子不依傍逸民，孟子亦从不依傍孔子一字，是其学力之高，然于要紧着实处，亦未尝不同。岂唯孔、孟、夷、惠，虽千圣百王，皆可打合同印子。圣人之行不同，归洁其身而已。"⑤ 这使其平等的真理观尤显可贵。

（二）力反理学"存理灭欲说"的理欲观

禁欲主义的"存理灭欲说"是宋明理学的基本宗旨。陈确反对理、欲对置，以"人欲恰好处即天理"的命题反对程朱理学家的"存天理，去人欲"的教条。

宋明理学和先秦儒学在对待人欲的看法上有本质区别。先秦儒家认识到欲本是人生命活动的自然原动力，而生存欲又是人最基本的欲。"人类首先作为生物体而存在，具有个体保存和种类保存的本能，前者表现为'饮食'之欲，后者表现为'男女'之欲"⑥，故其坦言："饮食男女，人之大欲存焉"（《礼记·礼运篇》）。当然，他们更认

---

① 《与吴良仲书》，《陈确集·别集》卷十五《大学辨二》，中华书局1979年版，第578—579页。
② 《藏书世纪列传目前论》，《李贽文集》第2卷，社会科学文献出版社2000年版，第7页。
③ 《答沈朗思书》，《陈确集·别集》卷十五《大学辨二》，中华书局1979年版，第575页。
④ 《与吴仲木书》，《陈确集·文集》卷一，中华书局1979年版，第74页。
⑤ 《复韩子有书（己亥）》，《陈确集·文集》卷三，中华书局1979年版，第123页。
⑥ 姜广辉：《理、欲之辨求是》，《理学与中国文化》，上海人民出版社1994年版，第298页。

识到理性精神高于自然的感性需求，故其或主"寡欲"（如孟子），或主"导欲"（如荀子以为万物之灵秀的人毕竟不同于非人的生物体，而是有理性能反省的，从而自觉的），都主张为建立和维系稳定和谐的社会秩序而节欲。这种思想传之后世，成为汉唐儒学的主流，但至宋儒，受释老二氏深刻影响，理学家们的看法有了根本变化。周敦颐《通书》已明确把"无欲"作为学至圣人的纲领，张载《经学理窟》因"今之人天理而存人欲"而提出"复反归其天理"的主张。二程将"天理""人欲"对置，说："不是天理，便是人欲。……无人欲即皆天理"（《河南程氏遗书》卷十五）。"'人心'，私欲，故危殆；'道心'，天理，故精微。灭私欲，则天理明矣"（上书卷二十四）。朱熹也说："天理、人欲常相对"（《朱子语类》卷十三）。"圣贤千言万语，只是教人明天理、灭人欲"（上书卷十二）。陆王心学虽与程朱理学相异趣，但也主张存理去欲，如谓："夫所以害吾心者，何也？欲也。欲之多，则心之存者必寡；欲之寡，则心之存者必多。……欲去，则心自存矣"（《陆九渊集》卷三十二《养心莫善于寡欲》）。"学者学圣人，不过是去人欲而存天理耳"（《阳明全书》卷一《传习录上》）。"由此可见，禁欲乃是理学的宗旨，这是理学'僧侣本性'之所在，也是理学之所以成为封建专制主义思想支柱的根本原因。"①

陈确坚决反对这种"存天理，去人欲"的理学宗旨。他本其师刘宗周"生机之自然而不容已者欲也；欲而纵，过也；甚焉，恶也。而其无过无不及者，理也"（《刘子全书》卷七）的主张，进一步发挥道：

> 欲即是人心生意，百善皆从此生。止有过不及之分，更无有无之分。流而不反，若贫愚之之俗，过于欲者也。割情抑性，若老庄之徒，不及于欲者也。贤人君子，于忠孝廉节之事，一往而深，过于欲者也。顽懦之夫，鞭之不起，不及于欲者也。圣人只是一中，不绝欲，亦不纵欲，是以难耳。无欲作圣，以作西方圣人则可，岂可以诬中国之圣人哉！山阴先生曰："生机之自然而不容已者，欲也；而其无过无不及者，理也。"斯百世不易之论也。②

> 人欲不必过为遏绝，人欲正当处，即天理也。如富贵福泽，人之所欲也；忠孝节义，独非人之所欲乎？虽富贵福泽之欲，庸人欲之，圣人独不欲之乎？学者只时时从人欲中体验天理，则人欲即天理矣，不必将天理人欲判然分作两件也。虽圣朝不能无小人，要使小人渐变为君子。君子小人别辨太严，使小人无站脚处，而国家之祸始烈矣，自东汉诸君子也。天理人欲分别太严，使人欲无躲闪处，而身心之害百出矣，自有宋诸儒始也。君子中亦有小人，秉政者不可不知；天理中亦有人欲，学道者不可不知。③

> 周子以前，不言无欲，未尝无圣；周子以后，意言无欲，不多见圣。先生

---

① 姜广辉：《理学与反理学的界限》，《走出理学》，辽宁教育出版社1997年版，第59页。
② 《无欲作圣辨》，《陈确集·别集》卷五《瞽言四》，中华书局1979年版，第461页。
③ 《近言集》，《陈确集·别集》卷二《瞽言一》，中华书局1979年版，第425页。

《原心章》"生机之自然而不容已者，欲也；而其无过无不及者，理也。"……盖天理皆从人欲中见，人欲正当处，即是理，无欲又何理乎？孟子曰："可欲之谓善。"佛氏无善，故无欲。生，所欲也。义，亦所欲也。两欲相参，而后有舍生取义之理。富贵，所欲也，不去仁而成名，亦君子所欲也，两欲相产，而后有非道不处之理。推之凡事，莫不皆然。……太王好色，公刘好货，文王、武王皆好勇，固是孟子曲诱时君之言，却正是近情之言。所欲与聚，推心不穷，生生之机，全恃有此。而周子以无立教，非禅而何？五伦悉是情种，佛则空之；万物皆吾同爱，老则遣之，故曰无。儒者亦云耳乎？①

周子无欲之教，不禅而禅，吾儒之言寡欲耳。圣人之心无异常人之心，常人之所欲亦即圣人之所欲也。多为异端立帜乎？②

陈确的这些思想，丰富而又平实，既有现实针对性，又体现出显明的理论战斗精神。他的观点有三：其一，人欲作为"生机之自然不容已者"是普遍存在的人的生理与生存要求，是人类及其社会充满生机和活力，生生不已的不竭源泉："所欲所聚，推心不已，生生之机，全恃有此。"而饮食男女就是这"生机之自然不容已"的人欲中最基本的要素，是人个体保存和种族保存的本能，对之无法遏抑，也不可能灭绝，"真无欲者，除非死人"③！其二，理学家把"无欲"作为学至圣人的纲领，但"无欲安可作圣？可作佛耳。要之，佛亦乌能无欲，能绝欲耳。二氏之学所以大缪于圣人者，专在乎此"④。释、老倡"无欲"是对现世人生的精神超越，但在现实层面上并非"无欲"，而是"多欲之甚者，却累离尘，以求清静，无欲之欲，更狡于有欲"⑤。所谓"能绝欲"，不过是超越现实人生的精神信仰之表现，而实际上，"绝欲者，必犹有欲于中，则是徒绝之以形，而未绝之以心。苟徒绝之以形而未绝之以心，则其不能绝也益甚"⑥。那些并无真诚信仰的酒肉僧道姑置不论，即使信仰真诚而又谨守教规的和尚道士或求成佛或求长生，亦是"妄莫大焉，欲莫加焉。正齐宣所云'将以求吾所大欲'者，何云无欲"⑦？故无须空言"无欲"，也不必强制"绝欲""强制之学，如盗贼革面，终防窃发。孟子不动心工夫，只是养气；养气工夫，只是集义。此外岂别有持志之法乎？……大约吾心吾身要使时留余地，使得舒展为佳，所谓生趣也。若过于桎梏，其弊正与放心等"⑧。"人欲正当处，即天理也"，只要做到"无过无不及"就可以了，就可优入圣域。其三，人欲与天理本一体两面，一方面是"人欲正当处，即天理也"，另一方面是"天理中亦有人欲"所以，"不必将天理人欲判然分作两件也"。"天理人

---

① 《与刘伯绳书》，《陈确集·别集》卷五《瞽言四》，中华书局1979年版，第468—469页。
② 《无欲作圣辨》，《陈确集·别集》卷五《瞽言四》，中华书局1979年版，第461页。
③ 《与刘伯绳书》，《陈确集·别集》卷五《瞽言四》，中华书局1979年版，第469页。
④ 《禅障》，《陈确集·别集》卷四《瞽言三》，中华书局1979年版，第445页。
⑤ 《与刘伯绳书》，《陈确集·别集》卷五《瞽言四》，中华书局1979年版，第469页。
⑥ 《与韩子有书》，《陈确集·文集》卷一，中华书局1979年版，第64—65页。
⑦ 《与刘伯绳书》，《陈确集·别集》卷五《瞽言四》，中华书局1979年版，第469页。
⑧ 《与吴仲木书》，《陈确集·文集》卷四，中华书局1979年版，第137页。

欲分别太严，使人欲无躲闪处，而身心之害百出矣"，而身心受害最大的无过于处在现实社会生活底层的普通民众，因为肯定尊卑贵贱的等级差别并对之加以维系和巩固是程朱理学区分天理、人欲，进而主张"存天理，灭人欲"思想的现实前提，如二程明言："上下之分，尊卑之义，理之当也，礼之本也，常履之道也"（《周易程氏传》卷一）。朱熹亦曰："天分即天理也。父安其父之分，子安其子之分，君安其君之分，臣安其臣之分，则安得私"（《朱子语类》卷十三）。从历史的角度看其结果，在"顺乎理，'乐天'也；安其分，'知命'也。顺理安分，故无所忧"（《程氏经说》卷一）的美名下，下层人民尤其是妇女，"冻死则冻死，饿死则饿死"（魏校《论学书》），其生存、生活乃至生命权利被无情剥夺。陈确有见于此，"每见世儒无识，喜扬节烈，于幽贞之德略而不宣"而"甚恨之"，说："夫女子不天，遭履厄难，一时引义，千秋叹咏，其谁曰不宜？至若坚贞备德之妇，毕生犹苦，无烈女赫赫之声，而检其行事，有万非烈女之所能忍者，又曰此恒德，不足道。嗟呼！此吾夫子所以致叹于白刃之蹈，而中庸不可能者也。其亦不知轻重甚矣。"① 后来的戴震痛斥宋明理学家"截然分理欲为二，治己以不处于欲为理，治人亦必以不出于欲为理。举凡民之饥寒愁怨，饮食男女、常情隐曲之感，咸视为人欲之轻者矣。轻其所轻，乃'吾重天理，公义也'，言虽美，而用之治人，则祸其人"（《孟子字义疏证》卷下）。理学家的"存天理，灭人欲"，则是使"尊者以'理'责卑，长者以'理'责幼，贵者以'理'责贱，虽失，谓之顺；卑者、幼者、贱者以'理'争之，虽得，谓之逆。于是下之人不能以天下之同情，天下所同欲达之上；上以'理'责其下，而在下之罪，人人不胜指数。人死于法，犹有怜之者；死于'理'，其谁怜之"（《孟子字义疏证》卷上）。乾初、东原前后呼应，他们的儒学思想都具有启蒙性质。

在理欲关系问题上，王夫之也认为"有欲斯有理"（《周易外传》卷二），"礼虽纯为天理之节文，而必寓于人欲以见（自注：饮食，货；男女，色）。虽居静而为感通之则，然因变合以章其用（自注：饮食变之用，男女合之用）。唯然，故终不离人而别有天，终不离欲而别有理也"（《读四书大全说》卷八）。如同陈确认为"欲即是人心生意，百善皆从此生"，王夫之亦"惧夫薄于欲之亦薄于理，薄于以身受天下者之薄于以身任天下也"（《诗广传》卷二），他们都把"欲"当作"理"产生的源泉。就此看，船山实为乾初知己同调。而作为同门好友的黄宗羲却对陈确之说不能理解认同，他在《与陈乾初论学书》中质疑道："必从人欲恰好处求天理，则终身扰扰，不出世情，所见为天理者，恐是人欲之改头换面耳。"这虽然深化了对问题的思考②，却也确实表明

---

① 《祭查母亲朱硕人文》，《陈确集·文集》卷十四，中华书局1979年版，第325页。
② 黄宗羲此一质疑，实际是问所谓"人欲恰好处求天理"，具体操作中究竟如何把握这"恰当"？现实生活中人们都不得不为利所困，"终身扰扰"，如"不出世情"地有所超越，又怎样能从人欲中见到天理？"所见为天理者，恐是人欲之改头换面耳"。

梨洲在这方面尚留有理学之余绪，并不如乾初反理学思想彻底。① 至于今人王瑞昌尽管也注意到上引陈确的那些思想资料，但他更从《陈确集》中搜寻到"宾婚丧祭，循礼而不循俗；日用饮食，从理而不从欲"②"所谓居易，只是循理；所谓行险，只是从欲"③"过天理一分，便是人欲"④"欲胜理为小人，理胜欲为君子。绌欲从理，儒者克己之学也"⑤等话语，便做出乾初思想之"用意当是为了矫正宋明儒特别是程朱一派儒者当中出现的那种把'圣学推向偏枯干瘪'这一倾向，是其'琢磨程朱'诸言论中的一部分"⑥的判断，甚至认为乾初所说"人欲恰好处，即天理"与朱熹所谓"有个天理，便有个人欲。盖缘这个天理须有个安顿处，才安顿得不恰好，便有人欲出来"（《朱子语类》卷十三），"其意实同"⑦，而对陈确反理学的启蒙儒学思想性质丝毫无所抉发，更将理学与反理学的思想混为一谈。这显然是不妥切的。

（三）新型的公私观与"学者以治生为本"论

在中国思想史上，同理欲观密切相关的是公私观。以程朱理学家而论，他们将理与欲截然对置的同时，又将公与私相对立，坚认"天理之不存，而与禽兽何异矣"（《程氏粹言》），故而力主"抑私"乃至"灭私"而达到"无我""无私"的"大公"境界。此虽富含理想主义，但在现实社会生活中，由于理欲、公私之辨，"崇公抑私"，对个人意识、个人利益压制过甚，以致使人无法形成完全独立的人格。并且，"在向着'大公无私''无我''无私'前进乃至奔跑的时候，除了臣民、子民们在道德上做'兴公灭私'的努力外，专制的君主即当代圣人还要用政治手段督促甚至强制人们努力地崇公抑私，以便他们能够做到'大公无私'，而成为人。在这里，公与私在道德上的对立和对峙成了一个不容回避的严峻的政治问题。政治问题当然就得采用激烈的政治手段来解决，而政治手段的采用又必然使公与私在道德上的对立和对峙呈现出更加强烈的不均衡状态，而公对私的遏制、扼杀和挤兑即崇公抑私的外表也必将变得更加酷烈而残忍。"⑧

这不能不激起身处明末清初"天崩地裂"社会时代的启蒙儒者们的反叛。而其时商品经济的长足发展及由此必然出现的"天下熙熙，皆为利来；天下攘攘，皆为利往"社会现实，更使其重新思考而提出新型的公私观，陈确就是其中的杰出代表。他明确

---

① 理学余绪的存留深刻制约了黄宗羲政治哲学上的突破，使得他一方面在名著《明夷待访录》中提出"天下为主，君为客"这种具有类似近代主权在民意义的光辉命题，另一方面，具体制度设计上又只能在现实生活中寻找可以寄托其政治理想的贤明君王。
② 《近言集》，《陈确集·别集》卷二《瞽言一》，中华书局1979年版，第431页。
③ 《辰夏杂言》，《陈确集·别集》卷一，中华书局1979年版，第419页。
④ 《撤主议》，《陈确集·文集》卷七，中华书局1979年版，第195页。
⑤ 《与刘伯绳书》，《陈确集·别集》卷五《瞽言四》，中华书局1979年版，第469页。
⑥ 王瑞昌：《陈确评传》，南京大学出版社2002年版，第411—412页。
⑦ 同上书，第416页。
⑧ 刘泽华主编：《中国传统政治哲学与社会整合》，中国社会科学出版社2000年版，第261页。

提出与其理欲观有着内在联系的公私观,① 撰有专文《私说》,与程朱理学针锋相对地提出"君子有私"的观念:"君子之心私而真,小人之心私而假;君子之心私而笃,小人之心私而浮。彼古之所谓仁圣贤人者,皆从自私一念,而能推而致之以造乎其极者也。而可曰君子必无私乎哉!"② 内中又写道:

> 有私所以为君子。惟君子而后能有私,彼小人哉恶能有私乎哉!夫君子之于人,无不敬,然敬其兄与敬邻人必有间矣。君子之于人无弗爱也,然爱其兄之子与邻之赤子亦必有间矣。如是,则虽曰爱己之子又愈于兄之子,奚为不可?故君子之爱天下也,必不如其爱国也。爱国必不如其爱家与身也,可知也。惟君子知爱其身也,惟君子知爱其身而爱之无不至也。曰:焉有吾之身而不能齐家者乎!不能治国者乎!不能平天下者乎!君子欲以齐、治、平之道私诸其身,而必不能以不德之身而齐之治之平之也。则虽欲不正心以修身,得乎?故曰:"自天子以至庶人,一是皆以修身为本。此非忘私之言,深于私之言也。③"

按:明代中后叶,著名的平民儒学宗师、泰州学派开创者王艮曾依据《大学》所谓"自天子以至于庶人,一是皆以修身为本"而提出"安身立本论",说:"身与天下国家,一物也。惟一物而有本末之谓。'格',絜度也。絜度于本末之间,而知'本乱而末治者否矣',此格物也。物格,知本也。知本,知之至也。故曰'自天子以至于庶人,一是皆以修身为本'也。修身,立本也。立本,安身也""身与道原是一体。至尊者此道,至尊者此身。尊身不尊道,不谓之尊身;尊道不尊身,不谓之尊道。须道尊身尊才是'至善'。故曰:天下有道,以道殉身;天下无道,以身殉道。……若以道从人,妾妇之道也""本末原拆不开。凡天下事,必先要知本。如我不欲人加诸我,是安身也,立本也,明德止至善也。吾亦欲无加诸人,是所以安人安天下也,不遗末也,亲民止至善也"(《重镌心斋王先生全集》卷三《答问补遗》)。认为"圣人以道济天

---

① 陈确之外,唐甄的公私观也很值得关注。唐甄亦以"为利"为自然人性,倡导以"富民"为基本内容的功利主义,并以社会功利为检验一切伦理道德是否具有合理性的标准。他说:"万物之生,毕生皆利,没而后已,莫能穷之者。若或穷之,非生道"(《潜书·良功》)。他注意到对于个人来说,独立的经济基础是独立人格的前提,而对于整个社会来说,物质生活乃是精神生活的基础,故其谓:"衣食足而知廉耻,廉耻生而尚礼义,而治化大行矣"(《潜书·厚本》),"尧舜之治无他,耕耨是也,桑蚕是也,鸡豚狗彘是也。百姓既足,不思犯乱,而后风化可施,赏罚可行"(《潜书·宗孟》)。他认为圣人之所以为圣人,就在于他们能为民众谋利益:"人之生也,身为重。包牺氏为网罟,神农氏为耒耜、为市货,轩辕氏、陶唐氏、有虞氏为舟楫、为服乘、为杵臼、为弓矢、为栋宇,禹平水土,稷教稼穑,契明人伦,孔氏、孟氏显明治学,开入德之门,以为身也""圣人好生之德,保人之身……即不吝施者,饥与之一饭、寒推之一衣,亦有功焉。道者道此,学者学此,岂有他哉!泽被四海,民无困穷,圣人之能事矣,儒者之效功尽矣"(《潜书·有归》)。因此,他批评"儒者不言事功,以为外务。海内之兄弟死于饥馑,死于兵革,死于虐政,死于外暴,死于内残,祸及君父,破及国家。当此之时,束身锢心,自谓圣贤。世既多难,己安能独贤"(《潜书·良功》)。反复强调道德与功利不可割裂:"虽为美带,割之亦不成带。修身治天下为一带,取修身害治天下,不成治天下,亦不成修身"(《潜书·有为》)。指出:"车取其载物,舟取其涉川,贤取其救民。不可载者,不如无车;不可涉者,不如无舟;不能救民者,不如无贤""为仁不能胜暴,非仁也?为义不能用众,非义也;为知不能决诡,非智也"(同上)。如细味其义,唐氏之论与陈确有异曲同工之妙,都是启蒙时代精神的体现。
② 《陈确集·文集》卷十一,中华书局1979年版,第258页。
③ 同上书,第257—258页。

下,是至尊者道也;人能宏道,是至尊者身也。道尊则身尊,身尊则道尊。故学也者,所以学为师也,学为长也,学为君也。以天地万物依于身,不以身依于天地万物。舍此,皆妾妇之道",此说被黄宗羲称为"圣人复起,不易斯言"(《明儒学案》卷三十二)。心斋此论"是在古旧的语言形式下,蕴含了争取人的生存权利和维护人的尊严的思想。他讲的'安身',首先是物质生活条件上的安,即要求吃饱穿暖,能够活下去"①。而上引陈确之说,乃是王艮"安身立本"论的最佳诠释。并且,陈确"自遭世乱,伤民生之日戚"而从"安身立本"的角度感受到孟子所谓"井田之法"的重要性。② 他说:

> 井田既废,民无恒产,谋生之事,亦全放下不得。此即是素位而行,所谓学也。学者先身家而后及国与天下,恶有一身不能自谋而须人代之谋者,而可谓之学乎?但吾所谓谋生,全与世人一种营营逐逐,自私自利之学相反。即不越《中庸》所谓"素位"者是。玩下文"正己不求人,居易俟命"等语,可见素位中自有极平常、极切实、极安稳工夫。此学不讲,便不自得,便要怨天尤人。贫可忘而不可忘,正己居易,正是不忘贫实学。到得不求人、不怨尤地位,则贫亦不期忘而自忘矣,斯真能忘贫矣。今学者漫言"吾能忘贫",不知忘贫之久,终自不能忘贫处也。③

又言:"天降下民,而作之君以治民,而非待民自治也。人谋其家,与天子为谋其家,治乱相百。谋于上则一,谋于下则万不一。万不一,而乱何时已乎?有王者起,君臣一心,以隆尧、舜之治,舍井田恶先?孟子之言,百王不易之道也。"④ 晚明清初、尤其是明清之际的启蒙儒者多热衷于讨论"复井田"的话题。例如,颜元把"均田"列在各项政事的第一位,认为"田不均,则教养诸政俱无措施处"(《习斋先生言行录》卷上《三代第九》),而他之所以要提出恢复三代的井田制,正是为了达到"均田"的目的。在他看来,现时推行井田制应"因时而措""可井则井,不可则均",不必拘泥于古代井田制的"沟洫之制,经界之法",只要能达到均田的目的就行。其弟子王源又依据着颜氏"天地间田宜天地间人共享之"的原则,进一步提出"有田者必自耕,毋募人以代耕""不为农则无田""惟农为有田"(《平书订》),主张消灭地主土地所有制,土地归农民所有。这种思想已经超出了历史上均田思想的意义,而与章太炎、孙中山"露田无得佣人""田不自耕植者不得有""必能耕者而后授以田"的平均地权思想相接近。陈确有关"井田"的看法虽然没有在土地所有制上提出要求,而只是与其公私论相关联,把"复井田"作为人们安身立命的途径,这与颜李学派的主张有所不同,但二者精神上又有相类之处。而在陈确看来,复行井田而使民有恒产,才能使

---

① 侯外庐等主编:《宋明理学史》下卷(一),人民出版社1987年版,第439页。
② 《王政》,《陈确集·别集》卷三《瞽言二》,中华书局1979年版,第439页。
③ 《井田》,《陈确集·别集》卷三《瞽言二》,中华书局1979年版,第438页。
④ 《王政》,《陈确集·别集》卷三《瞽言二》,中华书局1979年版,第440页。

民做到身安忘贫，其身安方能身尊，身尊亦即道尊，这也是他所谓"素位之学"的核心要义。由此可见，乾初与心斋思想深处息息相通，其启蒙儒学思想客观上是同情和左袒普通劳动民众的。

从这种公私观出发，陈确不同于理学家动辄即言学圣人，而是明确提出"学者以治生为本"的主张：

> 学问之道，无他奇异，有国者守其国，有家者守其家，士守其身，如是而已。所谓身，非一身也。凡父母兄弟妻子之身，皆身以内事，仰事俯育，决不可责之他人，则勤俭治生洵是学人本事。而或者疑其言有弊，不知学者治生绝非世俗蝇营狗苟之谓，即草野一介不取予学术，无非道义也。……确尝以读书治生为对，谓二者真学人之本事，而治生尤切于读书。……治生以学为本。①

元儒许衡尝谓："学者治生，最为先务。苟生理不足，则于为学之道有所妨。彼旁求妄进及做官谋利者，殆亦窘于生理所致。士君子当以务农为生，商贾虽逐末，果处之不失义理，或以姑济一时，亦无不可"（引自《宋元学案》卷九十《鲁斋学案》）。而王阳明对此颇致不满，说："许鲁斋谓儒者以治生为先之说，亦误人"（《阳明全书》卷一《传习录上》）。②但其弟子心斋王艮认同许氏，曰："即事是学，即事是道。人有困于贫而冻馁其身者，则亦失其本而非学也"（《重镌心斋王先生全集》卷三《语录》）。当然，王艮与许衡毕竟有所不同，"许衡仅为'士君子'的利禄设想，王艮则对呻吟于封建制度压迫下的人民表示同情。要求摆脱贫困，争取人身生存权利的观点，是王艮的'百姓日用之学'和'安身立本'思想的出发点"③。而陈确所论虽是为学者而发，并无心斋那样强烈的平民意识，但他没有像许衡那样为"学者……旁求妄进及做官谋利"曲作辩护，而是强调"勤俭治生洵是学人本事"。结合其上述理欲、公私观以及他同情下层民众的思想倾向，我们可以说乾初的这一思想同王艮是一致的，具有启蒙意义。并不赞同侯外庐先生"早期启蒙"说的余英时，也不得不承认陈确思想具有"近代性格"，说："陈确相对肯定了人的个体之'私'，肯定了'欲'，也肯定了学者的'治生'，这多少反映了明清之际儒家思想的一个新的变化。从陈确、全祖望到戴震、钱大昕以至沈垚，儒家思想关于个人的社会存在的问题，似乎正在酝酿着一种具有近代性格的答案。一个儒家的人权观点已徘徊在突破传统的边缘上，大有呼之欲出之势了。"④

此外，否定《大学》并为之而作的一系列论辩以及这论辩中提出的很多思想，尤其是在人性论和认识论方面的一些精彩之见，是陈确反理学的启蒙儒学思想中很重要

---

① 《学者以治生为本论》，《陈确集·文集》卷五，中华书局1979年版，第158—159页。
② 陈确此处批评的"或者疑其言有弊"云云，指的就是王阳明。
③ 侯外庐等主编：《宋明理学史》下卷（一），人民出版社1987年版，第436页。
④ 《中国近世宗教伦理与商人精神》，余英时《士与中国文化》，上海人民出版社1987年版，第525页。

的内容。学者们对之已作详尽论析①，故本文不再赘述。

三

尽管陈确辞世已340周年，但至今来看，他那有着十分鲜明个性特征的启蒙儒学思想仍有现实意义。兹仅就其中洋溢着的崇真务实精神略予述论，为已颇冗长的拙文作结。

陈确认为："学问之事，先论真假，次论是非。其真之至者，虽偏不失为圣，夷、惠是也。假之至者，虽中不失为奸，乡愿是也。古来王伯之辨，圣学曲学之分，可不察乎！"② 他指出："学者通病，大率是一'假'字。其驰骛不知止者，三分是名，七分是利。进乎此者，则七分是名，三分是利。究之，名之与利，相去几何，总成十分，假人持此伪质，独安所之；幸而世方扰乱，名实淆溷，金之在炉，成色高低，终当自见。"③ 他对"假道学"尤为痛恨：

> 今世所谓假道学有三种：一则外窃仁义之声，内鲜忠信之实者，谓之外假；一则内有好善之心，外无力善之事者，谓之内假；又有一种似是而非之学，内外虽符，名义亦正，而于道日隔，虽真亦假。破此三假，然后可以语学矣。④

他贬斥的这三种"假道学"，当今社会并未绝迹，至于唯名利是求者更不乏其人，这方面的事例举不胜举，故而他所说的"学者通病，大率是一'假'字"仍适用于今世。这就使其主张的"素位之学"在当下生活中具有纠正时弊的意义，如行道德之事，要根据自身的地位和处境"素位而行"，实事求是地本色做来，不装假，不务虚名。

尚真恶假的陈确，直率朴实地反映当时处于水深火热之中的农民劳动群众的苦况：

> 呜呼苍天，农民何罪！赤日中田，焦发裂骨。渴不得饮，饥不得食，闵其将死，不敢云瘁。天复不念，降此大戾。……呜呼苍天！吾农民之伤！而不知者，谓民已康。有丝满箱，而不得以为裳；有谷满仓，而不得以为粮。出，岂曰无获，为他人忙。呜呼苍天！吾农民之伤！⑤

他不仅通过该诗直抒胸臆，揭示旱灾时的社会现实，而且他本儒家仁爱情怀倡主仆平等之说，并谆谆告诫其子道："家仆谓之义男，即有父子之义，于父仆即有兄弟之

---

① 请详参侯外庐《中国早期启蒙思想史》，侯外庐主编《宋明理学史》，萧萐父、许苏民《明清启蒙学术流变》，姜广辉《走出理学》等。
② 《寄刘伯绳书》，《陈确集·文集》卷二，中华书局1979年版，第111页。
③ 《与吴仲木书》，《陈确集·文集》卷一，中华书局1979年版，第74页。
④ 《寄刘伯绳书》，《陈确集·文集》卷二，中华书局1979年版，第111页。
⑤ 《苍天》，《陈确集·诗集》卷一，中华书局1979年版，第628页。

义矣。于义女义男妇亦然。君子当一体万物,而况家人乎!男耕女织,自其职分,而衣食之计,在我固宜有以周之,此劝忠之本也。"① 这是很可贵的。由此而思现实,近些年来,在作为我们这样一个社会主义国家领导阶级的工人阶级队伍中,却出现了相当一部分在劳动关系及其他社会关系中明显处于弱势地位,经济收入水平低下,基本生存、生命健康缺乏必要保障,合法的劳动就业权利、人身权利、人格尊严、民主权利、文化教育权利等极易受到损害或侵犯的职工组成的困难职工群体。他们不仅遭遇到前所未有的就业危机、自身及其家庭的生存压力,而且还由原本受人尊重的"主人翁""老大哥"地位沦落到雇佣者,甚至连自身拥有的劳动力都无法出卖出去的弱势境地。此外,各类"黑砖窑"式工厂中童工、"奴工"的存在,"富士康十三连跳"及其个中原因等,亦是十分值得注意的社会现象。有充分资料显示,现代平民"五化"现象非常突出。这里所说的现代平民是指无产阶级,这种说法来源于恩格斯的论述;这里所说的"五化"是指无产阶级的雇佣化、贫困化、无权化、分散化、灾难化。而"五化"有着联系,即核心是无权化和分散化,经济上表现为贫困化,社会生活上表现为边缘化,劳动中表现为灾难化。中国的人文知识分子乃至每一位有良心的中国人,如果真的希望国家长治久安,真的期盼着国家和民族有美好前途,就不能不直面这一现实,就至少应该以儒家传统的仁爱情怀关注实际社会生活中客观存在着的困难职工群体,去为他们存在着的困难和问题、为维护他们的合法权益而呐喊、呼号;就应理直气壮地发出反对"为富不仁"、消灭"黑砖窑"、解放童工和"奴工"的正义之声。脱下长衫,走出书斋,舍弃空玄话语,深入现实,走进生活,直面大众,将理论与实践融贯为一体,这是陈确启蒙儒学精神给今人的一大重要启示。

陈确痛感"自《大学》之教行,而学者皆舍坐下工夫,争言格致,其卑者流为训诂支离之习,高者窜于佛老虚玄之学,道术分裂,圣教衰歇,五百余年于此矣。而通时达务之士,则又群相惊惧危恐,蓄缩而莫敢出一言"②"自程、朱揭出致知之义为《大学》始事,于是学者皆舍坐下工夫,争求了悟,今日言格致,明日言格致,谓学必先知后行"③,因而明确提倡"事事求实理实益,不苟循虚名"④。他主张研究生活实际中实实在在的理,认为"自然固指道体言,然舍却日用,亦无处更觅道体。一言一动,无非道也"⑤。陈确这一思想的现实意义不言自明,而其对于正谋求儒学当代发展的学人尤有重要启示。实现儒学的现代化,谋求儒学的现代发展,并使之在当代中国社会文化建构中发挥作用,其关键并不在相应于近现代以至当代的西方哲学、思想和文化而从纯理论层面上对儒学做出这样或那样现代性的诠释,而在于依据当代中国社会生产生活实践来开辟儒学的发展新路,逐渐形成发展起同当代中国社会现实需要相适应

---

① 《仆说》,《陈确集·文集》卷十一,中华书局1979年版,第260页。
② 《答沈朗思书》,《陈确集·别集》卷十五《大学辨二》,中华书局1979年版,第574页。
③ 《与刘伯绳书》,同上,第576页。
④ 《葬书自序》,《陈确集·别集》卷六《葬书上》,中华书局1979年版,第476页。
⑤ 《与祝开美书》,《陈确集·文集》卷四,中华书局1979年版,第135页。

并能反映当代中国广大民众利益意愿的新儒学。笔者认为,新儒学内容有三:其一,应基于对当代中国社会生产生活实践的体认,调整、转换儒学的生长基点和思想内容。其二,将儒学作为一种重要的传统资源投入到当代社会主义民主政治建设之中,使儒学能在现实的社会政治生活中发挥一定作用。其三,将儒学融通到社会生活的方方面面,以使其多层面地满足当代社会的现实需要。

如此等等,要皆表明陈确的启蒙儒学思想有着多方面的现实意义,这须学者们通过对陈确其人其学的深入研究而从不同角度予以发掘。笔者上述,亦仅初步思考所得。抛砖引玉,就正方家。

【作者简介】陈寒鸣,天津市工会管理干部学院副教授

试论阳明心学对当代中国文化自信的提升

张华斌

【摘要】 当今中国综合国力取得了令人瞩目的提升，但文化上依然处于"输入"地位，文化自信已成为中华民族伟大复兴的时代要求。以阳明心学为代表的优秀传统文化，自古以来对内对外都对推动社会向前发展产生过积极意义。阳明心学的"心即理""知行合一"主张打破了心—理、知—行二元对立的樊篱，将二者高度统一起来；其"致良知"理论为主体个人伦理道德修养提供了行之有效的目标和方法。阳明心学历史上在世界各地的广泛影响力、其为当代中国重建信仰的理论支撑以及为解决当今世界一系列复杂难题提供的中国智慧都是当代中国文化自信的重要保障。

【关键词】 阳明心学　文化自信　软实力

自近代中国逐渐沦为半封建半殖民地社会以来，为求得一剂济世良方，大批先贤纷纷将目光投向西方，从此西学东渐呈压倒之势。学习西方、寻求变革日益成为中国社会的主流，西方文化也随之大量输入，中西文化交流形成"逆差"。在此大背景下，一些国人对西方文化趋之若鹜，言必称欧美，而对中华传统文化则敬而远之，认为其早已过时，无助于解决当今中国的问题，时至今日，这一趋势仍未得到根本扭转。

党的十八大以来，习近平总书记多次提及文化自信的命题，2016年7月1日，在庆祝中国共产党成立90周年大会上，习近平指出："我们要坚持道路自信、理论自信、制度自信，最根本的还有一个文化自信"[①]。将文化自信置于与道路自信、理论自信和制度自信同等地位，足见文化在国家发展大计中的重要战略地位。在如何对待传统文

---

① 赵银平：《文化自信——习近平提出的时代课题》，http://news.xinhuanet.com/politics/2016-08/05/c_1119330939.htm。

化上，习近平业已指明了方向，那就是高举文化自信的旗帜，继承和发扬传统文化，谋求中华民族的伟大复兴。

一 文化自信的内涵及其动因

（一）文化自信的基本内涵

自信一词属于心理学范畴，顾名思义，就是"自己相信自己"的意思。而文化自信，从狭义上讲，是指身处某一文化中的人对自身文化的优劣有着正确的认识，并确信自身文化有能力应对前进道路上出现的种种挑战，从而最终实现既定目标。从广义上讲，"文化自信是文化主体对身处其中的作为客体的文化，通过对象性的文化认知、批判、反思、比较及认同等系列过程，形成对自身文化价值和文化生命力的确信和肯定的稳定性心理特征"[①]。文化自信的实现主要仰仗于对自身文化与外来文化的比较、对自身文化的客观认知与批判以及在此基础上对自身文化形成认同和热爱，归根结底落实到文化认同上，有了文化认同，便有了文化归属感。

在当今世界，文化自信已成为一个国家软实力（Soft Power）[②]的核心内涵，也是一个国家综合国力的重要组成部分。一个国家也好，一个民族也罢，若无文化自信，便犹如无本之木，无以存活，国家民族也断然无法屹立于世界民族之林。

（二）文化自信的动因

笔者认为，文化自信的动因包括以下4点。

1. 价值性

文化自信主要源于文化的价值属性，具体表现在它的主客观实用性上。简单地说，值得自信的文化可以满足人们主客观的某些需要，或为谋得生计（如中华民族的勤劳勇敢的特质），或为寻求精神寄托（如各种宗教信仰等）。任何形态的文化均须经受住历史的检验，在"破"与"立"的过程中不断解构与建构，唯有如此，文化的价值属性方可得以彰显。大浪淘沙之后，优秀的文化已然成为一个民族鲜明的精神标识，也理所当然地成为该民族最基本的文化基因。

就文化的生产和消费环节而言，人既是文化的生产者，又是文化的消费者。换言之，人创造出文化的根本目的在于供人消费，无人消费的文化必然无法体现其价值属性。由是观之，文化价值属性的体现离不开人，文化的生产和消费的中介就是文化的

---

① 刘林涛：《文化自信的概念、本质特征及其当代价值》，《思想教育研究》2016年第4期。
② "软实力"一词系由美国哈佛大学教授约瑟夫·奈首先提出，指一个国家具有的除经济、军事以外的第三方面实力，包括文化、价值观、意识形态等方面内容。

价值。价值属性是文化最基本的特征之一。

2. 可验证性

文化自信的另一动因在于文化价值的可验证性。在漫长的人类社会发展进程中，人们基于一些特定的标准或价值尺度自觉不自觉地对文化中的各要素进行检验，最终进行取舍。文化验证又可分为证实与证伪，前者指用特定的价值尺度去证明文化价值的真实存在，而后者则是指用同样的价值尺度去证明文化价值的缺失。无论证实还是证伪，其目的在于去伪存真，取其精华，弃其糟粕，将文化中优秀的部分保留并传承下去，而将文化中落后的或不利于生产生活的部分摒弃。日久天长，那些落后的、劣质的文化则逐渐被淘汰，而那些先进的、优秀的文化则逐渐流传于世，因而值得自信的文化必定能经受住价值尺度的检验。

3. 开放性

自人类社会诞生以来，不同文化之间必然存在着鲜明的文化差异，这是不容置疑的客观现实。同理，不同文化之间也必然有强势文化和弱势文化之分，因而文化间的相互作用自其诞生以来就成为常态。历史上强势文化对弱势文化的"入侵"与弱势文化对强势文化的"反抗"贯穿于文化交流的全过程，就像力的作用力与反作用力一样，文化也在不断地冲突碰撞中得以渐趋融合，形成"你中有我，我中有你"的混沌局面。而基于文化自信的文化交流活动则要求对异质文化持开放性态度：一方面，坚持和发扬自身文化的先进性；另一方面，又要求以客观包容的心态对待异质文化，在与异质文化的交流与碰撞中不断汲取其精华，慢慢融入自身文化。因而从这个意义上说，文化自信具有开放性。

4. 传承性

文化自信的客体（对象）主要是该文化中的核心价值观。这些核心价值观在历史的长河中通过一代代人的口口相传或文字记载逐渐渗入本民族人民的血液，植根于他们骨髓间而相对固化下来。文化自信的动因又体现在文化具有传承性，这些核心价值观都是长期以来随着社会发展而逐步积淀下来的具有相对稳定性特征的要素。哪怕经历国破家亡，这些核心价值观依然扎根于本民族人民的记忆最深处。就算是经历背井离乡，人们一旦在某处落地生根，这些核心价值观便又会在新的地方得以重生。

上述四性成为检验文化是否先进、是否值得自信的基本准则，也是文化自信最为基本的动因，在文化自信的循环体系中形成合作共生的良性发展态势。

二 阳明心学主要观点及其哲学体系解读

王守仁，字伯安，号阳明子，出生于浙江余姚，卒后葬于浙江山阴（今绍兴），系明代著名的哲学家、思想家、文学家和军事家，与孔子、孟子、朱熹并称为"孔孟朱王，儒家四圣"，心学之集大成者。被贬至贵州经著名的"龙场悟道"后，王阳明逐渐形成自己独特的哲学观，即"阳明心学"。

（一）心即理：阳明心学的认识论基础

王阳明"心即理"的理论渊源为陆九渊心学，陆为心学创始者，认为"宇宙即是吾心，吾心便是宇宙"，强调精神的力量。王阳明扬弃地继承了陆氏心学思想并将其发扬光大，从一个更为宏大的视角认识心学，把宇宙万物看作一个复杂的巨系统，其核心观点为"物我一体"。在这个体系下，身、心、知、物皆各司其职，构成一个相互作用的有机体。其基本命题为"心即理也，天下又有心外之事，心外之理乎？"此处的"心"概指人的主观意识与认知能力，而"理"则指自然、社会等物质环境运行发展必须遵循的基本规律。"心"与"理"的照应关系实则是"物质"与"精神"这对二元对立体的最初萌芽。

与主张将"心"与"理"割裂开来的朱熹不同，王阳明提倡"心即理""心理合一"，认为心是宇宙万物的本原，客观事物只有入心才得以存在，将外在的"理"与内在的"心"统摄一起、等量齐观，做到"外化于形，内化于心"，强调精神第一性，物质第二性。为从反面论证"心即理"的合理性，王阳明进而又提出"心外无理"一说。作为精通儒释道三家的高手，王阳明成功地借鉴了佛教的禅宗精神，"强调世俗人心与超越之心的合一，实际上是为了把拯救的权利从外在的戒律约束、外在的艰苦修行、外在的理性分析，转移到内心的自我启发和觉悟上来"[①]。"心"的作用在王阳明这里被空前放大，这一系列的论断给阳明心学打上了主观唯心主义深深的烙印，在认识论上阳明心学也彻底表现出与程朱理学的分野。

（二）知行合一：阳明心学的实践论基础

继"心即理"之后，王阳明又提出"知行合一"的命题。在阳明看来，"知"的同时便是"行"；同理，能"行"必然是真"知"。譬如，面对某一客观现实，你的脑子里一闪而过某一念头，或者善念，或者恶念，无论善恶，只要念头产生便开始"行"了。阳明强调的"知"多为良知（从其"良知论"及"致良知论"便可管窥一二），

---

① 葛兆光：《中国思想史》（三卷本）（第二卷）（第2版），复旦大学出版社2013年版（2015年8月重印），第270—271页。

主要指人的道德修养及思想意识等方面内容，阳明认为人皆生而有"良知"，这是人区别于动物的本质特征之一。人之所以产生恶念，乃是"良知"被遮蔽所致。而阳明眼里的"行"则是指践行，强调将"知"（无论善恶）落实到行动（行善去恶）中去，认为只有落实到行动或实践的道德修养才有意义。"知行合一"强调将"知"与"行"合而为一，不分先后，不分主次。

从哲学意义上看，"知行合一观"强调认知（认识论）与实践（实践论）的结合，认为"知中有行，行中有知""知是行之主意，行是知之工夫，知是行之始，行是知之成"。"知行合一"凸显了实践对于道德意识自觉化的重要意义，这与朱熹等人提出的知行脱离或知先行后等观点分道扬镳，本质上体现了它的积极性。

（三）致良知：良知本体论与致良知实践论的有机统一

"良知"一词语出《孟子·尽心上》："人之所不学而能者，其良能也，所不虑而知者，其良知也。"王阳明认为，"良知"大约含有两重意义：其一，指存在于人心中与生俱来的善恶是非标准（此意为先天良知，与"人之初，性本善"表达的意思十分接近），这是人最基本的是非之心、善恶之心，无论年龄长幼，无论地位尊卑，人皆有之。"见父知孝，见兄知弟"便属此类；其二，"良知"也指通过道德教化或价值判断逐渐内化而成的自觉意识（此意蕴含后天的意动性特征），最终形成一个内在的道德监督机制，指导人行"良知"，愚以为，"见贤思齐"大概属于此类。

"致良知"中的"致"实为中介，即将先天的"良知"逐渐转化为主体的自觉状态。按照《中国儒学史》的表述，"'致'的功夫就是扩充。所谓扩充亦有二义，其一是去除气禀物欲对良知的遮蔽，使良知本体呈露……其二是拓展良知的内容，致良知的致字第二个方面的含义是推致，致良知即把良知推至于具体事物中，使每一事物都在良知的统御范导之下"[①]。由是观之，致良知是一个由浅入深、从自在状态到自觉状态逐渐转化的过程，这是一个道德实践过程，从"良知"到"致良知"体现了阳明心学本体论与实践论的有机统一关系。更为重要的是，阳明的"致良知学说"为普通人通达圣人境界指明了方向，进而勾画出一个"人人皆可成圣贤"的理想社会形态。

三 阳明心学的历史与现实功用成为当代中国文化自信之源

作为中国传统文化宝库中的瑰宝，阳明心学极大地丰富了我国传统文化核心价值观的内涵，在历时与共时两个维度上无论对本民族内部，还是对外部民族都具有相当深远的影响。当今中国要重拾文化自信的法宝，必须聚焦于阳明心学的历史与现实影响力。下面分三部分予以论述。

---

① 张学智：《中国儒学史》（明代卷），北京大学出版社2011年版，第180—181页。

（一）阳明心学在世界各地的广泛传播奠定了当代中国文化自信的历史基础

几乎自诞生之日起，阳明心学就东渡日本，并落地生根，500年来对日本文化产生了深远的影响。19世纪初中期，以伊藤博文和东乡平八郎等人为代表的"维新派"高举阳明心学大旗，发动了武装倒幕运动，开启了"明治维新"新篇章。"阳明心学也通过日本的阳明学者（后期阳明学者），为日本的近代化作出了自己的贡献。"[①] 基于"明治维新"之于日本的重要性，甚至可以说若无阳明心学，近代日本的现代化进程将大大延后。

无独有偶，早在16世纪初，阳明心学就传播到了朝鲜半岛。在朱子理学大行其道的朝鲜李朝，阳明心学虽长期被视为"异端邪说"而处于被边缘化的境地，但受到以郑齐斗为代表的朝鲜学者的热情拥抱，他们将阳明心学与朝鲜本土哲学思想相结合，形成独特的朝鲜阳明学。"霞谷（郑齐斗）的良知说最终在知行合一上做了归纳……霞谷的良知心学比起实践性更加强调人类的主体性和能动性。"[②] 经过几个世纪的发展，阳明心学在周边近邻尤其是日本和朝鲜半岛已有极为广泛的认知基础。

与东亚地区相比，阳明心学在欧美的传播相对较为滞后。1916年，美国传教士Henke翻译出版了欧美首部王阳明哲学思想著作《王阳明哲学》，书中收录了《传习录》《大学问》等阳明先生的代表著作。自此以后，欧美阳明心学研究方兴未艾，硕果累累。除美国外，在英、法、德、加、俄等国均有专门从事阳明心学研究的学者和机构，取得了许多重要的研究成果。

阳明心学自从走出国门，便在世界各地广泛传播开来，以心学为代表的中华文化呈现出强大的辐射力，"国之交在于民相亲，民相亲在于心相通"。阳明心学为中外文化的对外传播做出了不可磨灭的贡献，这理应成为当今中国文化自信源源不断的历史基础。

（二）阳明心学为当代中国信仰重建提供理论保障

党的十五大、十六大相继制定出国家发展蓝图，到21世纪中叶中华人民共和国成立100年之际，要基本实现现代化，实现中华民族伟大复兴。而这一"复兴"的内涵应是全方位的，其中自然包含中华文化的复兴。

经过近40年经济高速发展，我国综合国力显著提升，人民物质生活空前富足。但不可否认的是，人们精神生活贫瘠、道德滑坡等问题愈发突出，其根源在于信仰危机。如何重建信仰？笔者认为亦需问道于阳明心学。

作为儒学发展的"顶峰"，阳明心学提出的"致良知"，不仅成为个体自我修养时道德评判的主要依据，同时是社会伦理秩序规范的重要依据。个体道德评判和社会伦

---

① 牛建科：《王阳明与日本》，《浙江学刊》1996年第3期。
② ［韩］金世珍：《韩国阳明学者霞谷郑齐斗的良知心学》，《贵州学院学报》（社会科学版）2015年第1期。

理规范有助于彰显良知与私欲的界限，最终目的在于使良知战胜私欲，达到去恶从善的目的。

重建信仰，我们还需从阳明心学的两个向度说起：国家向度和个人向度。在国家向度上，需进行国家层面的顶层设计，建立理想社会的伦理道德体系，制定公民道德公约，引导公民向善。在个人向度上，公民个体需以"向善"为目标，树立正确的义利观，自觉开展道德修养。"致良知"学说"实现了儒家的政治道德教化路径从'外铄性'向'内化型'的转型，从而将人们达到'止于至善'的'大学之道'途径，从通过研习主体之外的'客观精神'由外向内的灌输，转换为通过发明主体内在的'主观良知'由内向外的体认。"① 坚持用"致良知"引领社会风尚，教化民众，将内心省察与外在磨炼融为一体，由个体到集体，培育道德体系，从而建设成人人"致良知"、个个心向善的社会。从这个意义上说，阳明心学为构建文化自信提供了重要的理论保障。

（三）阳明心学可为解决当今世界面临的全球性问题提供中国方案

进入21世纪以来，世界各国面临诸多新的共通性的问题与挑战，其存在形式虽新，但从本质上看，仍然属于邓小平同志曾高度概括的和平与发展问题。和平问题属于政治范畴，发展问题属于经济范畴。就和平问题而言，霸权主义和强权政治仍然大行其道，民族分裂主义呈现日趋复杂的态势，国际恐怖主义向全球蔓延，国际安全形势比以往任何时候都更加严峻。就发展问题而言，发达国家与发展中国家之间的差距还在拉大，发展过程中面临的环境、资源、人口老龄化等问题日渐突出，尤其是过度开发导致的环境污染与生态破坏等问题从未像今天这么严峻，人类甚至面临生存的危机。以上问题可谓件件棘手，牵一发而动全身，直接影响全人类的生存与发展，世界各国都在为解决上述问题而殚精竭虑，但收效甚微。

随着中国综合国力的快速提升，中国模式日益受到关注，人们越来越愿意倾听中国的声音，渴望崛起中的中国为解决这些世界性的问题提供东方智慧，古老的东方哲学从未如今天这般受到重视。阳明心学的原理或许能为促成上述诸多世界性问题的解决提供崭新的思路。"心即理"认为心是宇宙万物的本原，是一切实践活动的源泉，物质世界虽客观存在，却要通过心的感知才被认识，王阳明把"天理"从外部移植到内心，对客观世界的认识与改造皆依赖于"心"，因而国家行为也是要依靠"心"的指挥的。"格物正心"不仅为个体道德修为指明了方向，亦可为国家行为的外部"物理"统摄于"心"，使得国家集体的道德规范以"正心"为归依。

"致良知论"将个人的道德修为推至国家集体的道德修为，阳明说，"良知者，心之本体"。而心又是宇宙万物之本体，因而良知亦为宇宙万物之本体。倘若一个国家（尤其是处于强势地位的大国）心怀"良知"，政治上，它必然会尊重别国决定自己命

---

① 潘起造：《论阳明心学对儒家理论形态的转型及其启示》，《浙江社会科学》2011年第12期。

运的权利，必然会与他国互相尊重，平等相待；经济（发展）上，它必然会除去贪欲（至少一定程度上克制欲望），正确处理好发展与环境、发展与资源之间的关系，有所为有所不为，选择一条可持续发展之路。事实证明，中国智慧、中国方案越来越受到各国人民的接纳和拥戴，在2016年G20国家领导人杭州峰会、2017年金砖国家领导人厦门峰会以及2017年APEC国家领导人岘港（越南）峰会等重要国际会议上，中国提出的蕴含古老中国智慧的"建立人类命运共同体"等主张受到绝大多数国家和人民的拥护。

文化自信是中华民族伟大复兴的客观要求，是顺应时代呼唤、关乎国家民族前途的重大战略决策。值得自信的传统文化是全体中华儿女共同的精神家园，是中华民族屹立于世界民族之林扎实的根基，也是华夏儿女凝心聚力共创美好未来的动力源泉。而国与国之间的文化交流则如同一场没有硝烟的战争，在这个战场上，文化自信是抵御外敌入侵，防止被他者化、被边缘化最好的武器，离开文化自信，我们就交出了主动权，任由文化霸权主义肆虐，最终必然没有立足之地。

以阳明心学为抓手、培育当代中国的文化自信不仅能有效防范文化霸权主义入侵，而且能扩大中华文化的辐射力。对内，通过"致良知"途径实施道德教化，培养公民高尚的道德品质，重建中华民族信仰体系，塑造当代中国核心价值观，最终实现"大学之道，在明明德，在亲民，在止于至善"。对外，推行"致良知""知行合一"等阳明心学核心价值观，向外展示中华文化独特的魅力，使外国民众在潜移默化中接受阳明心学主张，为打造人类命运共同体、创建一个和谐繁荣的世界贡献中国智慧。

【作者简介】张华斌，浙江工业大学之江学院副教授

试论阳明心学与日本近代国民道德建设

杨 威 罗夏君

【摘 要】 自明治维新后的 20 年，伴随着高涨的自由民权运动，日本思想界中的传统思想文化与西方自由主义思想的矛盾日渐凸显。对此，日本阳明学家从阳明心学"致良知"理论出发，号召人们通过发现良知、认识良知与践行良知，从"知""行"两个方面积极改造国民的思想，使日本民众在思想上调和儒家文化与日本近代化之间的矛盾，巩固明治维新改革成果；在精神上加强对国家的认识与民族自豪感。但与此同时，阳明心学的思想也被右翼分子所利用，成为近代日本军国主义思想的来源之一。

【关键词】 日本 国民意识 阳明心学 致良知

1868 年的明治维新后，日本虽然在世界上确立了资本主义强国的地位，但在西方思潮的影响下，社会上拜金主义、自由主义思想盛行，造成的社会道德问题迭出。在此背景下，以井上哲次郎、高濑武次郎为代表的日本哲学家们，从日本传统的儒家思想出发，用西方的哲学思想重新解释儒家文化，并将儒学的相关思想运用到人伦日用中，以纠正日本社会的不良思想，借以加强国民道德建设。作为儒家思想的重要组成部分，日本阳明学的研究方向从仅关注王阳明的传记学说，更多地转向了阳明心学对人的精神和思想的研究，并使之成为提升个人修养的途径之一，也使得日本阳明心学由此出现复兴之势。

一 日本近代国民意识的主要特征与社会问题

随着国家经济的不断发展，明治维新后日本国民意识也逐渐产生了新的变化——长期受儒家文化影响的日本国民意识与外来的西方资本主义思想产生了尖锐的矛盾。

在高涨的自由民权运动中，出现了一种以全盘西化为荣，将自由、平等、民主视作"一等思想"，将儒家的忠孝、仁义、礼治视作"劣等思想"的扭曲价值观。这在最敏感的伦理道德领域表现得尤为突出。随着功利主义、快乐说等西方近代伦理学说传入日本，儒学的道德哲学和行为规范不再是无可置疑的预设。① 个人道德颓废、集团功利主义、社会诚信缺失等社会问题也随之而来，其国民意识的主要特征和由此导致的问题，大致可概括为以下三个方面。

（一）"自由"精神与集团功利主义

"自由"精神与集团功利主义的表现有三：首先，在法国"天赋人权"学说和"社会契约论"的影响下，在明治维新"文明开化"思想的宣传下，明治初期的资产阶级启蒙运动愈发高涨，其倡导"自由""民主""人权"的思想也逐渐深入人心。其次，随着以"天不生人上之人，亦不生人下之人"（福泽谕吉《劝学篇》）为口号的自由民权运动的高涨，强烈的集团观念和日本人固有的暧昧性，使得人人都能成为"人上之人"的思想逐渐深入人心，国民对利益与物质的追求愈发强烈，集团中唯利是图的现象也愈发严重。最后，在日本近代化的过程中，传统日本"武士精神"倡导的"为国奉献"思想与西方"自由精神"造成的矛盾愈发明显。"武士精神"在自由主义浪潮下日渐式微，作为日本人思想来源之一的儒家文化也在近代化的过程中逐渐被抛弃。思想家植木枝盛甚至喊出："抛弃儒学，撕毁四书五经及小学。它们都是你们的仇敌。"②

（二）"内外意识"与社会诚信

日本是一个格外注重人情规则的社会，日本人一方面注重个人隐私，另一方面又依赖于团体生活。如果一个日本人脱离了团体，独自生活，就会被认为是抛弃了社会公认的规则，而被众人指责。在日本近代社会中，通常有"择一企业，从一而终"的观念，并且受武家政权"忠孝观"的影响，民众将对上级的"忠"转化为自身的辛勤工作和对所在部门的忠诚热爱。因此，当两个团体之间存在矛盾时，就会被社员看作对"外"的竞争和较量。在集团功利化的影响下，为达到集团的利益不择手段，以保证自身在团体"内"的地位和个人利益不受损失。这种"内外意识"的行为虽然保证了团体的良好运行和利益，但造成了社会整体诚信的缺失和道德的沦丧。传统日本文化中遵循的"义理观"在西方资本主义思想的影响下日渐式微，社会趋于物质化与功利化，对此现象日本近代著名思想家元田永孚批评道："破平行，伤风败俗者不少……徒洋风是竟，将来之所恐，终至不知君臣父子大义"（《教学大旨》）。③

---

① 王家骅：《儒家思想与日本文化》，浙江人民出版社1996年版，第196页。
② ［日］家永三郎：《日本近代思想史研究》，东京大学出版社1956年版，第120页。
③ 王家骅：《儒家思想与日本文化》，浙江人民出版社1996年版，第170页。

（三）"物哀"心态与道德颓废

日本人惯常通过眼前景物的华美和社会的表面繁华，来对比感叹自身悲惨的命运和内心无处消解的愁苦之情。诺贝尔文学奖获得者川端康成在《不灭的美》一文中写道："'悲哀'这个词同美是相通的。"① 可见，越是繁华的表象，越给日本人内心深处带来强烈的不安定感和世事无常感。从明治维新起，日本通过一系列改革措施的施行，逐渐成为亚洲经济第一强国。这一时期的日本人一方面在生活上享受着国家经济发展带来的社会福利，社会中利益至上、拜金主义思想盛行；另一方面在精神上又逐渐颓废消极，在社会繁华的表象之下，民众内心的迷茫和忧伤感日渐增强。传统日本对事物和命运无常的哀叹转化为在经济快速发展的社会中，对自身价值的怀疑和对眼前事物不确定的迷茫，以及对社会中诸多现象的不满却又无法改变，只能随波逐流的无力感、消沉感。其次，这种对眼前繁华社会的无力感、颓废感在改革全盘西化、排斥儒学思想的背景下，也使得长期受儒家文化教育成长起来的日本人，对自身接受的儒家传统价值观产生了怀疑和误解。这一方面加速了对西方文化的学习和吸收，另一方面对本国自古传承的传统儒家文化带有轻视之意。因此，对西方文化浅薄而扭曲的理解，自会带来一些社会弊端，以致不少并非保守派的人也频发"道德颓废""世风日下"的感慨。②

二 阳明心学对日本近代国民道德建设的目标指向

针对明治维新后日本国民意识的变化和由此带来的社会问题，一些日本学者从研究的阳明心学思想体系出发，倡导人们通过认识阳明心学思想，将所学融入实际生活中，以达到对国民意识的积极改造，这主要表现为以下三个方面。

（一）发现"良知"，回归改革本心

王阳明认为，"良知者，心之本体，即前所谓恒照者也"（《传习录·答陆原静书》）。良知是每个人内心固有的，不用外求。良知既是一个社会的行事规范和道德标准，更是一个人道德品质和个人价值的基础和表现。但在"致良知"的过程中，必须首先发现个人内心存在的"良知"，认识到自己真正的本心和"良知"对个人发展的意义所在。在日本近代自由精神的影响下，对"致良知"的研究使日本人在维持团体和谐发展的同时，也在寻求自己本心的真正复归。下面分三部分予以论述：其一，"致良知"促使日本人开始审视社会和自我。随着日本社会经济的发展，人们

---

① 叶渭渠、康月梅：《物哀与幽玄——日本人的美意识》，广西师范大学出版社2002年版，第194页。
② 王家骅：《儒家思想与日本文化》，浙江人民出版社1996年版，第169页。

对社会高度的依赖感造成了社会中"唯利益论""拜金主义""自由主义"的盛行，个人价值在社会工作中的体现愈发渺小和微弱，而"致良知"则为迷茫的人群提供了一种新的途径，去审视自我在社会中的定位和价值。所谓"良知是天理之灵昭明觉处，故良知即是天理，思是良知之发用。若是良知发用之思，即所思莫非天理矣"（《传习录·答欧阳崇一书》）。在王阳明看来，良知即天理。而思考则是发现天理的过程。在认识良知时，必须对天理进行思考和探索，而理又存于人内心之中，只有不断审视自我，发现心之良知，才能去"致良知"。因此，通过对良知的发现，能促使人们找到本我，正视内心，明确自身的社会价值和社会定位。其二，"致良知"促使日本人发现内心"天理"。王阳明认为，"天命之性具于吾心，其浑然全体之中，而条理节目森然毕具，是故谓之天理"（《传习录·博约说乙酉》）。可见，"天理"既是内心的根本宗旨，更是外化于全体之中的行为准则和价值标准。在审视社会和自我的基础上，人们通过对"天理"的追寻，认识到内心的"天理"是"致良知"的前提和必要条件。将天理内化于心，外化于形，从思想上认识到自我在社会这一团体中的角色和奋斗目标；从行为上改善自由精神与武士道精神产生的矛盾，避免在社会思想尖锐的冲突下丧失对自我价值的思考。通过反思和对"天理"规律的把握，使个人心态回归到初生状态，保持自我的真正本心，从而改变集团内部的拜金思想和唯利是图的不良风气。其三，"致良知"促使日本人开始回归本心。在国家实力增强和对传统日本思想文化有所忽视的背景下，研究王阳明"致良知"理论，重新审视儒家文化在社会中的价值意义，促使个人本心和个人价值的再思考、社会道德和社会风气的再思考、传统日本思想文化对近代化作用意义的再思考，使得个人内心得到真正的复归，纠正集团功利化现象，促使个人社会道德品质的优化、社会团体结构和团体氛围的优化，从而改善个人心态和个人行事作风。

（二）认识"良知"，加深社会诚信

在发现"良知"的基础上，王阳明认为："良知明白，随你去静处体悟也好，随你去事上磨炼也好，良知本原是无动无静的。此便是学问头脑"（《传习录·黄省曾录》）。由此可见，王阳明认为良知不仅是做人的道德准则，更体现在做学问和做人的态度上，是本体工夫合一的整体。认识良知，首先是要求完善个人本体的道德体系，其次在做事做人中去体味"良知"的内涵，最后将"良知"外化为一个人的学问头脑，达到对"天理"的掌握与贯通。"致良知"在个人道德培育、个人价值准则和社会行为观念上，为日本"内外意识"导致的社会诚信缺失和个人拜金思想的破解，提供了理论思维和教育视角。笔者认为，启示有三：其一，应正视近代化过程中的社会道德问题，而不是对这一现象听之任之，任由发展。正所谓："本心之明，皎如白日，无有过而不自知者，但患不能改耳。一念改过，当时即得本心"（《传习录·寄诸弟》）。由此可见，"致良知"思想意在强调在社会中人们要不断自省，形成应有的道德准则，从而达到个人本心的"明净"。其二，王阳明认为，对待

良知：一是在社会中保持固有的本心，不受外界的干扰和影响；二是通过自身对"良知"的实践，形成正确的价值评判标准，使主体对"良知"逐渐达到明悟。并且由于良知是人人共有的，即"良知之在人心，无间于圣、愚，天下古今之所同也"（《传习录·答聂文蔚》）。因此，使得人人都能"致良知"的理论在社会倡导民权、自由、法治的背景下，更贴近近代日本人的思想观念。通过自我对良知的把握，使社会中个人的道德观念和价值观趋于正向发展，人与人之间的隔阂分歧逐渐缩小，以减少"内外"团体的争斗，从而增加社会诚信。其三，"致良知"是一个人的学问头脑，更是社会行为优劣的价值准则。因此，阳明心学的相关思想使得人们在面对社会复杂思想的影响时，能够通过本体的价值评判，对这些不良的思想进行辨析和抵御，使个人的善恶观和思想品德得到升华和发展。随后由个体到群体，通过自身"致良知"的实践，使社会道德品质得以提升，社会互信程度得以加深。另一方面"良知"则通过团体中互信互助的良好风气，影响个体的道德品质和社会行为，成为社会共有的判断善恶、明辨是非的行动准则和依据，由群体到个体，将"良知"表现为社会群体共有的价值基准，从而增强人与人之间的信任感和亲切感。

（三）践行"良知"，优化社会发展

践行"良知"，优化社会发展具体说来有以下三点：其一，在《大学问》中，王阳明阐述了"致者，至也"的观点，并认为"不睹不闻，是良知本体；戒慎恐惧，是致良知功夫。学者时时刻刻，常睹其所不睹，常闻其所不闻，功夫方有个实落处。久久成熟后，则不须着力，不待防检，而真性自不息矣。岂以在外者之闻见为累哉"（《传习录·黄以方录》）。可见，王阳明将致良知的功夫概括为学习和实践两个方面，认为人的心神不仅要在"有睹有闻"的地方下工夫，更要在"不睹不闻"之处用功致学。只有常常"睹其所不睹，闻其所不闻"，才能使良知落到实处，长久以往，就不会被外在见闻所拖累，自能分辨善恶对错，保持本心"明净"。因此，二者缺一不可，只有达到二者的圆融，才是真正践行"致良知"之事。由此可见，在"致"之一途上，"致良知"能促使人们体察内心，正视在社会焦虑之下的个体需求与主张。王阳明曾说："体即良知之体，用即良知之用"（《传习录·答陆原静书》）。通过对本心的把握，使个体明辨善恶、抑制邪念、达到"真诚恻怛"的境界，正确认识个人的社会价值与社会地位。将日本传统的"物哀"心态和改革进程中人们迷茫的状态转变为对人生的正确思考，并通过"致良知"的实践，摆脱一些人的颓废消极思想。其二，王阳明认为"良知"是人人内心固有的，并且他认为的"良知"即能使人和谐发展、顺应天理的良知，而不是一味追寻自我之欲，罔顾一切的思想行为。在大力倡导西方自由精神和民权思想的背景下，使人们认识到自身的发展离不开集体的支持，而集体的进步更离不开个人发展的推动。通过对"良知"的践行，将集体的义利观外化于实践中，使个人权利与集体利益得到共同的发展。其三，"良知"在个人与社会中的和谐统一，不仅在思想上使民众对明治维新的改革措施有更

深的认识，对传统日本思想文化有更深的了解，对近代化进程中自我的价值定位有更深的理解，更在社会中形成"和洋折中"的思想风潮，并在天皇的支持下颁布一系列教育文件、法律法规来纠正明治维新初期改革带来的不良影响，使日本在思想文化方面得到更好发展，国民道德素质得到进一步提升和完善。

三　阳明心学对日本近代国民道德建设的影响

明治初期阳明心学在西方自由独立的文化思想冲击下日渐式微，但随着《幼学纲要》《大日本帝国宪法》《教育敕语》《军人敕谕》等一系列文件法令的颁布，日本开始在资本主义近代化改革的过程中寻求传统文化思想与西方自由独立精神的平衡，并一改明治初期社会思想混乱无序的局面，开始通过制定法令法规规范国民思想，将阳明学的相关思想运用到国民道德教育和爱国教育之中。概括而言，阳明心学对近代日本国民道德建设的影响主要体现为以下两个方面。

（一）国民心性：对儒家文化的传承和近代化思想的巩固

明治时代的儒学复兴，不同于幕末时期的革命与明治初期的变革，而是建立在以"富国""强兵"为根本目的基础之上的复兴运动，是改革过程中引导教育国民的一种思想手段，是力图寻找传统日本儒家文化与西方文化的平衡之策。正如1884年元田永孚在《国教论》中所说："扩充之以孔子道德，补益之以欧学格物，用之为国教。"[①] 可以看出，当时的日本思想家们希望用"和洋折中"的手段，培训"和魂洋才"的国民，亦即既要学习西方的先进技术进行改革，又要在国民思想教育中维护传统儒学的地位。因此，明治时代阳明学对国民的道德影响有以下三个表现：其一，表现为国民对传统儒家文化的再认识。在宫内省向全国推广的《幼学纲要》中，不论是倡导"孝行"，还是"勉行"，均教育民众从自我本心出发，通过践行传统儒学的"仁义礼智信"，以达到对自我本心的锤炼和塑造。这不仅纠正了日本社会盛行的"全盘西化""否定汉学"的偏激思想，为明治维新后如何教育民众正确认识日本传统儒家文化指明了方向，而且对在社会中形成良好的道德风尚和思想文化有一定意义。其二，为塑造"和魂洋才"的国民奠定了思想基础。在日本传统思想文化与西方"自由精神"矛盾日渐突出、国民思想混乱颓废的状态下，倡导阳明心学的复兴，从传统儒家思想中汲取经验，不单是日本思想家迫于现状的被动选择，更是在社会思想拜金功利、国民思想虚无的情况下的主动回归，是政府、社会、国民对阳明心学思想的肯定和认同。而在明治维新的大背景下，宣扬阳明学"知行合一""致良知"的思想，是培育新时

---

① 王家骅：《儒家思想与日本文化》，浙江人民出版社1996年版，第171页。

代人才的思想前提之一。正如日本思想家井上哲次郎所言："要把东西哲学揉成一团，进而在此基础上创新，这是当今学术界的急务。现在，要从过于拘泥于翻译性的输入哲学的倾向中摆脱出来，稍微关注一下东洋哲学。所以，佛教哲学也可以，像阳明学那样的儒学哲学亦不应忽视。"① 他从日本阳明学独有的事功性出发，倡导通过"知行合一"使国民道德在近代化的过程中能保持本心和优秀的儒家思想，以培育符合社会发展要求的真正人才。其三，阳明心学的复兴巩固了明治维新的近代化成果。幕末时期，阳明心学就曾作为"革命哲学"影响了明治维新运动，而在日本近代化改革的道路上，阳明心学的"致良知思想"更为近代日本国民实现个人价值和个人理想提供了思想动力。鲁思·本尼迪克特曾在《菊与刀》一书中，专门将日本人的"义理"文化单辟一章，并在书中写道："义理"是"人应遵循之道；为免遭世人非议做不愿意做的事。"② 日本人虽然通过明治维新走上了资本主义近代化的道路，但日本传统观念中的"义理"仍旧没有改变，"四民"思想仍旧使近代化的步伐无法深入乡村田间。但随着《大日本帝国宪法》与《教育敕语》的颁布，这一情况逐渐得到改善。在天皇亲自颁布的《教育敕语》中写道："进广公益，开世务，常重国宪，遵国法。"③ 由此可见，日本思想家已将日本阳明学重实践、重事功的特点融入国民教育中，并教导国民改变传统陈旧观念，遵守宪法，为实现日本的"富国强兵"而努力。这些措施从思想教育、法令制度上改变了日本传统"义理观"，为鼓舞民众投身近代化建设、积极实践阳明学中的"致良知思想"、提高国民道德素质、巩固明治维新改革成果起到了一定的作用。

（二）国体精神：对国家民族的自豪感和忠孝观念的畸变

《大日本帝国宪法》和《教育敕语》的颁布，从公民德育与社会行为准则上，不仅肯定了日本传统儒家文化对国民的影响，更可以看作社会诸相下人们通过对传统儒家文化与日本儒学的复兴，来寻求破解国民思想道德社会问题的方法和途径。并且，阳明心学在日本经历江户时代儒家学者的阐述传播，早已形成独具日本特色的阳明学研究方法和体系。阳明学重个体、重实践的理念，在明治维新后的日本社会更凸显其研究的事功性和必要性。以下分三部分予以论述：其一，阳明心学的复兴加深了国民的家国忠孝观。穗积八束曾说："家是日本固有的民法中心所在。"④ 但自明治维新改革以来，在高举自由民权的背景下，人们更多地关注于个人发展与集团利益，传统日本倡导的为家尽忠思想与西方个人主义思想产生了尖锐的矛盾和冲突。阳明心学的"致良知思想"，使民众能从传统儒学"忠孝观"出发，将"忠孝"与国家发展联系起来，在自由独立思潮盛行的情况下，回归自身本心，认识到实现自

---

① ［日］井上哲次郎：《日本阳明学派之哲学》，东京富山房1900年版，第3页。
② ［美］鲁思·本尼迪克特著：《菊与刀》，吕万和、熊达云、王智新译，商务印书馆2016年版，第146页。
③ 刘岳兵：《日本近现代思想史》，世界知识出版社2010年版，第109页。
④ ［日］穗积八束：《穗积八束博士论文集》，东京有斐阁1943年版，第401页。

我理想的同时是在为国尽忠，是在促进国家发展、维护天皇"万世一系"地位。其二，阳明心学的复兴加深了日本国民对国家公利的认识。明治维新后约20年间，日本国力逐渐强盛，但社会中的拜金主义思想日渐严重。阳明心学对"本心"与"良知"的追求，使日本民众在摆脱自我颓废与对未来感到迷茫的同时，在一定程度上改变了国民的个人利益与集体利益观念，使社会形成良好的道德风气。并且，阳明学"致良知"的思想也被日本众多商人所用，如作为日本近代"企业之父"的涩泽荣一曾认为，阳明学的"致知格物，其意义无疑也是在于兴业增富"[①]"真正的商业经营，并非私利私欲，而是公利公益"[②]。可见，日本商人将阳明学"致良知"思想运用于商道之中，通过个人努力来为国家创造"公利"，这不仅改变了江户时代"重义轻利"的思想，教育国民要有正确的义利观，更加深了国民对国家公利的认识，促进了日本近代经济的发展与进步。其三，阳明心学的实践性被右翼所利用，成为军国主义的思想根源之一。《教育敕语》中写道："朕惟我皇祖皇宗肇国宏远，树德深厚，我臣民克忠克孝、亿兆一心、世济其美"[③]"如是者，不独为阵忠臣良民，又足以彰显尔祖先之遗风矣。"[④] 可见，日本思想家已将"皇运""国体""教育"三者结合起来，通过对民众思想行为的教化，倡导为国尽忠是忠君爱国的表现。而阳明心学"知行合一"的思想，更为忠君爱国思想在现实中的实践转化提供了一定的思想基础。随着日本国力的不断增强、人民生活质量的改善、国民素质的提升、不平等条约的逐渐废除，民众对国家与民族的自豪感不断加强，在日本的爱国爱家即为天皇尽忠的思想影响下，日本民众将"致良知"的思想动力，在日渐高涨的天皇权威中转化为对天皇的绝对臣服。这一思想无疑为日本右翼分子所利用，成为近代军国主义的思想来源之一。

明治维新后，日本急于摆脱积贫积弱的局面，从技术、文化、政治等各方面向西方学习，这虽然使日本走上发展资本主义经济的道路，但在思想上使其陷入混乱和迷茫之中。这一时期日本儒学家倡导的阳明学的复兴不同于明治维新前的"革命哲学"，而是从精神上达到对日本民众的教化和培育。正如井上哲次郎所说："由维新之于今日，其主要成于形体上之改良，由今至后，与形体上之改良相共，将应期待精神上之改良也。"[⑤] 通过"致良知思想"的研究和传播，不仅能为长期困扰日本社会的现象提供破解的出路，更能为身处明治维新改革这一背景下的民众提供正确的个人价值导向。并且，"致良知"的"致知"一途，更是激励人们从个体出发，在思想上积极进取、在实践中不断探索真知，通过"知"与"行"的统一，使个人理想统一于国家"富国强兵"的理想之中，进而营造爱国爱家、诚信友善的道德品质；塑造忠

---

① 刘金才：《论涩泽荣一"论语加算盘说的"思想主旨》，《贵州民族学院学报》（哲学社会科学版）2005年第3期。
② 同上。
③ 刘岳兵：《日本近现代思想史》，世界知识出版社2010年版，第109页。
④ 同上。
⑤ 刘岳兵主编：《明治儒学与近代日本》，上海古籍出版社2005年版，第90页。

孝奉公、晓利通义的"和魂洋才";建设物质丰富、精神富足的近代化国家。但与此同时,也应注意到阳明心学思想在日本被右翼分子所利用,其对天皇权威的臣服、对国家民族的自豪感逐渐与国家神道思想相结合,对近代日本军国主义思想的形成产生了一定影响。

【作者简介】杨威,海南师范大学马克思主义学院教授;罗夏君,海南师范大学马克思主义学院在读研究生

阳明后学文献整理史

张宏敏

【摘要】 本文以时间先后为序，稽查、梳理相关文献资料，回顾了1949年以来中国社会科学院历史所中国思想史研究室，浙江省社科院哲学所国际阳明学研究中心，为实施主体与平台支撑的两大科研机构，在阳明学尤其是阳明后学文献资料整理方面已经取得的学术成果与正在推进的研究项目。同时，又对阳明后学文献整理的总体规划、学术规范与阳明后学研究工程提出若干思考。

【关键词】 珍稀思想史资料　阳明学研究资料丛书　阳明后学文献丛书　阳明后学文献整理与研究

阳明后学文献研究专家钱明先生指出：关于阳明后学文献的整理，最早可溯源至明末清初学者编撰的学案、宗传体著作，如刘元卿的《诸儒学案》、周汝登的《圣学宗传》《王门宗旨》、过庭训的《圣学嫡派》、刘鳞长的《浙学宗传》、孙奇逢的《理学宗传》、黄宗羲的《明儒学案》等。[1] 尤以黄宗羲的《明儒学案》最具代表性。黄宗羲对阳明学派的分类、对阳明学者的评论，长期影响着后世的研究；在阳明学者文集不易得见的年代，《明儒学案》节录的文本更是大部分学者赖以研究的重要材料。[2]《明儒学案》所列阳明学派，计有浙中、江右、南中、楚中、北方、粤闽、泰州等七个学案。乾隆年间官修《四库全书》，阳明后学文献收录极少，仅有罗洪先、胡直、邹元标等部分阳明学者文集入围。1911—1949年的民国时期，由于特殊时局所限，阳明后学文献的辑编、整理工作处于停滞状态。

---

[1] 钱明：《王阳明及其学派论考》附录二《明代儒学研究的回顾与展望》，人民出版社2009年版，第591页。
[2] 王华宝：《〈阳明后学文献丛书〉的出版及意义》，《古籍整理出版情况简报》2007年第9期。

一 中国科学院历史所中国思想史研究室的"发轫之功"

1957年,以著名历史学家侯外庐先生为领军人物的中国科学院历史所中国思想史研究室成立。在编纂《中国思想通史》第四卷下册有关明代学者思想相关章节之时①,侯外庐先生把"发掘、整理、出版大量长期受埋没的思想家文献作为(科研)重点",称之为"珍稀思想史资料",首选明朝黄绾(1480—1554)、王廷相(1474—1544)、何心隐(1517—1579)、明清之际陈确(1604—1677)、方以智(1611—1671)等。②借此,部分阳明后学文献得以整理,如浙中王门学者黄绾的著作《明道编》由刘厚祜、张岂之标点整理,侯外庐先生亲作"序"文,1959年由中华书局出版;邱汉生撰著《李贽》,1962年由中华书局出版。泰州学派学者梁汝元编辑的《何心隐集》,也在侯外庐先生过问下,由容肇祖整理,交由中华书局于1960年出版。

1977年中国社会科学院成立,侯外庐先生晚年的主要工作助手黄宣民出任历史所中国思想史研究室主任。20世纪80年代中期,邱汉生在侯外庐先生的指导之下,与张岂之等一起设计和主持了国家社科"六五"计划重点科研项目——《宋明理学史》(上下卷)的撰写工作。积众人之力,费时六年,最终完成了一部洋洋134万字的思想史巨著,分由人民出版社于1984年、1987年出版。其中,为撰写好《宋明理学史》(下卷)第十至十七章中关于浙中王学、江右王学、南中王学、泰州学派等的"理学思想"③,课题组成员特地从海内外图书馆古籍部以及各高校科研机构的图书馆中搜集到不少阳明后学文献。比如,为撰写"黄绾的学行与艮止说",唐宇元先生注意到除《明道编》外,黄绾尚有《石龙集》《久庵先生文选》等诗文集存世④,嗣后委托日本、新加坡友人获得了中国大陆久已失传的《久庵先生文选》《石龙集》⑤,并有点校黄绾诗文集的设想。

黄宣民受侯外庐先生亲自指导,长期关注泰州学派研究,在学术界首次以"平民儒学"的提法来界定"泰州学派"的特色。黄宣民还继承了侯外庐学派的"治学特点"——"实事求是的笃实学风和独立自得的开拓精神",注重对新史料的搜罗、对第一手材料的充分占有,如他主持发掘整理了《颜山农先生遗集》,使这一散佚民间的重要典籍得以重见天日。李学勤《颜钧集·序》文称:"这是我们三十年来屡次访求而不能得的孤本秘籍。"⑥ 嗣后,黄宣民以三年之力对《颜山农先生遗集》进行标点整理,

---

① 侯外庐主编:《中国思想通史》第四卷(下册),人民出版社1960年版,第875—1290页。
② 吴锐:《黄绾"大礼"疏评议》,载余姚国际阳明学研究中心编《第二届国际阳明学研讨会论文集》(未刊稿),2012年,第150页。
③ 侯外庐、邱汉生、张岂之主编:《宋明理学史》(下),人民出版社1987年版,第266—471页。
④ 同上书,第334页。
⑤ 唐宇元:《黄绾思想平议》,《齐鲁学刊》1991年第3期。
⑥ 黄宣民点校:《颜钧集》,中国社会科学出版社1996年版,第1页。

又广求史料、编著《颜钧年谱》①,终辑成《颜钧集》,由中国社会科学出版社于1996年出版。黄宣民还在友人方祖猷、钱明、刘炳藩的帮助下,搜集到泰州学派学者韩贞的遗稿《乐吾韩先生遗稿》(万历本)、文集《韩乐吾先生集》,编成《韩贞集》,附于《颜钧集》之后出版②。此外,黄宣民还通过旅日学者邓红博士帮忙,获得藏于日本内阁文库的泰州学派学者邓豁渠著作《南询录》,予以点校整理③。

1991年11月,黄宣民曾有信函与天津学者陈寒鸣,希望陈寒鸣协助他编选、完成《泰州学派文献选辑》(十一辑)的学术计划。据陈寒鸣回忆,黄先生计划中的《泰州学派文献选辑》以"三原则"编选而成:"(一)与泰州学派有师承的学者的遗著;(二)能反映泰州学派特点的代表性著作;(三)稀见著作。"《泰州学派文献选辑》十一辑书目如下:第一辑,淮南三王(王艮、王襞、王栋)遗集;第二辑,颜山农遗集、韩贞(乐吾)集;第三辑,何心隐《爨桐集》;第四—五辑,罗汝芳、杨起元著作;第六辑,赵贞吉、耿定向著作;第七辑,焦竑著作;第八辑,方学渐著作;第九辑,周汝登著作;第十辑,陶望龄、管志道著作;第十一辑,李贽著作。"遗憾的是,他(黄先生)过早辞世,致使这部《泰州学派文献选辑》没能最终编选出来。"④此外,在2005年秋冬之际,陈寒鸣曾打算整理泰州学派林春的文献成《林春集》,已经完成了版本调查、目录设计与部分文稿录入,也撰写了《林东城心学思想初探》的"前言"部分⑤。

也正因为侯外庐、邱汉生、张岂之领衔主编的《宋明理学史》(下卷)的作者们,充分利用了阳明后学文献的第一手史料,才使得"阳明后学"第一、二、三代学者的理学思想,首次系统地呈现在读者面前。

2011年8月,中国社会科学院历史所中国思想史室与浙江省余姚市政府合建的"余姚国际阳明学研究中心"成立。⑥ 目前,已经连续召开了三届国际阳明学研讨会,出版了四种《国际阳明学研究》辑刊,这可视作当代阳明学人对侯外庐、黄宣民先生发掘、整理"(明清学者)珍稀思想史资料""泰州学派文献选辑"的一种纪念与呼应吧!

二　浙江国际阳明学研究中心的"主导作用"

诚如海内外学者公认,"文革"结束以后、改革开放以来,中国大陆的王阳明及阳明学派研究,浙江学界(主要是浙江省社会科学院哲学所)起步较早。陈来先生有文

---

① 黄宣民点校:《颜钧集》,第117—153页。
② 同上书,第159—217页。
③ 黄宣民主编:《中国哲学》(第十九辑),岳麓书社1996年版。此后,邓红博士有《〈南询录〉校注》一书,由武汉理工大学出版社于2008年出版;又有《南询录今译今注》,由中州古籍出版社于2015年出版。
④ 黄宣民、陈寒鸣编:《中国儒学发展史》,中国文史出版社2009年版,第2080—2081页。
⑤ 陈寒鸣、贾乾初:《林东城心学思想初探》,载张新民主编《阳明学刊》第五辑,巴蜀书社2011年版,第122—149页。
⑥ 方其军、顾玮:《知行合一　薪火相传:国际阳明学研究中心在余姚》,《宁波日报》2011年8月26日。

称:"改革开放以后,阳明学研究在大陆才真正开始。20世纪70年代后期,浙江的沈善洪、王凤贤先生即开始研究王阳明哲学。1980年他们写成了《王阳明哲学研究》一书的初稿,并于同年秋天在杭州举办的华东地区宋明理学讨论会上,向与会代表分发了他们的小书。这本书虽然只是一本数万字的小册子,但却是新时期王阳明研究的开始。"①

(一)《王阳明全集》的编校整理

当代中国哲学史学界关于阳明学文献系统整理的倡议者,则是浙江省社会科学院哲学所首任所长吴光先生。

吴光先生作为侯外庐先生的"私淑弟子",②其在浙江省社会科学院从事阳明学文献整理,可以视为"侯外庐学派""注重对第一手材料的充分占有、对新史料的搜罗"学风的继承与弘扬。《王阳明全集》编校整理设想、计划的提出,据吴光回忆:"是在1986年10月(宁波黄宗羲国际会议期间),建言时任浙江省社科院院长沈善洪、副院长王凤贤先生编辑整理《王阳明全集》,并获得支持;1987年正式策划、启动,1992年12月署名吴光、钱明、董平、姚延福编校的《王阳明全集》(上、下册)由上海古籍出版社出版。"③上海古籍版《王阳明全集》先后重印15次,累计发行销售达7万套,古籍出版界誉之为"二十年打磨的大家精品"。④2013年10月18日《光明日报》公布了1949—2012年出版的2.5万种古籍整理图书中评出的91种精品,上海古籍版《王阳明全集》名列其中。此外,2010年浙江古籍出版社也出版了署名吴光、钱明、董平、姚延福编校的《王阳明全集》(6册,新编本)。

1992年6月,经浙江省委宣传部批准,浙江省社会科学院组建国内第一家阳明学研究中心——"浙江国际阳明学研究中心",时任杭州大学校长沈善洪任名誉主任,浙江省社会科学院王凤贤院长任主任,吴光、滕复任副主任⑤,著名中国哲学史家冈田武彦、冯契、张岱年、任继愈、韦政通等被聘为顾问。这标志着浙江省阳明学研究团队正式组建。

此外,署名沈善洪主编、吴光执行主编的《黄宗羲全集》(12册,浙江古籍出版社1985—1994年初版,2004年增订版),曾经获得时任国务院总理温家宝认可:温家

---

① 陈来:《阳明学研究的回顾与前瞻:兼评〈阳明学研究丛书〉》,《光明日报》2010年2月1日。
② 吴光:《侯外庐学派的治学特色》(《北京日报》,2013年5月13日)文有云:"侯外庐不仅在上世纪60年代培养了由杨超、李学勤、张岂之、林英、何兆武等五位青年学者组成的'诸青'学术团队,为成功编纂《中国思想通史》立下了汗马功劳,而且在'文革浩劫'以后的70年代末、80年代初呕心沥血,指导和培养了一个研究生团队(有崔大华、柯兆利、姜广辉和我)。"括弧中"我"即1978—1981年就读于中国人民大学历史系中国思想史专业研究生的吴光。
③ 吴光:《从道德仁学到民主仁学:吴光说儒》,孔学堂书局2014年版,第141—143页。
④ 刘海滨:《二十年打磨的大家精品:上古版〈王阳明全集〉出版历程》,《古籍新书报》2015年7月31日。
⑤ 钱明:《阳明学在浙江》,《浙江社会科学》2002年第4期。

宝在致友人的亲笔书函中，肯定黄宗羲学术思想具有"朴素的科学性和民主性"①。吴光还组织陈剩勇、丁晓强、何俊、黄宣民等大陆学者共同点校《刘宗周全集》，署名吴光、戴琏璋合作主编的《刘宗周全集》（5 册）由台湾"中研院"中国文哲研究所筹备处于 1997 年出版，这是浙江国际阳明学研究中心首次与台湾学者合作整理文献古籍。

《王阳明全集》《黄宗羲全集》《刘宗周全集》的编校出版，一举奠定了浙江省阳明学团队在海内外中国哲学史界的学术地位。对此，陈来在《阳明学研究的回顾与前瞻》文中写道："浙江学者的阳明学文献的整理工程很值得一提。自上世纪八十年代以来，在吴光先生的主持下，先作了《黄宗羲全集》的校点，很有价值；后来又作了《刘宗周全集》，也很有价值。1992 年春吴光先生等编校的《王阳明全集》上下册由上海古籍出版社出版。这部全集对推动王阳明及其思想的研究起了不小的作用。文献的校点出版，使研究有资料可据，使得原本有资料困难的研究得以开展。明代哲学文献的建设是浙江学者的一大贡献。"②

（二）《阳明学研究丛书》与《阳明后学文献丛书》（初编）的出版

先是在 2000 年初，吴光先生向甫任浙江省社会科学院哲学所所长的董平先生提议：为深入推动阳明学的研究，哲学所可以阳明学研究为中心策划两个系列性研究项目，一个是资料型的（"阳明学研究资料丛书"），一个是思想研究型的（"阳明学研究丛书"）。吴光的提议也得到了哲学所同人的一致同意，于是共同策划、分工合作，由董平（后期由钱明负责）策划、设计"阳明学研究资料丛书"课题，吴光策划负责并主持"阳明学研究丛书"课题。③ 前者在 2000 年成为浙江省社科院年度重大课题项目，获立项资助；后者得到了 2001 年度浙江省社科规划重大课题立项资助，易名为"王阳明与阳明学派系列研究"课题后，又得到了 2002 年度国家社科基金规划课题的立项资助，2009 年《阳明学研究丛书》公开出版，④ 该项课题也以"优秀"等级鉴定结题。

董平负责主持策划的"阳明学研究资料丛书"项目，分十个子项目：《徐爱·钱德洪·董澐集》（钱明承担，下同）、《王畿集》（吴震）、《黄绾集》（待定⑤）、《邹守益集》（董平）、《欧阳德集》（陈永革）、《聂豹集》（吴可为）、《罗洪先集》

---

① 温家宝致友人关于黄宗羲学术思想的书信手迹，最早公开发表于浙江省社会科学院主办的《浙江学刊》2005 年第 4 期。
② 陈来：《阳明学研究的回顾与前瞻：兼评〈阳明学研究丛书〉》，《光明日报》2010 年 2 月 1 日。
③ 吴光：《十年辛苦为学术：〈阳明后学文献丛书〉与〈阳明学研究丛书〉简介》，载钱明主编《阳明学派研究：阳明学派国际学术研讨会论文集》，杭州出版社 2011 年版，第 484—485 页。
④ 吴光：《阳明学研究丛书总序二》，载吴光主编《阳明学研究丛书》，中国人民大学出版社 2009 年版，第 4 页。《阳明学研究丛书》（10 册），分别是：董平的《王阳明的生活世界》、钱明的《浙中王门研究》、吴震的《泰州学派研究》、何俊、尹晓宁的《刘宗周与蕺山学派》、吴光的《黄宗羲与浙东学派》、朱晓鹏的《王阳明与道家道教》、陈永革的《阳明学派与晚明佛学》、刘宗贤、蔡德贵的《阳明学与当代新儒学》、崔在穆的《东亚阳明学》和吴光主编的《阳明学综论》。
⑤ 因编校者一时难以物色，《黄绾集》被纳入《阳明后学文献丛书续编》，上海古籍出版社 2014 年版。

（徐儒宗）、《罗汝芳集》（方祖猷）、《薛侃集》（待定①）、《王艮·王襞·王栋集》（吴光②）。

2002年12月，董平先生调离浙江省社科院，"阳明学研究资料丛书"的编校整理工作，改由钱明主持、协调，丛书后易名为"阳明后学文献丛书"。"阳明学研究资料丛书"课题组成员历经八年（2000—2007）的努力，最终完成了7种10册600万字的古籍整理工程——《阳明后学文献丛书》，由凤凰出版社于2007年3月出版发行。《阳明后学文献丛书》还被列入国家古籍整理"十一五"重点图书出版规划项目、全国古籍整理出版规划领导小组重点资助项目等。《阳明后学文献丛书》署名万斌主编，钱明常务副主编、董平副主编，而实际组织、策划工作主要是由钱明负责的。凤凰版《阳明后学文献丛书》分别是：《徐爱·钱德洪·董澐集》（1册，40万字，钱明编校）、《王畿集》（1册，65万字，吴震编校）、《邹守益集》（2册，110万字，董平编校）、《聂豹集》（1册，50万字，吴可为编校）、《欧阳德集》（1册，65万字，陈永革编校）、《罗洪先集》（2册，110万字，徐儒宗编校）、《罗汝芳集》（2册，75万字，方祖猷、梁一群、李庆龙、潘起造、罗珈禄编校）。

如上所言：《丛书》的策划、组织工作，前期由董平负责，后期由钱明负责。据钱明先生总结：凤凰版的《阳明后学文献丛书》的特点有三：一是搜辑比较完备；二是体例比较规范；三是校勘比较精细。③凤凰版《阳明后学文献丛书》出版后，受到了学术界的高度关注，有多篇书评：如汪俊亿的《阳明后学研究的基石：〈阳明后学文献丛书〉书评》（台湾《国文天地》2008年第2期）、钟彩钧的《罗洪先集补编·前言》（台湾"中研院"文哲所2009年版）、陈来的《阳明学研究的回顾与前瞻》（《光明日版》2010年2月1日）、刘勇的《〈李襄敏公遗思录〉所载阳明后学佚文辑录：兼论阳明后学文献的收集与整理》（台湾《中国文哲研究通讯》2011年第3期）等。④其中，刘勇博士的评论说："该项成果是继1990年代初……（浙江阳明学）研究团队整理《王阳明全集》以来，在王阳明及其后学文献的收集和整理方面的又一盛举。……因此，研究者对于这套《丛书》的出版，完全有理由期待如《出版说明》所表达的那样，不仅要'为学术界提供一套基础文献'，而且通过分期分批出版，'力求集阳明后学文献之大成'。"陈来说："钱明、董平先生主持的《阳明后学文献丛书》出版，不仅标志着浙江学者阳明学研究的再度兴起，与这一时期阳明后学的思想研究相配合，形成了阳明学研究的新气象。阳明后学学者的著作，《四库全书》大多未收，晚近《四库存目》的影印，收入了不少，但没有标点整理，而这部《阳明后学文献丛书》，为阳明后学的研究提供了便利，阳明后学的研究将得到进一步的推动。"⑤诚哉斯言！

---

① 《薛侃集》也被纳入《阳明后学文献丛书续编》，上海古籍出版社2014年版。
② 因主客观条件限制，《王艮·王襞·王栋集》未能付诸编校整理。
③ 钱明：《浙江国际阳明学研究中心二十年的历程回顾》，《阳明学》第24号，2014年，第127—130页。
④ 同上书，第130页。
⑤ 陈来：《阳明学研究的回顾与前瞻：兼评〈阳明学研究丛书〉》，《光明日报》2010年2月1日。

(三)《阳明后学文献丛书》续编、三编、四编的陆续启动

在凤凰版《阳明后学文献丛书》基础上，2009 年 4 月，以钱明先生为课题负责人的浙江国际阳明学研究中心策划、设计了"阳明后学文献丛书续编"项目，选择薛侃、黄绾、刘元卿、张元忭、许孚远、王时槐、胡直等阳明后学的著述作为文献搜集、标点整理之对象。2010 年 9 月，这一课题得到了浙江省哲学社科重点基地浙江历史文化研究中心重大课题的立项资助（批准号：10JDLS01Z）。2012 年 8 月，上海古籍出版社负责申报的"阳明后学文献丛书续编"项目入选《2011—2020 年国家古籍整理出版规划》。① 这样，"阳明后学文献丛书续编"就得到了国家古籍整理出版专项经费支持。2014 年至 2015 年，陈椰编校的《薛侃集》（1 册，38 万字）、彭树欣编校的《刘元卿集》（2 册，80 万字）、张宏敏编校的《黄绾集》（1 册，50 万字）、张昭炜编校的《胡直集》（2 册，67 万字）、钱明、程海霞编校的《王时槐集》（1 册，55 万字）、钱明编校的《张元忭集》（1 册，45 万字）由上海古籍出版社出版，即将出版的是邹建锋、李旭编校的《北方王门集》（2 册，80 万字）。

2013 年，北京大学高等人文研究院（与浙江国际阳明学研究中心合作）启动了"阳明后学文献丛书（第三编）"：1 月 21 日至 23 日，北京大学高研院策划的"阳明后学研究与文献整理工作会"召开②；12 月 31 日，依托北京大学高研院这一学术平台，"阳明后学文献丛书（第三编）"正式启动。③ 为了更好地对《阳明后学文献丛书》（第三编）进行系统整理，以推动阳明后学研究的深入开展，2015 年 8 月 28 日至 30 日，"阳明后学文献丛书（第三编）推进会暨阳明后学研究高层论坛"在北京大学召开。期间，几经协商、调整，最终确定"阳明后学文献丛书第三编"项目包括：杨柱才负责的《陈九川集》、张昭炜负责的《邹元标集》《郭青螺公遗书》、陈时龙负责的《周汝登集》、刘勇负责的《李材集》、李会富负责的《陶望龄·陶奭龄集》、彭树欣负责的《邹善·邹德涵·邹德溥·邹德泳集》、姚才刚负责的《唐枢集》、刘聪负责的《查铎集》。

2014 年 1 月，绍兴市人民政府与浙江省社科院合作召开了"纪念王阳明逝世 485 周年学术研讨会"，浙江省委宣传部领导专程莅临大会予以学术指导。会议间隙，浙江国际阳明学研究中心主任钱明、上海古籍出版社副编审刘海滨召集了与会的青年学者程海霞、张昭炜、邹建锋、李会富、陈椰、张宏敏，商议了启动《阳明后学文献丛书》（第四编）的科研计划，并得到了大家的响应。绍兴阳明学会议结束后，为"系统性地

---

① 全国古籍整理出版规划领导小组：《2011—2020 年国家古籍整理出版规划》（2012 年 7 月发布），http://www.guji.cn/web/c_00000001/。

② 北京大学高等人文研究院：《2013 年 1 月 22 日阳明后学研究及文献整理工作会召开》，http://iahs.pku.edu.cn/News_View.aspx?id=400。

③ 见武汉大学中国传统文化研究中心网站（http://ric.whu.edu.cn）。关于《阳明后学文献丛书》第三编的缘起与最近工作进展，参见《"阳明后学文献丛书推进会暨阳明后学研究高层论坛"圆满召开》，载贵州省阳明学学会会刊《王学研究》2015 年第 4 期，封二及第 61—64 页。

完成从王阳明到黄宗羲的文献集成工程""大大提高浙江省阳明学研究在国内外学术界的影响力，奠定在阳明学文献和研究领域的主导地位，成为浙江省较具竞争优势并最具持久力的一大品牌"，浙江省社科院即向省委宣传部正式提出了有计划、分批次编校整理《阳明后学文献丛书》的报告，省委宣传部主要领导也有肯定性批示。2014年12月，"阳明后学文献丛书（第四编）"课题项目得到了浙江省社科院专项课题经费的支持，钱明负责的《泰州王门集》、陈永革负责的《许孚远集》、张宏敏负责的《王宗沐集》、李旭负责的《杨东明集》、陈畅负责的《管志道集》、陈椰负责的《杨起元集》等六个子课题得以启动。

对于《阳明后学文献丛书》的总体出版规划，钱明先生说道："我们计划从2000年到2016年，用16年时间完成包括《阳明后学文献丛书》（一编）到（四编）在内的全部整理出版工作。整个项目计划完成40册书，约2000万字，将分期分批出版，力求集阳明后学文献之大成。由于《丛书》（一编）出版后又陆续发现了一些佚文佚诗，所以本计划还包括等条件成熟后陆续出版修订本，对已出书进行增补和修正，并将一起交由上海古籍出版社出版。"①

需要补充说明的，在《阳明后学文献丛书》陆续在凤凰出版社、上海古籍出版社出版之前后，一大批阳明学者文献在其他出版社也陆续推出，如中华书局编辑部组织点校的《徐渭集》（《中国古典文学基本丛书》本，中华书局1983年版）、刘宗碧等点校的《孙应鳌文集》（《阳明学研究丛书》本，贵州教育出版社1996年版）、邓红校注的《南询录》（邓豁渠著，武汉理工大学出版社2008年版）、李剑雄整理的《澹园集》（《理学丛书》本，中华书局1999年版）、官长驰整理的《赵贞吉诗文集注》（巴蜀书社1999年版）、陈祝生主编的《王心斋全集》（江苏教育出版社2001年版）、徐朔方注校的《汤显祖全集》（北京古籍出版社2001年版），钟彩钧、朱湘钰编校的《罗洪先集补编》（台湾"中研院"中国文哲研究所2009年版），张宪文校注的《王叔杲集》（《温州文献丛书》本，上海社会科学院出版社2005年版），方长山、魏得良点校的《项乔集》（《温州文献丛书》本，上海社会科学院出版社2006年版），孟昭德、扈耕田、曹先武点校的《孟云浦集》（中国文联出版社2007年版）、蔡克骄点校的《王叔果集》（《温州文献丛刊》本，黄山书社2009年版），张建业、张岱编校的《李贽全集注》（26册，社科文献出版社2010年版），刘晓林点校的《蒋道林文萃》（《湖湘文库》本，岳麓书社2010年版）、朱维铮、李天纲主编的《徐光启全集》（10册，上海古籍出版社2010年版），程朱昌、程育全编《程文德集》（《永康程氏遗书》本，上海古籍出版社2012年版），朱湘钰、钟彩钧点校的《四书私存》（季本著，台湾"中研院"中国文哲研究所2013年版）、王红军校注的《圣门人物志》（郭子章著，漓江出版社2013年版）、马美信编校的《唐顺之集》（《别集丛刊》本，浙江古籍出版社2014年版），展龙、耿勇校注的《宪章录》（薛应旂著，凤凰出版社2014年版），张新民、

---

① 钱明：《〈阳明后学文献丛书〉出版缘起》，《古籍新书报》2014年4月24日。

赵广生点校的《淮海易谈》《孙山甫督学文集》（孙应鳌著，《黔南丛书》本，贵州人民出版社 2015 年版），李似珍整理的《南大吉集》（《关学文库》本，西北大学出版社 2015 年版）、张昭炜整理的《万廷言集》（《理学丛书》本，中华书局 2015 年版）、傅秋涛编校的《耿定向集》（《明代别集丛刊》本，华东师范大学出版社 2015 年版），张梦新、张卫中编校的《周汝登集》（《浙江文献集成》本，浙江古籍出版社 2015 年版），赵平略点校的《黔记》（郭子章著，《明朝贵州史全四种》本，西南交通大学出版社 2016 年版）、张宏敏编校的《叶良佩集》（《温岭丛书》本，浙江大学出版社 2016 年版）、问永宁、周悦点校的《方献夫集》（《岭南思想家文献丛书》本，上海古籍出版社 2016 年版），谢群洋点校的《证学编》（杨起元著，《岭南思想家文献丛书》本，上海古籍出版社 2016 年版）、彭树欣编校的《刘三五集》（刘阳著，《古典文献研究辑刊》本，台北花木兰文化出版社 2016 年版）、赵广生校点的《孙应鳌集》（《明清别集丛刊》本，人民文学出版社 2017 年版）。除此之外，北京大学出版社陆续推出的"《儒藏》精华编"项目中也收录了 10 余种阳明后学文集，如《耿天台先生文集》《聂双江先生文集》《东廓邹先生文集》《王龙溪先生全集》《南野先生文集》《近溪子集》等。这一数量蔚为可观的阳明学者文献，也为我们从事阳明后学文献与研究工作，提供了极大的便利。

三 "阳明后学文献整理与研究"中标国家社科基金重大项目

2015 年 1 月 9 日，全国哲学社科规划办发布了《关于征集 2015 年度基础类和跨学科类重大项目选题的通知》。浙江国际阳明学研究中心的同人商议，决定以"阳明后学文献整理与研究"为题，向全国哲学社科规划办推荐选题。7 月 6 日，经全国哲学社科规划领导小组批准的《2015 年度国家社会科学基金重大项目（第二批）招标公告》公布，"阳明后学文献整理与研究"入围"2015 年度国家社会科学基金重大项目（第二批）招标选题研究方向"[①]。

浙江国际阳明学研究中心作为"选题推荐"单位，于 2015 年 7 月 7 日迅速成立了以钱明研究员为"首席专家"的课题投标书写作小组。钱明负责填报研究状况、选题价值、总体框架和预期目标，王宇、张宏敏、邹建锋、李旭承担了五个子课题项目的文本写作；9 月 2 日，正式完成投标书制作，并通过浙江省社科规划办转呈全国哲学社科规划办。经专家评审，2015 年 10 月 26 日，全国哲学社科规划办发布了《2015 年度国家社科基金重大项目（第二批）立项名单公示》，浙江省社会科学院中标"阳明后

[①] 全国哲学社会科学规划办公室：《2015 年度国家社会科学基金重大项目（第二批）招标公告》，www.npopss-cn.gov.cn/n/2015/0706/...321.html。

学文献整理与研究"这一课题。① 11月5日,经社会公示并报全国哲学社科规划领导小组批准,"阳明后学文献整理与研究"(批准号:15ZDB009)正式入围"2015年度国家社科基金重大项目(第二批)立项名单"。②

"阳明后学文献整理与研究"共分5个子课题:"已刊阳明学文献增订与研究""浙中王门文献整理与研究""泰州王门文献整理与研究""其他地域阳明后学文献整理与研究""域外阳明学文献整理与研究"。课题最终学术成果分两大类,一类是阳明后学文献整理:《王时槐集》《张元忭集》《王宗沐集》《北方王门集》《许孚远集》《季本集》《杨起元集》《管志道集》《万表集》等20种;另一类是阳明后学研究专著:《王阳明公移文献研究》《浙江心学思潮研究》《泰州王门的成立与展开》《东亚视域下的阳明学研究》《阳明学研究年度报告》等10种。合计出版30种著作,总字数超过3000万字,有来自海内外10多家高校科研机构的40余位科研人员在本课题中承担科研任务。

《阳明后学文献整理与研究》开题论证会于2015年12月10日在杭州召开。来自中国社科院历史所、中国人民大学国学院、复旦大学哲学系、华东师大哲学系、中山大学哲学系、四川大学古籍所、浙江大学哲学系、杭州师大国学院、宁波大学人文学院、上海古籍出版社哲学编辑室及浙江省社科院哲学所的阳明学研究专家、课题组成员,共40余人与会。受邀与会的阳明学研究专家围绕"阳明后学文献整理与研究"重大项目的实施方案,先后发表建议与意见。

这次国家社科基金重大项目的竞标成功,是海内外学者对浙江省阳明学研究团队老中青三代学者几十年来致力于王阳明与阳明后学文献整理与思想研究的认同与鼓励。我们浙江省阳明学研究团队将以此为起点,谦虚谨慎,勤奋工作,为圆满完成这一光荣而艰巨的任务而努力奋斗!

余 论

通过对1949年以来阳明后学文献整理史的回顾与梳理,不难发现:一方面,令人欣慰的是,阳明后学文献整理已经取得不少学术成果,并成为阳明学研究的"学术增长点";另一方面,在阳明后学文献整理的总体规划、学术规范方面,也有需要认真总结之处。还有,我们对阳明后学文献及阳明后学思想史的系统研究工作也亟待展开。下面分三点予以论述。

---

① 全国哲学社会科学规划办公室:《2015年度国家社科基金重大项目(第二批)立项名单公示》,http://www.npopss-cn.gov.cn/n/2015/1026/c219469-27741700.html。
② 全国哲学社会科学规划办公室:《2015年度国家社科基金重大项目(第二批)立项名单公布》,http://www.npopss-cn.gov.cn/n/2015/1105/c219469-27780781.html。

（一）关于阳明后学文献整理的顶层设计

正如论者所云"姚江之学，嘉、隆以来，几遍天下矣"[①]"阳明先生之学，风行天下"[②]。以《明儒学案》所涉"阳明后学"为统计对象：浙中王门17人、江右王门20人、南中王门9人、楚中王门2人、北方王门7人、闽粤王门2人、止修学派1人、泰州学派18人，凡76人。这就造成了阳明后学文献整体数量庞大、地域分布广泛、流传时间久远的基本特征。尽管20世纪中叶以来，先后有侯外庐、黄宣民、吴光、董平、钱明等诸位先生主张采用标点、句读、校勘即现代通行的古籍整理出版规范来系统整理阳明后学文献，然而阳明后学文献整理的"顶层设计"工作亟待加强。如上所述，在《阳明后学文献丛书》陆续出版同时，不少阳明学者的文集乃至某种单行本著作已经在一些地方文献集成、明代别集丛刊中出版。如何避免《阳明后学文献丛书》与地方文献集成丛书中所涉阳明学者文献的重复选题，造成学术资源浪费？是一个值得引起重视的技术性问题。比如，《阳明后学文献丛书》（第三编）有泰州学派学者《周汝登集》的选题设计，而《浙江文献集成》中也有《周汝登集》的整理计划且已出版，《阳明后学文献丛书》本《周汝登集》是否继续进行，就值得斟酌。

还有，如果某阳明后学文集已单独出版，是否有必要将已出版但并未纳入《阳明后学文献丛书》选题计划的文集，再次纳入《阳明后学文献丛书》中以"修订本""增订本"的方式统一出版？也是一个值得考虑的问题。比如，北方王门《孟云浦集》已点校出版，那么《阳明后学文献丛书·北方王门集》在编校之时，是否需要将《孟云浦集》一并纳入，就值得考虑。还有北方王门《南大吉集》已由《关学文库》录入，那么《南大吉集》是否有必要再纳入《阳明后学文献丛书·北方王门集》，也值得我们考虑。

再有，某阳明学者的单种文献已经出版，《阳明后学文献丛书》在系统整理该学者的存世文献之时，就有必要与该文献的整理者协商，将这种文献一并收入。比如，浙中王门季本的《四书私存》已由台湾学者整理，季本的《说理会编》也由北大"《儒藏》精华编"列入书目选题，那么，在编校《阳明后学文献丛书·季本集》之时，有必要与《四书私存》《说理会编》的整理者沟通，将这两种文献一并纳入《季本集》之中。

关于《阳明后学文献丛书》所选阳明后学文集的入围问题，除以《明儒学案》为选题参照标准，系统搜集阳明后学存世文献，也有必要以《王阳明全集》为蓝本，详细稽考曾与王阳明有学术交游的学者（包括官员）名录，甄别这些学者的师承尤其与王阳明的学术渊源，以扩大我们对"阳明后学群体"的界定范围。此外，明清、民国版本的各种地方志文献（省志、府志、县志）所涉相关人物传中，也有不少不为《明

[①] 祝鸿杰点校：《思复堂文集》，浙江古籍出版社2010年版，第15页。
[②] 沈善洪主编、吴光执行主编：《黄宗羲全集》第7册《明儒学案》，浙江古籍出版社2005年版，第820页。

儒学案》《王阳明全集》记载的阳明学者。比如，笔者因研究浙江台州籍阳明学者而检录《民国台州府志》时，就发现《嘉靖太平县志》的编纂者叶良佩，是一个阳明学者，并有《海峰堂前稿》（嘉靖刻本）等文集保存在日本内阁文库[①]。总之，开展更为系统、细致的阳明学者的甄别研究及其存世文献挖掘、整理工作，也是《阳明后学文献丛书》"顶层设计"所应关注的一个论题。

（二）关于阳明后学文献整理的学术规范

"阳明后学文献丛书"整理作为一个集体协同攻关项目，尽管由来自国内外多所高校、科研机构的专业研究者参与，我们并不能保证每一位参与者具有扎实的学术功底与相当的古籍整理水平。既然我们志于从事阳明后学文献整理，就需要无条件遵守《阳明后学文献丛书》主编与出版社责任编辑联合制定的《阳明后学文献整理编校体例》，在版本搜集、底本选择、编目设计、校勘撰写等一系列技术性环节上，花大力气、做足工夫。限于篇幅，兹以文献版本搜集为例，略作发挥。

众所周知，阳明后学存世文献全盘搜罗、裒辑，是一项基础性的工作。我们选择整理某位阳明学者的存世文集，就必须花大力气把海内外图书馆所藏（包括私人收藏）该学者的全部存世文献，包括同一著作的不同版本全部收罗齐全，为编校整理该阳明学者文集做准备。而从事阳明后学的文献搜罗，则需要不同国度、不同省份即各不同工作单位的阳明学研究同仁相互协作与联合。易言之，从事阳明后学文献整理与研究：一是要打破某家教科研单位、某种行政区域划分的地域局限，加强和来自国内不同工作单位、其他省份（包括县、市）阳明学学者的互动；二是要加强与境外比如中国台湾、日本、韩国学者的交流。事实上，我们目前已经、包括正在整理的阳明学者相关文献，有更好的版本在境外，通过和境外学者的交流，请他们来合作参与这一课题。那样的话，阳明学者文献版本的裒辑就能够尽善尽美。

比如，《阳明后学文献丛书》（第一编）在整理《罗洪先集》时，未能搜集到台湾大学图书馆所藏隆庆元年（1567）苏士润刊刻的"汇集（罗洪先）全部著作""（罗洪先）唯一的诗文全集"——《念庵罗先生文集》。台湾学者则利用隆庆本《念庵罗先生文集》，辑出《阳明后学文献丛书·罗洪先集》未收篇章，凡30万字，定名为《罗洪先集补编》出版。如果《罗洪先集》的编校者再肯花些工夫，搜集境内外所有藏书机构所藏罗洪先存世文献的诸种版本，那么《阳明后学文献丛书》本《罗洪先集》就必将为学术界呈现一部最完整的罗洪先诗文全集。

还有，阳明后学文献大多成文于四五百年前，部分文献在国家（包括各省市）、高校科研机构的图书馆尚无收藏，这就需要编校者亲自到该阳明学者的出生地、游学地、生活地、仕宦地进行田野考察，要特别注意"族谱""方志""书院志"文献中收录的

[①] 张宏敏：《叶良佩与阳明学人之交游》，《贵阳学院学报》2015年第6期，第26—34页。

佚诗佚文。比如，笔者在编校《黄绾集》时，便从《洞山黄氏宗谱》《雍正浙江通志》《民国台州府志》《万历黄岩县志》《光绪太平县续志》等"族谱""方志"文献中辑出黄绾存世的不少佚文。

此外，现代社会是一个急躁、功利的社会，很多学者坐不了长期的冷板凳，在从事基础性学术研究比如古籍整理之时，不是十分的尽心尽力，从而给一些选题意义重大的集体攻关项目带来了不好的名声。进言之，从事《阳明后学文献丛书》的整理，需要课题组全体成员端正态度、勤奋好学、淡泊名利、甘于寂寞、精诚团结，以"打造一部传世的学术精品"为目标，完成这件意义重大的文献整理工程。①

（三）关于阳明后学研究工程的有序推进

我们从事明代中后期阳明学派文献的系统整理，这种整理思路确实能够开出一个新的天地，是极有学术价值的。从事阳明后学研究，从文献整理入手，是一个基础性的工作；然而从文献入手，并不是局限于某种文献的整理，而是进一步做思想研究工作的"敲门砖"，这就涉及阳明后学的专案研究问题。

关于阳明后学的专案研究，以笔者愚见，可从四方面入手：一是开展某一阳明学者的专案研究。比如在某阳明学者的文集整理完毕后，年谱的编纂、传记的写作、思想的解读，就是需要开展的工作。以笔者从事浙中王门学者黄绾研究为例，在编校《黄绾集》的同时，就撰写了《黄绾生平学术编年》（浙江大学出版社2013年版），并有学术专著《黄绾道学思想进展研究》（中国社会科学出版社2016年版）的写作计划。二是在某一地域（省份）阳明学文献整理完毕后，某一地域阳明学思想发展史的系统梳理与研究，也应提上议事日程。比如在江右阳明学文献系统编校完毕后，以某种问题意识为导向，撰写《江右王学思想发展史》就是有意义的学术工作。三是开展不同地域阳明学者的思想互动研究，如"浙中王学与江右王学的互动研究""江右王学与泰州王学的互动研究"乃至开展对整个阳明后学思想发展史的系统研究，也是需要去拓展、进行的学术事业。四是将东亚阳明学、欧洲阳明学、英语世界的阳明学，即对国际阳明学研究，进行科学规划与课题专案设计，探讨阳明学在海外的流传、演变、发展，解读阳明学在东亚和世界思想史发展进程中的地位、作用与影响。

此外，随着《王阳明全集》《阳明后学文献丛书》的系统整理，阳明学包括阳明后学文献数据库的开发、设计与建设，也是一件功德无量的学术事业，需要有关科研机构与阳明学研究专家去协调推进，以嘉惠学林。

总之，对于阳明后学文献的系统整理与相关研究工作的有序推进，正如杜维明先生在《阳明后学文献丛书》（第三编）推进会上强调的："阳明后学文献整理及相关学

---

① 本段行文，笔者参考了宁波大学张伟教授在"阳明后学文献整理与研究开题论证会"上的发言（《社科要报》2015年第11期）。

术研究工作是一项长期的学术事业，需要我们对阳明学这一课题投入极大的关注与兴趣。目前国内不少省份的地方政府以及高校社科机构对阳明后学的研究投入了不少的人力、物力、财力，已经形成了一个良性竞争的局面，但是我们需要一种'大气魄''大格局'，在一种'学术健康'的情况下，开展相互合作。"①

【作者简介】张宏敏，浙江省社会科学院哲学研究所副研究员

---

① 杜维明先生的这段发言文字材料最早由笔者整理，并公开发表于《"阳明后学文献丛书推进会暨阳明后学研究高层论坛"会议综论》一文之中，详见《贵阳学院学报》2015年第5期。

张岱研究

传统与新潮融会的智者

——重读张岱

夏咸淳

【摘要】晚明城市文化与思想新潮,明清易代之际血与火的历练,浙东学派与家学渊源,造就了张岱这位节义之士、文学天才、渊博的学者。他涉足诸多文艺和学术领域,其人、其思、其学、其文均闪耀着智慧的火花,洋溢着活泼泼的创造能力。本文着重论述其文化品格的独特性和包括散文、诗词、戏曲在内的文学创作的独创性。

【关键词】明清之际　张岱　智者　独创性

当下明清文学研究领域对张岱的关注度颇高,海内外不断有著作、论文面世,尤其是美国著名中国史专家史景迁先生别出手眼的专著[1],引起不少学者和读者的兴趣。笔者20年前,写过一本张岱的小册子[2],那时有关著述寥寥可数,昔冷今热的温差不可同日而语。近几年来,在重新整理张岱《琅嬛文集》过程中,获得一些新材料、新认识,因作此文,以资参考。

一

张岱一名维城,字宗子、石公、天孙,号陶庵、蝶庵、古剑老人、六休居士,山阴(今浙江绍兴)人。祖籍四川绵竹,常自称"蜀人""古剑"。生于明万历二十五年(1597),卒年诸说不一,如69、70余、80、84等。温睿临《南疆逸史》、徐承礼《小腆纪传补遗》皆谓"年八十八卒",即清康熙二十三年(1684),有张岱88岁时所作

---

[1] [美]史景迁著:《前朝梦忆——张岱的浮华与苍凉》,温洽溢译,台湾时报文化出版企业有限公司2009年版。
[2] 夏咸淳:《明末奇才——张岱论》,上海社会科学院出版社1989年版。

《修大善塔碑》可证其说①；商盘《越风》及《山阴县志》则以为卒于93岁，即清康熙二十八年（1689）。折中88、93岁二说，或在90岁光景。

张岱是明清之际一位多才多艺、著述等身的文学奇才、文化巨匠。他是绝世散文家、诗人、词人、曲家，又是园林家、音乐家、书法家、收藏家、美食家，通晓天文、历法、舆地、医药、文字、音韵、经学、史学。平生于前代博物学家最服膺晋代张华，于史学家最景仰汉代司马迁。史学是山阴张氏世传家学，自张岱高祖天复以下几代人都有志于缵述《史》《汉》伟业，"思附谈、迁""欲追彪、固"②，及张岱之身竭其30年之力，始完成明史巨著《石匮书》和《石匮书后集》。

明清易代之际，大家辈出，群星灿烂。张岱之所以能够跻身大家行列，除了个人禀赋和家庭教养外，还因为他早年深受晚明城市繁华和文化新思潮的浸润洗礼，随后便备尝国破家亡血与火的烹炼，又长期接受浙东传统学术和士习民风的影响。在这些综合因素的作用下，造就了这位文艺奇才、博学鸿儒，并最终实现了自己平生仰慕追求的大节义、大学问、大智慧的人格理想。

二

张岱出身簪缨望族，文献世家。高祖天复、曾祖元忭、祖父汝霖皆举进士，而且学殖富赡，文章精雅，皆有著述行世。其父耀芳精熟举业，研习40余年，以致目眊精衰，犹孜孜不休，但屡试不中，仅以乡试副榜谒选，授山东兖州鲁藩长史，后摄嘉祥县令，不久便解职回乡。

凭借家庭的厚业世泽，张岱的前半生是在繁华、享乐中度过的。丰富多彩的物质文化生活培育了这位纨绔子兼文化人的广泛兴趣爱好和诸般才艺，他坦言："少为纨绔子弟，极爱繁华，好精舍，好美婢，好娈童，好鲜衣，好美食，好骏马，好华灯，好烟火，好梨园，好鼓吹，好古董，好花鸟，兼以茶淫橘虐，书蠹诗魔，劳碌半生，皆成梦幻。"③ 吃穿玩乐，备极奢华，又样样在行，件件求精。他和许多晚明文人一样，视"岁月如花"④"生平贪恋光景"⑤，珍惜个体生命，热爱美好人生，耽乐世俗繁华生活。对他们来说，物质享受不仅在于满足物欲需求，还包含精神愉悦，物质生活与文化生活往往交织在一起。他们懂得生活，也会生活，生活与美与艺术乃至学问密切相关，故而吃能吃出文章、学问，玩能玩出名堂、艺术。比如饮食，张岱自诩，"越中清

---

① 《琅嬛文集》卷三《修大善塔碑》："肇惟天监初成，正值梁武帝舍身之日""岁月迁延，已至千一百八十年于此。"又清乾隆《绍兴府志》卷三八及卷四〇《祠祀志》，大善塔在大善寺内，始建于梁天监三年（504）。历1180年，为清康熙二十三年（1684），时张岱适88岁。
② 《琅嬛文集》卷三《征修明史檄》，清光绪刻本。
③ 《琅嬛文集》卷五《自为墓志铭》。
④ 《袁宏道集笺校》卷五《龚惟长先生》，钱伯城笺校，上海古籍出版社1981年版。
⑤ 《谭元春集》卷二八《答金正希》，陈杏珍标校，上海古籍出版社1998年版。

馋，无过余者，喜啖方物""远则岁致之，近则月致之，日致之，耽耽逐逐，日为口腹谋"①。非止于满足口腹之欲，还能精细地感知各种食品色香味形之美，发为妙诗妙文，又研读古今食谱食典之类书籍，对其祖父张汝霖《饕史》加以精简修订而成《老饕集》一书，使饮食成为一种学问。张岱嗜茶，自称"茶淫"，深知茶理，对种植、采摘、制作、保存诸事了如指掌，辨色、辨味、辨产地、辨水泉，皆精绝入微，使当时著名茶道专家南京闵汶水叹为知己："余年七十，精饮事五十余年，未尝见客之赏鉴若此之精也，五十年知己，无出客右。"② 所著《茶史》与《老饕集》正可配对为姊妹篇。"小摆设"即金银铜锡、玉石、竹木、陶瓷等工艺制品，也都喜爱，亲之若"故友"，收藏既富，更善鉴赏，能从珍玩奇器中发现"厚薄、深浅、浓淡、疏密"之艺术妙理、美学意蕴③，并由衷赞美制作工匠们的高超智巧。物质与文化生活的丰富体验，兴趣的广泛性与才艺的多样性，对成就像张岱这样的个性发展比较全面、创造活力旺盛的作家，具有重要意义。

"余少爱嬉游，名山恣探讨。"④ 性耽山水，爱好旅游，这是明代中叶以来特别是晚明时期，非常流行的士林风气，出现了一个跋涉山川、搜探奇险而集旅行家、地理家、文学家于一身的士人群体，王士性、徐霞客、曹学佺、谢肇淛、陈第、张燮、袁宏道、王思任等都是一代闻人。张岱之游，论足迹所至不如以上诸人广远，但有自身的特色，其游兴游足的方向、地点主要在城市尤其是江南繁华都会，而以游玩观光为主要目的，故称"嬉游"。粗考其旅游路线，从纵向看，沿南北大运河一线城市群落中之名都大邑大都游览过，如今日浙江之绍兴、宁波、台州、杭州、嘉兴、湖州，江苏之苏州、无锡、常州、南京、镇江、扬州、淮安，还有上海松江⑤，安徽芜湖⑥，以及山东兖州、泰安等地。其游多集中于江南都会，留居时间最长的，除故里绍兴外，当数杭州了，西湖柳州亭一带有他祖父建造的家园⑦。其友王雨谦《西湖梦寻序》云："张陶庵盘礴西湖四十余年，水尾山头，无处不到。湖中典故，真有世居西湖之人所不能道者，而陶庵道之独悉。"对苏州、扬州、南京、镇江等名城也曾多次作深度游。这些城市群落经济发达，文化昌盛，社会思潮活泼开放，那绮丽的湖光山色，丰厚的历史人文积淀，新奇炫目的世俗风情，形形色色的市井人物，像磁石一样吸引着"极爱繁华"的张岱，使之心醉神迷，就跟着了魔似的。以至于社会经过天崩地裂的大震荡大劫难，将这一切震得七零八落，花随水流之后，他还念念不忘，津津有味地咀嚼如烟往事，时常见诸梦寐，"无日不入吾梦中"⑧，故其文章常写梦境，书也"率以梦名"，如《梦忆》

---

① 《陶庵梦忆》卷四《方物》，马兴荣点校，中华书局2007年版。
② 《琅嬛文集》卷一《茶史序》。
③ 《陶庵梦忆》卷一《吴中绝技》。
④ 《西湖梦寻》卷一《大佛头大石佛院诗》。
⑤ 《琅嬛文集》卷四《附传》："余至云间，有唐士雅者，五岁失明，耳受诗书，不下万卷。"云间，松江别称。唐士雅，唐汝询，字仲言，号士雅。
⑥ 《咏方物芜湖鲥鱼》："曾到芜关上，亲尝六尺鲥。"《琅嬛文集》手稿本。
⑦ 《西湖梦寻》卷四《柳州亭》："过小桥折而北，则吾大父之寄园，铨部戴斐君之别墅。"
⑧ 《琅嬛文集》卷一《西湖梦寻序》。

《梦寻》云。张岱对晚明城市文明、世俗生活和市井人物的一往情深和深切了解，是当时许多文人学士难以企及的，明乎此，也就差不多把握到张岱独具的灵奇思致、绝妙文笔背后的"脉性"了。

张家的荣显未能延续下去，到张耀芳这一代已现衰象，举族都把重光门庭的厚望寄托在张岱这个嫡长子身上。凭他的学问文章、天赋才能，且"少工帖括"等许多优势，本以为可轻取功名，谁知竟屡试不第，年届四十犹沉沦诸生间，所遭科场厄运较其父更坏。少时"功名志急"，总想"一鸣惊人"，一飞冲天，到头来还是铩羽泥涂。巨大的心理落差，使他对明季黑暗现实、腐败官场，对科举制度的弊端，有了清楚的认识。他痛愤天下才士多遭压抑而不获拔识，"世间珍异之物，为庸人所埋没者，不可胜记"①；痛悼亡友"具用世大才，生不逢辰，贫病相寻""徒厄塞终身""鲠咽以死"②；满怀愤世嫉俗之气，借一出《乔坐衙》杂剧"讥刺当局"③，把矛头直指昏愦贪腐的当朝权臣。腐朽的明王朝在农民军和后金的夹击下节节溃败，而对广大民众朘剥愈厉，以致民生凋敝。张岱已经感觉到朱明气数将尽："辽东一破如溃痈，强蛮流毒势更凶。民间敲剥成疮痍，神气太泄元气疲。"④ 他有经世济民的抱负，却被抛弃，"志在补天"⑤，徒成空想。将何去何从？是继续耗费生命去赌举业，还是专注于文艺与学问，追求己性之所好？他正面临人生的一次关键抉择。时在 40 岁前后。当友人祁彪佳向时任宁波推官的李清为他申诉科场"屈抑"，并请从中斡旋，终于无效后，张岱乃弃绝科举功名，决意不玩八股这"劳什子"了，收视反听，专心致志于自己爱好的事情。一方面，仍然盘桓江南名都剧邑，观风俗，察人情，访胜迹，赏山水，广交名士畸人及各色市井人物，悠游于文学艺术之林；另一方面，潜心研究学问，发奋著书立说。年及五十，业已或基本完成的著述十余种，如《古今义烈传》《四书遇》《史阙》《奇字问》《诗韵确》《茶史》《老饕集》《评和陶集》《桃源历》《历书眼》《皇华考》《陶庵肘后方》《续博物志》等，修纂明史《石匮书》的大工程也已延续多年。其书涉及经学、舆地、历法、文字、音韵、文学、艺术、医药、饮食等多种学科，凸显了宏富博洽的杂家特色。他是博学家，也是专门家，尤邃史学，用力最勤，成绩最著。张岱前半生取得的这些文艺与学术的成就，从人生观、价值观方面探究其因，是他接受了晚明文化新思潮的浸渍，在盛年遭遇科场失败之后即迷途知返，摆脱了唯以科举功名为人生奋斗目标的价值观的束缚，更加注重发展个性之所好所长，沉醉于艺林学苑，敬其业而乐其事，因而有了许多创获，而后愈见辉煌。观乎晚明文化领域诸多精英大率如此。

顺治元年（1644），清军大举进入北京，成为中国新的统治者，次年击破南京福王小朝廷，第三年攻陷绍兴。是年张岱适逢 50 岁，国既破，家亦亡，成为他人生的

---

① 《琅嬛文集》卷二《越山五佚记》。
② 《琅嬛文集》卷六《公祭张亦寓文》。
③ 《陈洪绶集》卷三《张宗子乔坐衙剧题辞》，吴敢点校，浙江古籍出版社 1994 年版。
④ 《琅嬛文集》卷三《丙子岁大疫祁世培施药救济记之》。
⑤ 《琅嬛文集》卷二《越山五佚记小序》。

转折点，由富贵繁华的前半生转入贫困凄凉的后半生。《自为墓志铭》云："年至五十，国破家亡，避迹山居，所存者破床碎几，折鼎病琴，与残书数帙，缺砚一方而已。回首二十年前，真如隔世。"他面临更加严峻的人生抉择，生死贵贱的考验。以他的学问文章和家庭影响，若剃发变服以事新朝，可望获取功名利禄，重振祖业，但此种行为与其素来景慕"义烈"的性格冰炭不能相容。他曾想以死殉节。目击包括自己亲朋在内的抗清义士，临难不屈，或绝食，或赴水，或投缳，慷慨赴义的悲壮事迹，每每悲恸欲绝，觉得生不如死，《梦忆序》云，"作自挽诗，每欲引绝"，但终于没有。因为：其一，基于对朱明覆亡后时局的清醒认识。清人入主中国，宣告明朝的灭亡，被拥戴的明宗室在南方建立的几个小朝廷，依然腐败，而且互相对立，一盘散沙。张岱将南明诸王譬之一团触手即碎的腐肉，"赵氏一块肉，入手臭腐糜烂，如此庸碌，欲与图成，真万万不可得之数也"①。大势已去，天柱已折，纵有"补天"之志，也不可能挽天河于既倒了。"臣志欲补天，到手石自碎"②"志欲补天，而天如玑璇，炼石在手，则亦奚益哉？"③轻易为之殉葬，于国于民都无补益。其二，基于对节义的通达理解。他在《石匮书》一篇总论中这样表明自己关于生死节义的观点和遭逢明亡而不殉死的理由："夫义者可以死、可以无死者也。可以无死，虽不死，而人不得责之以必死；可以死，能拼一死，而世界又不可少此一死，故谓之义也。余一生受义之累，家以此亡，身以此困，八口以此饥寒，一生以此贫贱，所欠者但有一死耳。然余之不死，非不能死也，以死而无益之死，故不死也。以死为无益而不死，则是不能死，而窃欲自附于能死之中，能不死而更欲超出于不能死之上。千魔万难，备受熟尝，十五年后之程婴，更难于十五年前之公孙杵臼，至正二十六年之谢枋得，更难于至正十九年之文天祥也。"④明辨生死之际，曲诉隐忍之衷，大义凛然，大哀殊深，直令彼贪生怕死，卖身求荣，"峨冠大蠹者"，惭汗无地自容，亦令"以将相大臣，事权在握，安危倚之，乃临事一无所恃，而徒以鼠首为殉者"⑤，于九泉之下知有所愧。其三，基于对修纂明史《石匮书》的文化担当。修纂一部完整精核的明史巨著，不但是张氏三代人的家族宏愿，也是明代史学界的共同期盼，及至明亡，更成了遗民们寄托故国之思，总结前朝盛衰兴亡历史经验的一大文化工程。张岱自觉地担当起家族和时代赋予的历史文化使命，多次表明自己之所以遭易代沧桑之变忍受贫困伤痛而不死，就是因为《石匮书》还未修成。《梦忆序》云："每欲引决，因《石匮书》未成，尚视息人世。"《和挽歌辞》云："但恨《石匮书》，此身修不足。"基于上述原因，张岱没有贸然自殉以明节义，而是选择存活下来，继续未竟的事业，并始终保持坚贞的气节。这样就要承受贫困生活的煎熬和折磨，甚至突如其来的政治迫害，不但是一己，还要连累全家，不是短期阵痛，而是

---

① 《石匮书后集》卷五《明末五王世家》，中华书局1960年版。
② 《和祁世培绝命词》，《琅嬛文集》手稿本。
③ 《石匮书后集》卷五二《瞿式耜列传》。
④ 《石匮书》卷二〇六《义人列传总论》，上海古籍出版社2008年版。
⑤ 《石匮书后集》卷二〇《甲申死难列传》。

长期受难。又叹为修《石匮书》所受磨难和伤痛："古来作史无完人，穷愁淹蹇与非刑。《石匮书》成穷彻骨，谁肯致米周吾贫？"①

顺治三年（1646）六月，清兵临绍兴，张岱携一子一仆藏于城郊越王峥古寺中②，仅两月就暴露了身份，随即逃亡至嵊县西白山，"风雨凄然，午炊不继"，次年七月，潜至城外项里③。顺治六年（1649）秋，始回城中，而故宅已经废毁，田园荒芜，多属他姓，"昔有负郭田，今不存半亩，败屋两三楹，阶前一株柳"④，于是租下诸氏快园废址，"败屋残垣，稍为补葺"⑤，以为一家二十余口栖身之所。20年后，快园让于儿辈，自己复迁居项里，直至终老。这40年间，主要靠他来维持一家二十余口（后分家减为十八九口）的生计，苦苦支撑着这个风雨飘摇的大家庭，"攒食一老人，骨瘦如鸡肋"⑥，年近七旬还得干"舂米""担粪"之类又累又脏的活儿。其生计之艰，家累之重，苦日之长，在学者文人中是很少见的，但他的精神意志没有被压垮，被摧毁，相反，穷且益坚，困而弥劲，著述更加勤奋，"傲骨尚存，忍霜耐雪""沉沉愁螫，夜半一灯"⑦。他的几部不朽的代表作，如诗文集《琅嬛文集》、随笔《陶庵梦忆》、地理游记《西湖梦寻》、类书《夜航船》、经学《四书遇》、笔记《快园道古》等均成于此时。最令他欣慰的是，寄托着家族和时代厚望，凝结着自己近30年心血的《石匮书》，在他58岁那年（1654）终于告竣，紧接着又修《石匮书后集》，数年后亦告成。此后仍笔耕不辍，84岁成《琯朗乞巧录》，此书旨在弘扬智慧，启发"愚蒙""以济时艰"，流露了"八十四老人"的一片拳拳挚爱之心。更令人惊奇的是，以88岁高龄撰成《修大善塔碑》这篇"金声玉振"的骈文。作者借演说佛法以显越城形胜，宣讲事理人谋，表现了此老对公共事业和地方建设的关心和支持，思想的活泼、意志的坚毅、建言的精到、丰富的想象力和艺术的感染力，都让人感到惊异。

"夺利争名，甘居人后；观场游戏，肯让人先？"张岱《自为墓志铭》如是说。受士风、师友、族人的熏染⑧，他自幼便养成喜爱戏谑谈笑的习性，至老处穷都没有改变。僦居快园20余年，每当暑日夕阳西下，"乘凉石桥，与儿辈放言"，脱略随意，无拘无束，俨然"舞雩"之风，儿辈书之，因成《快园道古》。其书充斥滑稽笑谈故事，又特设"戏谑""笑谈"二部。成于耄耋之年的《琯朗乞巧录》也广收谐谈趣事，"善谑""吊诡"等条目专录戏谑事项。久贫没有磨去他喜谑的习性，遇有穷迫难堪之时，

---

① 《张子诗秕》卷三《毅孺弟作石匮书歌答之》，清初抄稿本。
② 乾隆《绍兴府志》卷三《地理志》："越王山，一名越王峥，又名栖山，在山阴县西南一百二十里，昔越王勾践栖兵于此。"
③ 乾隆《绍兴府志》卷三《地理志》："项里山，在山阴县西南三十里，世传项羽流寓于此。"《越中杂识》上卷《祠祀》："项王庙，在府城西南二十里项里，祀西楚霸王项羽，以范增配食。旁有村落数百家，岁时奉祀。"
④ 《张子诗秕》卷二《甲午儿辈赴省试不归走笔招之》。
⑤ 《张子诗秕》卷一《快园十章》。
⑥ 《张子诗秕》卷二《仲儿分爨》。
⑦ 《张子诗秕》卷一《快园十章》。
⑧ 《琅嬛文集》卷四《家传》："先子喜诙谐，对子侄不废谑笑。"《陶庵梦忆》六《噱社》："仲叔（张联芳字尔葆，号二酉）善诙谐，在京师与漏仲容、沈虎臣、韩求仲辈结噱社，唼喋数言，必绝缨喷饭。"《琅嬛文集》卷四《王谑庵传》："与人谐谑，矢口放言，略无忌惮。"

辄自我解嘲，一笑了之。58岁生辰，无米无酒，戏赋《甲午初度是日饿》二首，其一云："饿是寻常事，尤于是日奇。既无方朔米，焉得洛生齑？痛仆辞亲友，小儿剪藿葵。一贫直至此，回想反开颐。"82岁，家贫如故，寒斋守岁，作五律《戊午除夕》，句云："烧钱饯穷鬼，酹酒蜡文心。"逢年过节，箪食瓢饮，粗米薄醑，岱也不改其乐。豁达乐观，诙谐幽默，是张岱处贫困而不改志节，不辍笔耕，最终在品格、学问、文章三方面达到一生光辉顶点的一个原因，也是他得享高寿的一个秘诀，其文学创作的一大特色。在张岱的性格中，坚贞不屈的伦理操守与和易能乐的游戏人生得到奇妙的融合。

"弱则唾面而肯自干，强则单骑而能赴敌""称之以强项人可，称之以柔弱人亦可。"这是张岱在《自为墓志铭》中为本人所作自画像。他论析历史名臣的政治品格、处世态度，特别赞赏刚柔相济、强弱兼备、宽猛并用、能屈能伸、能进能退的品性，对于不顾情势，一味逞刚使气则有讥评。他赞同司马迁关于"老子深远"的评价，认为"深远二字乃老子一生藏身妙用"①。批评张良年轻时使气冒险，雇力士击秦王，"误堕荆、聂"刺客者流，"则其学问浅薄"；又钦佩他后来能强忍屈身，敬受道家黄石公教导，终成灭秦兴汉大事业。论及本朝名臣李贤，称其当石亨、曹吉祥奸党专横时，辅佐"刚果之主"英宗，善用"应着""松着""闲着"②，而能得君之信以行善政，遂称贤相。又称李东阳在宦官刘瑾乱政肆虐时，没有辞去相位，"婉转委蛇"，乘间"保护正人""调停国是"，卒诛刘瑾③。张岱还称述其友沈素先为人，"弱不胜衣，见人呐呐似不能言者，及其临大事，当大难，则其坚操劲节，侃侃不挠，固刀斧所不能劘，三军所不能夺矣"，其子歌叙也大有父风。张岱因之感叹："若世间之刚柔相错，与人心之强弱迭更，真有不可测识者。"④ 这是对友人的赞美，也是对自己的勉励。刚柔相错、强弱迭更的品格又表现为心性意志的坚毅、坚忍、坚韧，不论处境如何窘迫凶险，只要有一线希望，就顽强地寻求生存和发展的空间。张岱把这种精神力量形象地概括为"石压笋斜出"⑤。巨石底下的竹笋，承受着沉重的压力，伸展的余地只在缝隙之间，它顽强地挣扎，曲折地生长，破土裂石，抽芽发笋，长成枝繁叶茂的劲竹，形成一片凌空摆舞的碧海。张岱提倡并身体力行的这种"竹笋精神"，是他汲取《易》理阴阳相生，儒家既崇尚节义又讲权宜，道家主张弱能胜强，柔能克刚的思想元素，继承越人卧薪尝胆、十年生聚、十年恢复的地域传统文化性格，并根据对历史名臣、高人义士出处行藏的分析，加之自身生活历练的体验，进行融合提炼出来的一种韧性的处世哲学、宝贵的人生智慧。

---

① 《琅嬛文集》卷一《博浪椎传奇序》。
② 《石匮书》卷九一《李贤列传》。
③ 《石匮书》卷一二四《杨廷和蒋冕毛纪列传》。
④ 《琅嬛文集》卷一《赠沈歌叙序》。
⑤ 《四书遇·论语·生直章》："石压笋斜出，曲屈委蛇，总不碍其直性。"《四书遇·论语·民服章》："君子遂困厄折挫，其道自直，所谓石压笋斜出也。"《石匮书》卷六五《李钱陈贝韩叶周薛列传》："帝王防口甚于防川，石压笋斜出，诸臣多直行其意耳，太祖亦奈之何哉？"《石匮书后集》卷九《文震孟姚希孟列传》："人畏虎，虎亦畏人，石压笋，笋能斜出，其亦奈之何哉？"

三

多才多艺的张岱，能诗善文，又精词曲，而以散文造诣最高，戛戛独造，巍然大家。王雨谦《琅嬛文集序》喻之为"文中之乌获，而后来之斗杓"。张岱论文推崇"小能统大"："阳羡口中，吐奇不尽；邯郸枕里，变幻无穷。"① 他追求的散文美学境界，犹如小小景观建筑，能收揽大地山河，含纳巨观宏图："瓮牖与窗棂，到眼皆图画""一粒粟中藏世界，半升铛里煮山川。"② 这种散文美学追求表现在创作实践中，便是以小寓大，以精驭繁，于尺幅之中展现天地山川、物类群生、人生百态、世情千种，奇奇怪怪，绚烂缤纷，从而将晚明小品文"短隽"的艺术特色发挥到极致。黄裳先生于晚明乃至有明一代散文作家，特别赏识张岱及其《陶庵梦忆》，不吝赞美之词："宗子散文名家，设想奇警，而笔端又能传之。明清之际，无逾此公者""描摹物情，曲尽其致。笔端有鬼，辄能攫人物之精灵，牵一发而动全身矣。向来作者，未见有如此才华者""宗子散文第一，《梦忆》《梦寻》，天下无与抗乎。"③ 这里主要以《琅嬛文集》为例，间及《陶庵梦忆》《西湖梦寻》二书，探讨张岱散文的审美特征和艺术成就。

张岱品鉴人物推重智慧，智慧与节义、抱负、经济、学问是他权衡人物的五杆标尺，理想中完美人格的五种要素。他赞赏"慧业文人"，并以此自许。他的散文堪称智者之文，常在不经意间忽发奇思妙想，闪现灵光智火，不时涌现出妙语隽言。机智而含谐趣，是张岱散文的又一特色。机智首先指思想的灵动活泼。张岱谈道论学强调"能动能变"，尤忌"拘板"与"执一"④，"破执"方能解除思想的僵化、胶固，"此即佛家破执之说，盖一执，即非独未得者不能进，即已得者亦块磊不化之物矣"⑤。又提倡独立思考，以自己的"深心明眼"去判断事物的真伪美恶是非曲直，反对倚傍门户，随波逐流，"转若飞蓬，捷如影响"⑥。既赞许博学多闻，又贵乎超悟独创。这种思想方法深刻影响着他的艺术思维和文学创作，故其文能以独特的眼光、角度提出独到新颖的见解，以幽独情思观照大千世界万物众生的活泼生机。抉三才之精，而具"彻髓洞筋，搔着痛痒"之理致⑦；探万物之情，能见"闲中花鸟，意外烟云"之意态⑧。张岱笔端常带奇情奇思奇语奇趣，体现了智者机变无常、出奇制胜的思维特征。尤其

---

① 《琅嬛文集》卷一《廉书小序》。
② 《西湖梦忆》卷五《火德庙》。
③ 《来燕榭书跋》，上海古籍出版社1999年版，第135、137、141页。
④ 《四书遇·论语·五忧章》："君子修德进业，全在能动能变，此风雷所以为益也。不修不讲，不徙不改，全然不动不变，则益在何处？"又《四书遇·论语·时习章》："凡学问最怕拘板，必有活动自得处，方能上达。"
⑤ 《四书遇·论语·缊袍章》。
⑥ 《琅嬛文集》卷三《又与毅孺八弟》。
⑦ 《琅嬛文集》卷五《山民弟墓志铭》。
⑧ 《琅嬛文集》卷五《跋寓山注》。

值得称道的是，能从寻常百姓日用之事以见新奇，贴近人情物理而超奇绝俗，描述市井俗事而如嚼冰沃雪。尝云："布帛菽粟之中，自有许多滋味，咀嚼不尽，传之永远，愈久愈新，愈淡愈远。"批评当时戏曲传奇作者"只求闹热，不论根由；但要出奇，不顾文理"①，哗众取宠，庸俗可厌。以此求奇，一阵热闹之后，速归冷却，"反见凄凉"。机智又指笔墨的灵动变幻。收于《琅嬛》《梦忆》诸集中的文章，经营布置，总能随着思想的流动、情感的起伏、文势的游走，而变幻笔墨姿态，真如行云流水，行于所当行，止于不可不止，顺乎自然，因乎其势。其体貌格局几乎无一雷同，书写方法没有一定的模式，什么"秦汉派"的方圆规矩，什么"唐宋派"的经纬错综，什么古文规范，什么时文程墨，都不能困住他的手脚，真正弘扬了袁中郎倡导的"独抒性灵，不拘格套"的创作精神。机智又见于诙谐幽默。张岱深知，戏谑笑谈可以讽喻鉴戒，排难解纷，可以调剂生活和心态，有益世道人心，能起到所谓庄言法语不能起到的作用，"则是世之听庄严法语而过耳即厌者，孰若听诙谐谑笑而刺心不忘？"鄙薄道学先生"绝不及嬉笑怒骂，殊觉厌人"②。深刻认识到人生在世是不能缺少戏谑欢笑的，《快园道古·戏谑》云："吾想月夕花朝，良朋好友，茶酒相对，一味庄言，有何趣？"加之他读的书多而杂，熟悉世情俗语，腹笥中装满了笑料，随手拈来即成妙文。佚名《陶庵梦忆序》："兹编载方言巷咏、嬉笑琐屑之事，然略经点染，便成至文。"伍崇曜《陶庵梦忆跋》："虽间涉游戏三昧，而奇情壮采，议论风生，笔墨横姿，几令读者心目俱眩，亦异才也！"二人都点到了张岱散文的诙谐特色。其"嬉笑"之事，"游戏"之笔，凸显了人性的缺陷、世态的丑陋，曲尽人情物象之妙趣，或自嘲以写胸中苦涩和无奈，婉曲而含风规，冷峻而带悲凉。《夜航船序》中有一则笑话，讽刺一士人连众所周知的历史人名都搞不清楚，还要"高谈阔论"，冒充博学多闻，结果露出马脚，闻者为之喷饭，讽世意味深长。《陶庵梦忆·扬州瘦马》以客观白描笔法记事，在一片热闹嬉笑中，显现婚俗的浇薄，已完全变成商业买卖、人肉交易，养瘦马家及"牙婆"等众多角色都成了吸血鬼，而"瘦马"则是被吸血的悲惨女性。笑声中包含心酸的泪水，对陋俗的针砭。张岱把戏谑笑谈的功能总结为六点，《快园道古·小序》开宗明义指出：一曰"坚人志节"，二曰"长人学问"，三曰"发人聪明"，四曰"益人神智"，五曰"动人鉴戒"，六曰"广人识见"。张岱是真正的幽默家，他的幽默言论富有创意，他的幽默散文饱含谐趣，为中国美学理论和散文创作增添了奇珍。

张岱论文艺创作和创造性思维颇重灵感、随意、偶遇、骤得，认为妙诗妙文妙书妙画多得之无意无心，"皆以无心落笔，骤然得之"③，其意在于破格套而去矫饰，存天然而葆本色，体现了晚明贵真的文学思潮。但有些晚明文人一味讲信心信口，忽视了创作的规范性，酝酿、陶冶、剪裁、琢磨的重要性，因而产生了率易潦草的弊病，虽天才秀逸如袁中郎也未能免。张岱有鉴于此，既赏随意，又讲精严。论《史记》成就：

---

① 《琅嬛文集》卷三《答袁箨庵》。
② 高学安、余德余标点：《快园道古·小序》，浙江古籍出版社1986年版。
③ 《琅嬛文集》卷五《跋谑庵五帖》。

"太史公其得意诸传,皆以无意得之,不苟袭一字,不轻下一笔"①,"无意"与"不苟不轻"并提。论宋人米氏山水,称其"笔意纵横,几同泼墨",又指出"其先定轮廓,后用点染,费几番解衣盘礴之力也"②。纵笔所之与苦心经营相提并论。论元人倪云林山水,一则赏其笔意"萧疏懒散",一则见其"用笔如斧,用墨如金""毫端珍惜"③,看似懒散随兴,实则俭省精致。《琅嬛文集》有多篇书序、题跋、书札都讲精严简练、镕裁簸扬。如云:"烧丹抱朴止取九转灵砂,煮海张生但索百朋宝母"④"丽水淘金必求赤箭,玄圃积玉无非夜光""勿吝淘汰,勿靳簸扬"⑤"精骑三千亦足以胜彼赢师十万矣"⑥。如此一而再再而三地申述此理,在流行率性纵笔、信腕直寄的晚明时代是很少见的。张岱以此劝勉朋友,并且身体力行。其史学巨著《石匮书》卷帙浩繁,曾"五易其稿,九正其讹",两三百字的小品文,也精心结撰,不敢掉以轻心,总期将精金美玉奉献给读者,而不是陈芝麻烂谷子垃圾货。祁彪佳亲见《琅嬛文集》编选的严格精核,并为之作序评介,谓初经作者自己再三删削,复请好友王雨谦"痛芟雠校,在十去七",入选的作品几乎篇篇精彩。"譬之文豹留皮,但取其神光威渖,孔雀堕羽,只拾其翡翠金辉;淘汰簸扬,选择最核。"风俗杂忆小品集《陶庵梦忆》,杭州山水名胜记《西湖梦寻》,规模小,卷数少,篇幅短,然而精彩纷呈,片羽粒珠,皆堪把玩品味。不论叙事记人、写景状物、抒情议论,也不论人多事繁场面大,性格多么复杂,道理多么玄深,都能收摄于寸简尺幅之间,在狭小的艺术空间尽显众生世相,纷繁斑驳,奇情壮采。以短小精悍取胜,正是张岱的能事长技,其间包含许多经营的苦心和锤炼的苦功,仅凭聪明和灵感是不成的。张岱非常讲求语言的凝练和张力。下一个字眼,务求触及筋节,点到要害;用几个句子,即能托现人物的精神,揭示事情的意蕴。《石匮书》自序指出有明一代史学的通病:"国史失诬,家史失谀,野史失臆。"《鲁云谷传》称赞传主民间草医胸次高旷,而存"三意":"不晓文墨而有诗意,不解丹青而有画意,不出市廛而有山林意。"《跋寓山注二则》赞赏祁彪佳山水记能得郦道元、柳宗元、袁宏道三家肌骨风神:"遒劲苍老,以郦为骨;深远冶淡,以柳为肤;灵巧俊快,以袁为修眉璨目。"《梦忆序》以四字三句为一组,列举七种"果报",抒写遭遇国破家亡的大劫难、大反差、大悲痛。评者王雨谦赏叹"都是真语,以奇恣出之,如径寸明珠走跳几案间",又评《自为墓志铭》"如风雨骤至,雷霆乍惊,纵笔一往"。笔墨酣畅淋漓,迭用排比对偶句式,纵恣奇诡,畅达精工,充分表现了作者前世今生大起大落非同寻常的经历,违世背俗傲然屹立的性格。这些奇文字或得之偶然,但大多经过作者的惨淡经营,与其高度重视锤炼琢磨有关。张岱敬服"一字之师",谓"增

---

① 《琅嬛文集》卷一《石匮书自序》。
② 《琅嬛文集》卷五《再跋蓝田叔米山》。
③ 《琅嬛文集》卷五《跋可一云林笔意》。
④ 《琅嬛文集》卷一《廉书小序》。
⑤ 《琅嬛文集》卷三《与王白岳》。
⑥ 《琅嬛文集》卷一《老饕集序》。

一字如点龙睛,删一字如除荆棘"①,深切体会到炼字炼句用事造语关乎全文的意旨表达和艺术效果,"得一语焉,则全传为之生动;得一事焉,则全史为之活现"②。虽论历史散文,也适用其他文体。张岱散文,精练警策,苦心孤诣与机智灵动,人工之巧与天成之妙,达到互相融合的艺术境界。

张岱精善诸艺,也是文章多面手,其于序、跋、记、传、启、疏、檄、碑、辨、制、书牍、墓志铭诸体无一不精,并擅长骈文,被王雨谦誉为"四六圣手"。张岱最早的一篇骈文见于《陶庵梦忆·南镇祈梦》,当时年仅十六。此文想象奇特,用事丰富,属对工巧而自然,已显示出特异的才思和文藻。《琅嬛文集》收骈文18篇,含序、启、疏、檄、碑、制、杂著诸体(铭、赞、颂三类未计入),其功用、风格各别。有庄重严整之篇,亦有游戏谐谑之作。《征修明史檄》批评有明一代史学家的纰缪,诉说家族及本人修史的宏愿和精勤,陈述对于藏书之家不吝献出以助纂述的请求,情词恳切,才胆识皆具。王雨谦赞叹:"大作手,其一字一句更有鬼斧神工之妙,不得不让此老三舍。"《斗鸡檄》写斗鸡之戏,场面惨烈,惊心动魄,寓用兵布阵之道,鼓励勇气,表彰战功。《讨蠹鱼檄》直斥蠹鱼"赋质轻微,存心残忍",借以暴露、鞭挞"文场""艺苑"卑鄙无耻之徒的种种劣行和祸害,尖锐辛辣,痛快淋漓,洋溢着文化反思精神和批判精神,具有惩戒士习文风的意义。《戏册穰侯制》与《戏册苶侯制》,也是两篇游戏文章,一以橘虚拟穰侯,一以茶杜撰苶侯,铺陈二物之形、色、味、香、特性、产地、品种以及相关掌故等,表现了作者对茶与橘的丰富知识、对物理的精深体察,对语文言字出神入化的功力和技巧。有的骈文关乎世道人心,劝人赞助修建祠庙、整治河道等公益和善举;有的书写闲情逸致,招友参与植树、观梅、赏灯、游山、听琴等雅集和胜会,皆情理俱到,文采焕然。其征事用典,不拘经史子集,诗词曲赋、稗官小说、佛经道书,可用则用,善于熔化。王雨谦评道:"无句不雕琢,而斧凿之痕熔化殆尽。"其选词造句,不论雅俗古今,既取古雅之语,间杂家常白话。句式以四六为主,也参以三、五、七、八、九言,甚至有长达10字、20字以上者,竟成巧对、绝对,渊博而能化,精工而灵隽,故得王雨谦激赏:"巧思雨集,隽句云来""鬼斧神工,琢出金玉之章;不必掷地,已闻大声铮铮。"张岱在明代骈文史上应占一席之地。

明代隆万以来,散文创作空前繁荣,作者如林,风格多样,流派纷呈,思致情趣、笔墨风韵,濯濯能新,具有鲜明的时代特色,而与传统古文有别。其时文坛大名士、小品文大作手陈继儒对晚明散文的艺术特点和产生的社会环境有过精要的评论:"芽甲一新,精采八面,有法外法、味外味、韵外韵,典丽新声,络绎奔会,似亦隆万以来气候秀擢之一会也。"③ "五四"新文学家特别欣赏晚明小品,除周作人诸名家外,郑振铎先生也曾精辟指出,晚明是"伟大的散文时代",称其多位优秀代表是"伟大的散

---

① 《琅嬛文集》卷三《与周戬伯》。
② 《琅嬛文集》卷一《史阙序》。
③ 《白石樵真稿》卷一《文娱序》,《四库禁毁书丛刊》本,北京出版社2000年版。

文家"①。张岱是明代散文的集大成者，晚明伟大散文时代的终结者。他以史家的学识和眼光，总结了自明初宋濂、刘基以下各个历史阶段散文代表作家和主要流派的成就和缺点。尤其重视吸收万历以来众多小品文妙手，如徐渭、袁宏道、陈继儒、王思任、钟惺、谭元春、刘侗等的创作经验，避其短而救其弊，自出手眼，自运炉锤，善于将理致与情趣、学问与才思、天工与人巧、雅与俗、生与熟、整与散、奇与正、遒与媚、庄与谐、灵与朴，种种相辅相成的美学要素，将知性、情性、慧性巧妙地结合起来，自成一家。"人且望而知为陶庵"，登跻明代乃至历代"伟大的散文家"行列，也无愧于"文中之乌获""后来之斗柣"的隆誉。

四

张岱自幼习诗，初学乡贤奇士徐渭，继学公安袁宏道，又学竟陵钟惺、谭元春，于钟谭用心尤苦。《琅嬛诗集自序》云："刻苦十年""涤骨刮肠，非钟谭则一字不敢置笔。"既得形迹，转求自我，欲如晋人所云"我与我周旋久，则宁学我"。不过神骨仍仿佛徐渭，他太爱徐渭了。27岁曾校辑、镌刻《徐文长佚稿》，族弟张弘（字毅孺）甚至怀疑书中"或多宗子拟作"②，又有友人戏称他是文长"后身"③。张岱的诗固已形成自己独特的风格，而其诗魂并未游离文长，"求其骨格，则仍一文长也"。

万历间文学革新派旗手袁宏道对徐渭备极推扬，谓其人若诗："文长奇才，一字一句，自有风裁，愈粗莽，愈奇绝，非俗可及。慎勿描画失真。"④ 张岱诗歌尤其是古体诗每每参用散文句式，杂取家常语、大白话，奇字拗句，与其过于雕饰而失真，不如留其瑕疵而存完璞，正合乎徐渭轻矫饰重真率、"贱相色贵本色"的美学思想，故看似粗莽而愈见奇崛。五古《仲儿分爨》《甲午儿辈赴省试不归走笔招之》，细述国变之后一家20余口在艰难困境中苦苦挣扎的情状，同时抒写诗人的痛楚、无奈和希望，对儿辈的衷告乃至哀求，表明"宁使断其炊，取予不敢苟"的坚贞志节。如对亲朋好友诉说家庭困苦境遇，虽自曝家丑也略无避忌，皆照实道来，琐琐屑屑，而字字皆真，是实录，是真诗。《舂米》与《担粪》，自述行将古稀之年还干农活。大为劳累、脏臭所困扰，反省昔日"不知稼穑""不识杵臼"的享受生活，体验到农耕的必要和收获的喜悦。"窗下南瓜荣，堂前茄树嫩"，是《舂米》与《担粪》中仅有的两句写景诗，是农家景，寻常语，蕴含着对"日久粪自香"的真切体尝，虽在陶潜、杜甫集中也未见此浅白有味之农家语。七言古诗如《柳麻子说书》《赠王二公》《李玉成吹觱篥》《祁奕远鲜云小伶歌》，通俗明达与生涩冷峻相参，熔徐渭、公安、竟陵于一炉，诗风与五

---

① 《插图本中国文学史》，人民文学出版社1957年版，第950、951页。
② 《张子诗秕·琅嬛诗集小序》。
③ 《张子诗秕·琅嬛诗集自序》。
④ 《徐渭集·附录·刻徐文长集原本述》，《徐渭集》，中华书局1983年版。

古相近。刻画人物，咀嚼艺理，精细深入骨髓。诗人对评话、雕刻、戏曲诸艺非常精通，对民间艺人非常推重，古往今来有谁把说书先生与太史公司马迁相提并论的？有之，则自张宗子始，其赞歌云："先生满腹是文情，刻画雕镂夺造化。眼前活立太史公，口内龙门如水泻。"

《琅嬛文集》收五言律诗最多，七言律诗则阙如，仅可从《西湖梦寻》中辑得十余首及清人商盘所编《越风》中一首。其五律多写明清易代之际故国之沦亡，城乡之残破，节士之飘零与坚贞不屈，人民在丧乱之余聚散离合恍如隔世的情感，诗人一己之情与天下众人之情交融在一起，忧愤深广，音调苍凉。《听太常弹琴和诗》十首，以琴音谱为诗章，寄《黍离》之悲，诉遗民之恨，弦声呜咽，悲风回荡。王雨谦评曰："十诗不特诗境入神入妙，要想作诗之人是何肝胆，是何品地。吾拍案讽咏，既为发立，旋即泪坠。《离骚》而下，有此十诗。"富阳、桐庐、常山、玉山等浙赣纪行诗，《五弟遭难不死》《访登子重到故里》等寻访故旧诗，以史家之笔、白描之手，记述亲身所历，目中所睹，丧乱之余南方城乡的残破荒凉，人们劫后余生庆吊悲喜的复杂情感，皆历历如在目前。"故国人民改，新丰鸡犬非""人家半荒草，县廨颓废垣""麂出惊行旅，鸦归集庙坛"，俱是实录，触目惊心，如一篇《芜城赋》。"见面疑人鬼，呼名问死生""犹思牵幪入，恍忆出门初""妇人泣则近，故老气还吞"，从叙事写景中见人情，真切而入妙，如杜甫《羌村三首》《赠卫八处士》。

五律组诗《咏方物》多达36首，每首咏一食品，其种类有果蔬、河鲜、海珍、家禽、家畜、鲜货之外又有腌腊、风干、烧烤等物，大多产于浙江省杭、嘉、湖、宁、绍、台、婺诸府，间有产自苏州、徽州、北京、山东、福建者，多为常品，少有珍馐。其所咏之物如菱、藕、蚕豆、茭白、栗子，如羊肉、烧鹅、皮蛋、笋干、腌白菜等，他人或不屑于入诗，或觉无诗意可咏，张岱辄歌之咏之，而成绝妙之作。《嫩蚕豆》云："四月鲜蚕豆，携筐饷老饕。蛋青轻翡翠，葱白淡哥窑。竹籯方留粉，兰苞乍解苞。素瓷新瀹茗，晶沁不能挑。"其色薄而淡，青而美，如翡翠，如青瓷，如竹叶，如兰花，极寻常之物在诗人笔下竟成席上之珍，不仅是美味，还是足供欣赏的艺术品。《浦江火肉》（金华）云："至味惟猪肉，金华早得名。珊瑚同肉软（一作'骨并珊瑚醉'），琥珀并脂明（一作'皮同琥珀明'）。味在淡中取，香从烟里生。腥膻气味尽，堪配雪芽清。"金华火腿享誉海内，其属县浦江所产火肉即火腿。猪肉本大荤，经过特殊加工，肉质色泽美如珊瑚、琥珀，又清香可配绍兴名茶"日铸雪芽"，既引清馋，亦悦目睛。咏方物36首，首首可传，清词丽句，俯拾即是。例如，《烛溪杨梅》（余姚）："鞣鞳层层剪，胭脂簇簇涂。"《枇杷》（萧山）："崖蜜同皮酽，冰丸带核沉。"《白葡萄》（北京）："磊磊千苞露，晶晶万颗冰。"《临山西瓜》（绍兴）："皮存彝鼎绿，瓤具牡丹红。"《芜湖鲥鱼》（太平）："鳞白皆成液，骨糜总是脂。"《河蟹》（绍兴、西泠）："瘦因奔夜月，肥必待秋涛。"《乌镇羊肉》（湖州）："冻合连刀剛，脂凝带骨开。"《祁门皮蛋》（徽州）："雨花石锯出，玳瑁血斑存。"诗人是以审美眼光来观照、表现这些食物的，使之化作鲜妍可感的艺术形象，诉诸味、嗅、视、触诸觉乃至听觉

(如《腌白菜》既写目中之色，又写入口咀嚼之声，"碧绿青黄具，宫商角徵全"），悦耳悦目，沁人心脾。张岱《咏方物》组诗及《陶庵梦忆》中《方物》《奶酪》《鹿苑寺方柿》《露兄》《蟹会》等小品文，洵为中国美食文学之奇文字，中国美食文化之生动载体。张岱自称"老饕"，南北水陆所产美食品尝殆遍，更对饮食之道有精深的研究，著有《老饕集》，是一位地地道道的美食家。知音王雨谦《咏方物》总评用十字赠他："自是老饕，遂为诸物董狐。"董狐是春秋时期晋国史官，被孔子誉为"良史"，张岱俨然食事中董狐，那是很高的评价。

张岱也能词，唯存世作品甚少。《琅嬛文集》收词17首，其中16首均寄调《蝶恋花》，为祁彪佳寓园而作。寓园之胜凡四十有九，主人仿西湖内外景名目，题名十六，如"远阁新晴""通台夕照""镜湖帆影"等，征词于众名士，合为一册，题为"寓山十六景诗余"。彪佳对张岱词作很是赞赏，有书札云："读大刻《寓山诗余》，绝佳，皆迥出秦、柳一派。"① 其词以十六景为题，一题一咏，通篇皆写景。其绘山水如青绿挂轴，勾勒皴染，墨深而色鲜。如云："万迭螺青，团簇多层櫺""霞湿瘢痕，坟起丹邱血"；其状松涛竹韵，谓如"凫赭潮生，喷薄来山麓"，"更似冰丝清欲泣"；其写林峦帆影有如"穿度轻如蝶"，湖上小岛"迢递如瓜瓞"；其摹余霞散绮则如"孔雀擎飞收不迭，疏羽片片留金屑"，想象飞动，画面鲜丽灵奇。作者写景并不局限于园中一台一阁一石一水方寸之地，而能拓展视野，远观周览大地山河、城郭村落，使园中小景与园外大观融成一片，以小观大，以芥子纳须弥，体现了中国园林美学和山水美学的观照特点。在所绘画幅中间，时而穿插着古代名人胜事、有趣的传说，偶尔也触及时事。《平畴麦浪》由"良穗怀新"景象揣度农民企盼丰收的"奢愿"，在横征暴敛逼迫下不敢稍有懈怠的心理，"处处军输如吸髓，敢云畎亩忘庚癸"。这16首小令分咏"寓园十六景"，特别注重收揽、描绘园外广阔的自然景观和人文景观，境界寥廓，气象万千，清奇遒逸，有远韵幽致。《念奴娇》为《琅嬛文集》压卷之作。时值清顺治四年（1647）中秋，作者避居绍兴郊外项里山，孤影对月，抚今追昔，感叹家国破碎，身世飘零。词清，景凄，情深，情景相生相融，回肠荡气，长歌当哭。词风如秋夜月色，"玲珑晶沁"，又如山泉幽咽，清洌凄楚。张岱词作和他的诗文一样，讲求独创，而具自家面貌，正如王雨谦所评，"词中别调""其声调自成一家"。

绍兴张氏是簪缨之家、文献之家，也是戏曲之家。在万历年间（1573—1619），张岱祖父张汝霖与苏州范允临、无锡邹迪光、杭州黄汝亨和包应登这些进士出身的官绅名士都爱好戏曲，置家养戏班，名闻士林菊坛。张家戏班自汝霖历其子耀芳、其孙岱，延续了三代人，伶人换了一茬又一茬，张岱50年间，"小傒自小而老，老而复小，小而复老，凡五易之""主人解事日精一日，而傒童技艺亦愈出愈奇"。张

---

① 《里中尺牍》，明末祁氏远山堂钞本，藏南京图书馆。参见赵素文《祁彪佳研究》，中国社会科学出版社2011年版，第137页。

岱于戏尤具精鉴，"余则婆娑一老，以碧眼波斯，尚能别其妍丑"①。主人每命戏班在家演出以娱宾客，也率班在本地或到外地公演。崇祯二年（1629），魏忠贤事败，人心大快，张岱改编传奇《冰山记》，并组织家班在绍兴城隍庙搭台公演，"观者数万人，台址鳞比，挤至大门外"。是年秋，复携班至兖州搬演数场，守道刘荣嗣为之"大骇异"②，深赞张岱编剧和导演的才能。他也观摩其他戏班的演出，与其班主、教师朱云崃、姚益城、刘晖吉等互相交流，对民间逢到迎神赛会、祈雨驱鬼时演出的台阁戏、目莲戏也有浓厚的兴趣。他和当时许多著名戏曲作家、批评家如袁于令、阮大铖、祁彪佳、祁奕远、王思任、孟称舜、陈洪绶、张公琬都有往还，与《远山堂曲品》《远山堂剧品》作者祁彪佳的关系尤其密切。目前所知张岱创作的唯一剧本便是讽刺性杂剧《乔坐衙》，甚得祁彪佳赞赏，谓其才调可比元曲巨匠王实甫、关汉卿："文心之灵转不必言，至于选韵谐音，又何以累黍弄丸，巧妙若是也！才一游戏词场，便堪夺王、关之席。"③长期的丰富舞台实践，使张岱对戏曲这门综合艺术的诸多元素，对剧本关目、科浑曲白、舞美设计乃至艺人的选择、培训等，都样样在行，被曲界尊为"导师"。他论曲，屡屡标示"情理"二字，强调编剧串戏必须符合生活真实，遵循情节发展的内在逻辑，反对胡编乱造，凭空杜撰，"只求闹热，不论根由；但要出奇，不顾文理"④；演戏要善于刻画人物，身材体形音容笑貌特别是性格，"与传奇中人必酷肖"⑤，务求"个个呵活"⑥；又贵剧本创作须"灵奇高妙"，"脱化"而无痕迹，而且合乎戏曲本体的艺术特质，即所谓"词学"本色。张岱的戏曲批评大都散见于相关小品文描述中，颇多精鉴妙论，而《琅嬛文集》之《博浪椎传奇序》《答袁箨庵》《祭义伶文》，《陶庵梦忆》之《阮圆海戏》《彭天锡串戏》等，都可视为戏曲专论，议论和文字皆精绝奇甚。

《祭义伶文》为哭祭家优夏汝开而作。主人张岱对这样一个身份卑微如僮仆又性格恣睢跋扈的伶人，却有深厚的情感，生前爱之重之，死后思之惜之。这不仅因为他守义能终，知恩图报，更因为他具有滑稽谑笑的才艺，甫一登场，辄惊四座，欢笑腾起，给广大观众带来许多乐趣。张岱将夏汝开的生与死和一些所谓"名公巨卿"的一生作了对比："汝生前，傅粉登场，弩眼张舌，喜笑鬼诨，观者绝倒，听者喷饭，无不交口赞夏汝开妙者，绮席华筵，至不得以不为乐。死之日，市人行道，儿童妇女，无不叹息，可谓荣矣。吾想越中多有名公巨卿，不死则人祈其速死，既死则人庆其已死，更有奄奄如泉下，未死常若其已死，既死反若其不死者，比比矣。夏汝开未死，越之人喜之赞之；既死，越之人叹之惜之，又有旧主且思之祭之。汝亦可以瞑目于地下矣。"作者衡量人物，不以出身的贵贱、地位的高低、财富的多

---

① 《陶庵梦忆》卷四《张氏声伎》。
② 《陶庵梦忆》卷七《冰山记》。
③ 《远山堂剧品·逸品》，《中国古典戏曲论著集成·六》，中国戏曲出版社1959年版。
④ 《琅嬛文集》卷三《答袁箨庵》。
⑤ 《陶庵梦忆》卷四《杨神庙台阁》。
⑥ 《陶庵梦忆》卷七《及时雨》。

寡，而以德义品行、才智技艺、社会贡献，还要看民众的口碑，这是一种新的价值观、生死观，摒弃了千百年来对优伶的贱视，而给予足够的尊重。他十分赏识女伶朱楚生酷爱演艺，"性命于戏，下全力为之"；敬她钟于情感，"一往深情，摇扬无主"，以致"劳心忡忡，终以情死"①，留下绵绵无尽的哀恨。在尊情者张岱心目中，能为情而生，为情而死，便是真正的人，可敬可爱的人，故对楚生怜惜有加。对受社会轻贱的家优、女伶和其他艺人，能给以如此的重视、赏爱和尊敬，体现了晚明文化思潮人文精神的高扬。

《陶庵梦忆》所收有20余篇有关戏曲的文章，涉及剧本、曲目、戏班、剧场、角色、声腔、服装、道具、布景、灯光、武术、杂技，以及地方剧种、演出活动方方面面，包罗作家、班主、教师、演员、观众、演出组织者各色人等。其所取景，巨细并摄，有对演出活动大场面的全景式描绘，也有对戏曲名家和伶工才人的细微特写。描述纷繁杂沓的大场景，并不遗弃生活细节，且多临文偶构，涉笔成趣，又如散珠碎玉，粒粒可爱可赏。《杨神庙台阁》记绍兴枫桥镇九月演戏禳灾风俗，百姓观剧盛况："土人有小小灾祲，辄以小白旗一面到庙禳之，所积盈库。是日，以一竿穿旗三四，一人持竿三四，走身前，长可七八里，如几百万白蝴蝶回翔盘礴山坳树隙。四方来观者数十万人。"精细生动，奇丽壮观。《严助庙》记《绍兴陶堰镇》上元节群众看戏的热情。以及戏班和戏资"城中及村落人，水逐陆奔，随路兜截转折，谓之'看灯头'。五夜，夜在庙演剧，梨园必倩越中上三班，或雇自武林者，缠头日数万钱"。随后又将笔墨集中到一个老者身上："唱《伯喈》《荆钗》，一老者坐台下，对院本，一字脱落，群起噪之，又开场重做。"描写城乡万民观剧的大场面，竟不放过这一微末细事，可见观众对戏不但狂热，而且较真，使梨园中人难以对付，还是观众说了算。《陶庵梦忆》所载一切与戏相关的人物，编戏的、教戏的、演戏的、看戏的，都执着于戏，痴迷于戏，一往深情，全力以赴，甚至性命以之，人人借助戏剧大舞台寻欢作乐，追求自我，表现自我，这种文化心态反映了晚明江南地区人情的舒放、人心的活泼、人性的觉醒。张岱是这大剧场中的一分子，弄潮儿，又是冷静的旁观者、记录者。他觉得人生原该如此，意识到这是人的自然诉求、人性之本然，并用客观的、欣赏的眼光来看待、记录这一文化现象，与迂儒道学将此视为颓风薄俗而加以轻诋痛斥的态度迥然有别。这20余篇文章构成一幅缤纷绚丽的图卷，真实生动地展现了17世纪前半叶浙东蓬蓬勃勃的戏曲文化生态。

张岱一生，自幼灵智，及长崇智，至老未衰。他景仰大智慧之人，他自己又何尝不是一个巨大智慧的文化名人呢？在他身上焕发着政治智慧、生活智慧、学术智慧、文艺智慧、美学智慧、哲学智慧。是明清之际血与火的时代，个人大起大落的历练，天赋条件及家庭教养，造就了这位"慧业文人"。难能可贵的是，当耄耋之年，胸中智慧之火依然那么炽热，欲以自己的精神智火慧光，去照亮人间愚暗，点

---

① 《陶庵梦忆》卷五《朱楚生》。

燃潜藏于人们心中微弱的智慧火苗,"以启愚蒙""以济时艰",造福于国家和人民,非徒以一己私智孤芳自赏而已。晚明诸多文化精英、文艺天才往往兼具并充分发挥情与智两种人性因子,形成一种奇特的文化品格,赋予其人活泼泼的人生机趣和不尽的创造活力,从而开创出一派绚丽多彩的时代文化奇观。张岱是这个文化新时代的一位杰出代表。

【作者简介】夏咸淳,上海社会科学院文学研究所研究员

张岱与明末党争史实述论

张则桐

【摘要】张岱的叔祖张汝懋是逆案中人。叔父张炳芳、张焜芳卷入史㲉案中，张炳芳有意偏袒奸邪以获利。张岱在鲁王绍兴监国期间遭受到东林、复社一派人的打击和排斥。这些史实对张岱评论明末党争有所影响。

【关键词】张岱 张汝懋 张炳芳 党争

张岱关于晚明党争的观点在他生前就引起争议，据他说，索看《石匮书》的某大老"言此书虽确，恨不拥戴东林，恐不合时宜"，①张岱"心殊不服"，在给史学知己李长祥（字研斋）的信中对此进行反驳辩解，这篇《与李砚翁》收入《琅嬛文集》，清末后随该书刊刻而传播较广，而《石匮书》《石匮书后集》因卷帙较繁一直未有刻本，只以抄本保存，读之者甚少。长期以来，《与李砚翁》一文成为后人了解张岱关于晚明党争观点的主要文献。鲁迅先生《"题未定"草》（九）针对此文而对张岱的晚明党争论提出批评，认为张岱的这个结论"苛求君子，宽纵小人，自以为明察秋毫，而实则反助小人张目"。②从文献的角度来说，后人要考察张岱的晚明党争论，首先应以《石匮书》《石匮书后集》二书为主要依据。《与李砚翁》是由此二书引发的批评的辩解，谨以此文为依据是远远不够的。针对上述问题，笔者曾撰《张岱的晚明党争论平议》一文，以《石匮书》《石匮书后集》为文献基础对张岱的晚明党争论作了探讨，还对张岱晚明党争论产生的时代、地域、家族背景进行论述，此文收入拙著《张岱探稿》（凤凰出版社2009年版）。此后，笔者继续思考这一问题，本文拟从具体史实的角度考索张岱家族及其本人与明末党争的复杂关系，希望借此推进这个专题的研究。

---

① 《与李砚翁》，《琅嬛文集》卷三，岳麓书社1985年版。
② 《鲁迅全集》（第6卷），人民文学出版社1989年版，第434页。

一

自万历中后期，绍兴张氏家族的一些重要成员卷入了晚明党争之中。张岱的祖父张汝霖，万历三十四年（1606）受到礼科右给事中汪若霖的弹劾而落职，汪若霖与其师礼部主事郑振先多次上疏攻击朱赓和李延机，指朱赓为浙党。作为朱赓女婿又是李延机门生的张汝霖自然首先引起政敌的注目，汪若霖的这一次弹劾对张汝霖的仕途影响较大。总体上看，张汝霖没有过深地卷入晚明的党争之中，他的弟弟张汝懋就没有这样幸运了。

崇祯皇帝登基后，阉党失败，崇祯二年（1629）钦定逆案，将依附阉党的官员按情节轻重分为"首逆同谋""结交近侍""结交近侍次等""结交近侍又次等"四个等级，在"结交近侍又次等"的名单中，有大理寺右丞张汝懋。张汝懋，张元忭次子，万历四十一年（1613）进士，曾官休宁县令、江西巡按监察御史、大理寺右丞。关于张汝懋依附阉党的情形，文秉《先拨志始》在"天启六年条"有如下记述：

> 御史张汝懋疏论房可壮。有旨："着抚按提问追赃。"时邵辅忠得幸，恶房可壮，传逆贤意，悬京堂缺，令御史高宏图论劾。宏图不应，有旨斥去。汝懋遂应募，已票逮问矣。适熹庙偶怒逆贤，遂得免。汝懋疏内有云："一代之兴，必有一代规模之概。"岂逆贤不轨已露，汝懋有佐命之思乎？不然，"一代之兴"是何言欤？①

据此，张汝懋在阉党与东林党的政治斗争中的表现是颇为积极的。《先拨志始》收录一份比较详细的逆案名单，在"结交近侍又次等"中有：

> 张汝懋，赞导。诬参樊尚燝、房可壮、杨嘉祚，追赃。②

所谓"赞导"，即把魏忠贤"并尊耦帝"，张岱感叹道："若夫赞导诸人，则后来之生力兵也。层冰为积水所成，积水曾微层冰之凛，盖又变其本而加厉矣！"张汝懋主要按照阉党的意图弹劾东林党人，并贪赃，罪状昭然，也比较好处理。在吴应箕《启祯两朝剥复录》卷六所列崇祯元年（1628）十月京察前已处分官员名单中，张汝懋名列"闲住"中，次年才入逆案名单。因为张汝懋列入钦定逆案，所以清代初中期修撰的《绍兴府志》《山阴县志》均未列其传记。依附阉党前，张汝懋在绍兴士人中颇有名声，堪称翘楚。张汝懋的妻子是王畿的孙女，有二子：焖芳、炤芳。炤芳聘董懋中

---

① （清）文秉：《先拨志始》卷下，《续修四库全书》本。
② 同上。

之女，即张岱称为六婶娘的。董懋中也是逆案中人，名列正式名单之后的"情节较轻、勒令闲住"一类："董懋中，察处借题辨复，改升京堂。"① 董懋中与张汝懋为同科进士，曾官武进县令、宁国知府、尚宝卿。张汝懋崇祯十二年（1639）仍在世，应去世于明亡前。

张岱与张汝懋这位季祖感情很亲密，七八岁时就敢拿他的容貌调侃：

> 季祖廷尉公面麻奇丑，眼眶臃肿，痘瘢层沓，短髭戟张，见者失笑。陶庵七八岁时，廷尉喜置之膝上，捋其髭。廷尉曰："儿善属对，为我作须对。"陶庵曰："大人美目深藏，桃核缝中寻芥子；劲髭直出，羊肚石上种菖蒲。"廷尉抚掌大笑。②

《快园道古》成书于顺治十二年（1655），是张岱以《世说新语》的体例编撰的一部记录明代文人言谈轶事之作。书中关于其家族成员的轶事尤多。张岱的写作态度相当大胆，正如他写《家传》一样，用白描之笔写家族长辈之不足。如果用正统的眼光来看，张岱这种自曝家丑的文字显然是对长辈的大不敬。张岱曾祖父张元忭在日常生活中相当刻板，注重礼法，但从张汝霖、张汝懋一辈开始，张氏家风趋于宽松自由，长辈不再整天板着脸。幼小的张岱敢调侃叔祖的面容，除了长辈的怜爱外，更多是家族的风气使然。当然，张汝懋在家庭中也有威严的一面，张岱《礼宗十章》其三云："嗟予季祖，寒铁冷面。吾姑之端严，不冠不见。曰女之笄矣，犹予之冠矣。"③

二

崇祯十一年（1638），张岱的三叔张炳芳和九叔张焜芳因史𦮼案发生冲突，导致两败俱伤。《崇祯实录》记崇祯十一年九月事云：

> 先是，南京户科给事中张焜芳劾前巡盐御史史𦮼侵盐课事，时𦮼已授太仆寺少卿，逮下狱。至是奏辨，兼言焜芳朋党奸贪状，不听，夺焜芳等。④

这是一件牵涉崇祯朝各方势力消长的案件，张焜芳、张炳芳被推到了斗争的风口浪尖上。张焜芳，入《明史》之《忠义传》：

> 张焜芳，会稽人。崇祯元年进士。历南京户科给事中。……十六年正月，焜芳

---

① （清）文秉：《先拨志始》卷下，《续修四库全书》本。
② 《快园道古》卷十二，浙江古籍出版社1986年版。
③ 《礼宗十章》，《沈复灿钞本琅嬛文集》，浙江古籍出版社2016年版，第20页。
④ 《崇祯实录》卷十一，中央研究院影印《明实录》本。

北上，抵临清，遇大清兵，与诸生马之骊、之骍俱被执，死之。其妻妾闻之，赴井死。①

在南户科任上，张焜芳疏荐黄道周、惠世扬等，又疏纠史𡎊，他显然是站在清流的立场上。张岱《家传附传》在张炳芳传记中对此案作了如下的记叙：

  戊寅，九山伯为南户科，疏参巡曹史𡎊。本入，三叔持之，勿上。以告𡎊，𡎊德之。九山伯以疏羁留不上，特参讷言。曰："臣疏参史𡎊，拜疏两月矣，而疏不上，谁右史𡎊者而敢留难若此？"三叔惧，简疏即上，下𡎊狱。𡎊以三叔索谢不得，故佹留而佹上之，亦以疏押三叔，龃龉者四年，而𡎊竟瘐死。②

张炳芳时为内阁中书，他留住张焜芳弹劾史𡎊的奏疏，并告知史𡎊，是有向史𡎊索取酬谢的动机。张炳芳由书吏起家，善于在官员之间的交际中谋取利益。而这次不仅没有达到目的，最后一气之下丢了性命。关于此案，文秉的《烈皇小识》所记颇为详悉，他记张焜芳上疏：

  后南京给事张焜芳进疏，补纠"寺臣贪污事"，内纠史𡎊侵匿课二十一万两。又纠与中书汪机昼夜酣饮，女优侑酒，都无官礼；临行，寄赃数十万。……疏入，御笔批："史𡎊着革提！"寻奉旨具奉："史𡎊盐敝多端，赃私狼藉，比匪揽利，大干法纪，与汪机俱着革了职，并睢承吾通着提解来京究问。"是时焜芳有二疏：一求改成勇为科，已奉旨议处；一即纠疏𡎊也。提革之旨，特出宸裁，于是群情翕然，颂圣明独断云。③

史𡎊被劾后，立即组织力量反击。《明史》之《薛国观传》云：

  史𡎊者，清苑人。为御史无行，善结纳中官，为王永光死党。巡案淮、扬，括库中赃银十余万入己橐。摄巡盐，又掩取前官张锡命贮库银二十余万。及以少卿家居，检讨杨士聪劾吏部尚书田唯嘉纳周汝弼金八千推延绥巡抚，𡎊居间，并发𡎊盗盐课事。……给事中张焜芳复劾𡎊侵盗有据。……帝乃怒，褫𡎊职，𡎊急携数万金入都，主国观邸。谋既定，出疏攻焜芳及其弟炳芳、炜芳。阁臣多徇𡎊，拟严旨，帝不听，止夺焜芳官候讯。④

由此可见史𡎊的背后支持者是首辅薛国观，《烈皇小识》又记史𡎊攻击张焜芳、张炳芳的内幕：

---

① 《明史》卷二百九十二，岳麓书社1996年版。
② 《琅嬛文集》卷四，岳麓书社1985年版。
③ 《烈皇小识》卷五，上海书店出版社1982年版。
④ 《明史》卷二百五十三，岳麓书社1996年版。

史𫮃下狱后，又上"直发朋党奸贪之狱疏"，内云："盐课现经内臣杨显名彻底清查之后，割没清楚，足见臣之心迹；而杨士聪之诬捏陷臣，亦昭然矣。"又云："张焜芳，乃内阁中书张炳芳之兄也，向来旨意露泄，皆炳芳为之，即焜芳参臣及内臣杨显名，亦恃奥援有人，布置关通，有炳芳在耳。"又言"炳芳弟炜芳，以长史谋升同知，包揽知县虞国镇考选，骗银一万三千两，托余伯和送与科臣冯元飙八千两，令其把持台省，余银入己三千，伯和三千"等云。疏上，数发改票后，拟"元飙、士聪俱革任，炜芳、炳芳俱革任提问"。复发再票，御笔批云："此案不欲牵累。"乃止票"炳芳俱革职候讯，伯和提问"。此疏实出黄应恩，应恩素与炳芳有嫌，而"较书"一事，又与士聪有隙，故构造此疏以相陷也。后士聪上"军兴需饷正殷"疏，有旨："史𫮃事情，该部速审具奏！杨士聪不许再渎！"士聪再疏，遂奉"不得更端求胜"之旨。盖史𫮃之布置已周，圣意亦潜移矣。①

吴伟业也参与此次弹劾史𫮃的行动，顾湄《吴梅村先生行状》云：

> 已与杨公士聪谋劾史𫮃，𫮃去而阴毒遂中于先生。已卯，御命封延津、孟津两王于禹州，𫮃谋以成御史勇事牵连坐先生，会𫮃死，事寝。②

此案的结局，是张焜芳、张炳芳均被革职，史𫮃因有六万两交际银无法抵赖，"以故久稽狱中，未几边警至，此案遂不结，𫮃竟愤死而事始释"③。

疏纠史𫮃，是崇祯中期复社与政敌的一次重要斗争，从各种晚明史籍来看，史𫮃结交宦官，为官贪赃枉法，人品才能均无可取，张焜芳弹劾史𫮃应该代表正直官员的意见。而张炳芳在此案中扮演了一个不光彩的角色，他熟悉晚明官场内幕，通过敲诈、威吓等手段渔利，罔顾政治上的是非曲直，他算是一位政治投机商。从家族关系上，张炳芳是张岱亲三叔，而张焜芳是族叔，比张炳芳至少疏远两层。《家传·附传》在叙述史𫮃案时，张岱显然站在张炳芳这一边，称赞张炳芳"心之所恨力能致之于死，而又能厉鬼昼见，以雪其愤，则杀气阴森，真有不可犯者矣"，而张炳芳的仇人却是为官清正的族弟张焜芳！家族内部的血缘亲疏对一个人的政治观念多少会产生影响。

三

明亡前，张岱科场蹭蹬，一直未能考中举人。没有进入官场，也基本上没有实质性地卷入明末的党争之中。从明亡前张岱的交游来看，他和一些阉党中人关系较为融洽，如在崇祯十一年（1638）冬季到南京城南牛首山拜访被复社名士的《留都防乱公

---

① 《烈皇小识》卷六，上海书店出版社1982年版。
② 《吴梅村全集》，上海古籍出版社1990年版，第1404页。
③ 李逊之《崇祯朝记事》卷三，《四库禁毁书丛刊》本。

揭》赶出南京城的阮大铖。欣赏阮大铖的家班表演，这样的行为很容易让别人把张岱看作阮大铖的同党。其他，如朱国盛也是列入钦定逆案的人物；刘光斗仕宦较迟，虽未入逆案，明亡后的言行实在不堪。此时张岱与这些人交往，是以文艺为纽带的，与政治保持比较疏远的距离。阉党倒台后，张岱也改编过以东林与阉党斗争为题材的传奇《冰山记》，演出获得了极大的成功。政治上的大是大非，张岱的观点与当时大多数民众是一致的，阉党的祸国殃民应该受到批判和惩治。在此基本立场之下，张岱仍然可以与阉党成员交游，甚至保持相当融洽的关系，这也体现了张岱思想通脱的一面。

张岱与明末党争真正发生联系是在鲁王绍兴监国期间（1645—1646），因为张岱的父亲张耀芳曾任鲁王长史，张岱对鲁王朱以海表现出极大的热情。从他给鲁王的五封信里，可知他与郑遵谦在绍兴城里首先举义，杀死降清太守张愫，本欲迎接楚王入越，又被张岱劝止。乙酉（1645）七月初三日张岱"尽鬻家产，招兵三千余人"，① 到台州迎请鲁王至绍兴监国。鲁王入越后，张岱又请鲁王诛杀马士英，立内府重兵以驾驭各路将领。此时马士英已至方国安营中，各路义师各自为政，根本不愿听从鲁王节制。张岱的这些建议显然对他们不利，又因为张岱在迎立鲁王的过程中功绩突出，已引起一些人的嫉恨。于是谗言四起，鲁王是一位毫无主见，容易听信别人的君主，他也疏远张岱。张岱孤立无援，于九月不得不离开绍兴入山著述。张岱把对他的攻击总结为如下三条："以臣非出身科甲，不许骤历崇阶；又以臣新进书生，不许妄诋大臣；又以臣为狎邪小人，私进美女梨园，希图大用。"② 前两条抓住张岱科举上的短板，这是中国政客惯用的手段，第三条所指应是鲁王到绍兴后曾亲临张岱府第，张岱接驾，饮酒演剧，极为欢洽，《陶庵梦忆》之《鲁王》有生动的记述。

在拥立鲁王监国过程中，张岱最重要的盟友是陈函辉，而陈函辉也是个有争议的人物。他在靖江知县任上包揽词讼，所得钱财用以招待亲朋，因此受到左光先的弹劾而落职。回台州家居后，沉湎于声色园亭之中。明亡后对复明事业倾注了全部力量，他首先在台州倡议拥立鲁王，鲁王到绍兴监国后他也受到排挤。张岱《祭少宗伯陈木叔文》对陈函辉的功绩和遭遇如是描述：

> 乙酉六月，清使杂沓，追摄车驾，凡为俘虏，而木叔奋臂一呼，起义台邸，奉鲁王监国，截踞长江，与清兵相拒者一年。拒唐反楚，存鲁霸越，岱与木叔具有微劳。及鲁王抵越，霸有浙东，遂听东林余孽、国戚阁臣、厮养家奴溷乱朝政，变白为黑，指鹿为马，自夸为正人君子，诟木叔与岱为邪人、为小人，遂以从龙介推沦落不用。③

鲁王政权内部，在是否接受隆武朝节制问题上，存在分歧。陈函辉是坚持不接受

---

① 《上鲁王第二笺》，《沈复灿钞本琅嬛文集》，浙江古籍出版社2016年版，第265页。
② 《上鲁王第五笺》，《沈复灿钞本琅嬛文集》，浙江古籍出版社2016年版，第272页。
③ 《沈复灿钞本琅嬛文集》，浙江古籍出版社2016年版，第19—320页。

节制的。唐王给杨文骢的敕谕云:

> 朕与鲁王,大义正在于先后,名分尤不在于叔侄。……今朕先监国登极四十日,在万古自有至公,岂今日一二佞舌,可以颠倒?……所进陈函辉启稿,不堪一笑,鬼蜮满纸。宜靖彝侯参奏以食肉寝皮之,可恨也。①

靖彝侯是唐王给方国安的封号,由此可见方国安对陈函辉的痛恨,他的背后有马士英、阮大铖等人。

张岱痛诋的"东林余孽"就是下文所说的"鲁王所敬礼为正人君子者,初效西山之僵饿,见快婿而加餐;后仿义乌之披缁,为宠姬而还俗",应指大学士方逢年。方逢年是万历四十四年(1616)进士,天启四年(1624)因忤魏忠贤被削籍为民,崇祯十一年(1638)以礼部尚书入阁辅政,不久又引罪罢归,鲁王召为大学士。李聿求《鲁之春秋》其传云:

> 马士英在国安营,谋入朝,诸臣共诋拒,士英嗾国安疏参:"闽有黄道周,浙有方逢年,皆东林遗党,表里误国,将为闽浙患。"逢年五疏乞休,慰留之。监国航海,逢年追扈不及,与国安走台州。欲入闽,道遇大兵,逢年急入善法寺,将自缢,与国安同降。又以蜡书上唐王,言兵且至,宜早为备。及延平破,搜得其蜡书通闽状,与国安同弃市。②

方逢年在天启四年魏忠贤势焰炽盛时敢于在策试题中用"臣珰大蠢"语,可谓风骨铮铮者。在鲁王监国时期,首鼠两端,进退失据,与钱谦益明亡后的表现颇为相似,他的资历和声望自然可以压制、排斥陈函辉与张岱。张岱在《快园道古》中曾经感慨道:"世乱之后,世间人品心术历历皆见,如五伦之内无不露出真情,无不现出真面,余谓此是上天降下一块大试金石。"③钱谦益、方逢年的人生经历足以验证这句话。这些曾经一度代表正义的清流领袖的所作所为,又怎能使那些遭受过他们打击的士人心服?张岱亲身经历此事,不能不影响他对明末党争中清流的看法。

四

明末的党争一直延续到清初,东林、复社的社中精英和逆案中人在清初政坛仍然水火不容,顺治十一年(1654)陈名夏被杀,陈之遴被流放,冯铨入阁,南方复社势力被彻底打败。在清政权逐步稳固过程中,知识阶层对明末党争的认识也逐步清晰、

---

① 《思文大纪》卷五,《明清史料丛书八种》本。
② 《鲁之春秋》卷七,《续修四库全书》本。
③ 《快园道古》卷四,浙江古籍出版社1986年版。

深刻。在关于明末党争的言论中，作者的身份、经历和立场都会影响其观点的倾向。《石匮书》成书于顺治十一年，其时江南地区复社的势力还很强大，在某种程度上可以掌握舆论的方向。《石匮书》对明末党争的观点显然与江南士林主流倾向不符，于是才有"此书虽确，恨不拥戴东林，恐不合时宜"的意见。张岱的家族和姻亲关系一直处于东林、复社的对立面，他的曾外祖朱赓一度被视为浙党党魁而遭受攻击，连其婿张汝霖也牵连进去。张岱的叔祖张汝懋是逆案中人，叔父张炳芳有意偏袒奸邪以获利，张岱自己又遭受到东林、复社一派人的打击和排斥，从祖、父辈到张岱这一辈交游的朋友许多不是清流，有的是臭名昭著的阉党，这样的家族与社会关系背景使张岱很难对东林、复社产生亲近感，当然这只是问题的一个方面。

张岱青年时期的科举之途并不顺利，自述"三十不第，绝意仕途，闭门著书"，[①]这样他就处于明末党争的边缘地带，不可能实质性地介入党争之中，他又亲身经历明清易代的大变局，明亡后各类人物的表现和结局都让人唏嘘不已。在清政权逐步稳固的过程中，身历亡国之痛的人对明末党争有沉痛的反思。以史家自负的张岱，对明末党争给予了足够的重视，在《石匮书》中，分别以两卷即《门户列传》《逆党列传》这样纪传的篇章来展现明末党争的起源、发展过程和结局。而两篇正文前后的总论和评论系统地展现了张岱关于晚明党争的观点，他对复社以门户标榜来获取官位钱财的行径十分痛恨，提出了尖锐的批评，进而强调党争的危害。张岱这个思路继承了其外曾祖朱赓的观点而又有所发展，而张炳芳、张焜芳与史荩案暴露了明末政治生态的冰山一角。东林、复社中的佼佼者如李三才、吴昌时等在为官时都大肆敛财，朝堂已成各种利益交易的市场。张国维是拥立鲁王的重要人物，《烈皇小识》记其在应天巡抚任上敛财事：

> 按"因粮输饷"一项，止征一年，惟应抚张国维、浙抚熊奋渭相订独征二年。江南十府，其二十余万，尽入私囊。华亭许公誉卿，不平其事，独持昌言。而群分国维之润者，兢起而和解之，公论遂不克伸。故从来应抚之富，以国维为第一。……苏松沿海等口，素严出洋之禁，张国维令守海诸将弁，潜放洋船出海，俟其满载而归，尽掩取之。两年所得，亦不下百万。[②]

敌对的两党成员不管是否为君子小人，国家一旦出现党争，必然对社稷产生危害，"党愈重而害愈深，变愈大"，这是一种超越以人品简单画线分类的眼光，更能抉出问题的本质。事实上，清初持这种观点的人越来越多。侯方域的古文名作《马伶传》，以尖新之笔讽刺阉党顾秉谦，在清初就颇受到文坛的批评，复社文人肆意嘲骂阉党的行为并不能挽救大明江山社稷，只是逞一时意气，于事无补。张岱还特别关注明亡后东林、逆党成员的表现，深致感慨，那些自诩清流的士人的变节投敌、首鼠两端尤其令

---

① 《上鲁王第五笺》，《沈复灿钞本琅嬛文集》，浙江古籍出版社2016年版，第271页。
② 《烈皇小识》卷五，上海书店出版社1982年版。

人痛心。张岱关于晚明党争的观点带有理性成熟的色彩，应该充分肯定。

当然，作为生活在与社会、他人有千丝万缕联系的现实中人，发表议论时很难做到"心如止水秦铜，并不自立意见"。张岱与罢官家居的张汝懋的接触十分密切，他在《石匮书》里表现出鲜明的宽宥阉党的倾向。他指出："魏忠贤一手障天，以泰山压卵之势，逆之者辄糜。人当其时，一由正道，则死辱随之。智士达人，如欲苟全性命，虽刚介之性，亦不得不出于委蛇，而况彼伊阿齷齪者乎？"① 连崇祯皇帝在信邸时也曾上疏称颂过魏忠贤，遑论他人？张岱以同情的眼光来看那些依附阉党的士人："余谓人至不幸，生而为此时之人，不可概责其入党。但当于入党之中，取而分别其甚与不甚。……故余于逆案之中，条条缕析，在十去七，亦犹之以六等定罪之意，昭雪之不得，犹思末减；末减不得，尚欲厚情。盖余欲于三宥之中，勉存厚道，实不欲八议之外，妄用深文也。"② 从执政者的角度应该缓和矛盾而不是激化矛盾，这是处理阉党稳妥的原则和方法。而且，从易代之后来看两党中人，张岱指出："盖谓事仇之罪，浮于逆党，贤者既已如此，不肖者何足深责哉！"这里包含了多少沉痛、无奈和曲折！

【作者单位】 张则桐，闽南师范大学文学院教授

---

① 《石匮书》卷一九六，《续修四库全书》本。
② 同上。

满眼英雄独怆然

——从《有明于越三不朽图赞》看张岱对明代乡贤的论述与交往

何信恩

【摘要】本文对《有明于越三不朽图赞》的写作背景、出版经过与主要内容作了详尽的介绍，从不同的角度，对收入该书的108位乡贤的特色作了画龙点睛般的描绘与点评，重在阐明张岱编纂此书的巨大价值与历史地位。

【关键词】张岱 《有明于越三不朽图赞》 人物点评 历史意义

《有明于越三不朽图赞》（以下简称《图赞》）是文史大家张岱（1597—1680）晚年与人合作的一部重要作品。主要辑录了明代绍兴先贤的事迹和画像。作者在自序中言明编纂该书的目的是："余好纂述国朝典故，见吾越之大老之立德、立功、立言以三不朽垂世者，多有其人，追想仪容、不胜仰慕。遂与野公徐子沿门祈请，恳其遗像，汇成一集，以寿枣梨，供之塾堂，朝夕礼拜，开卷晤对。见理学诸公则唯恐自愧衾影；见忠孝诸公则唯恐有忝伦常；见勋业诸公则唯恐毫无建树；见文艺诸公则唯恐莫名寸长。"

此序完稿于康熙十九年（1680）八月，作者约84岁，而《图赞》于1679年秋付刻，未及半而岱已逝世。张岱在序中自陈，多年来他一直致力于编写一部不朽人物群像的著作，尤其是立德、立功、立言以三不朽垂世者。

《图赞》由张岱与好友徐沁共同辑录而成。从康熙六年（1667）开始搜集资料到康熙十九年（1680）成书，共历时13年。徐沁（1626—1683）字野公，号水浼，又号镜曲花，为绍兴大文人徐渭（1521—1593）曾孙。他与张岱结交深厚，工诗文，善画，又喜戏曲。著有《秋水堂稿》《香草吟》，并收集曾祖徐渭的作品编成《佚草》三卷。

《图赞》凡18卷，收录明代越郡立德、立功、立言三不朽的人物，右为图像，左为传略加赞语，是一部合像、传、赞为一体的乡邦历史人物研究专著。分立德（含理学、忠烈、忠节、忠谏、孝烈、义烈、节烈、清介、刚正、盛德、隐逸、生孝12目）凡87人，立功（含勋业、相业、功业3目）凡9人，立言（含文学、博学、书艺3目）凡13人，合计3门18目，共108人。张岱在序中说他企盼这些人像连同赞语能"垂示无穷"，且"所望之后之读是书者"。

《图赞》的出版过程极为曲折。由于张岱在书稿付梓后不久便谢世，其时书稿只刻了一半，由于没有付清刻费，不得不暂存于书坊，直至乾隆五年（1740）才在张岱外孙陈仲谋的主持下完成续刻。乾隆六十年（1795）又由余桓重刻。这是今人能见到的版本，至清末又经陈昼卿的修补。会稽周氏（鲁迅）三兄弟均读过此书，鲁迅还自补绘图像本，今藏鲁迅博物馆。

辛亥革命后，乡绅王子余（1874—1944）委托在北京大学工作的徐以孙（1866—1922）按照李慈铭（1829—1894）的手校本和平步青（1832—1896）的《群书斠识》重新排版，于1918年由王子余筹资将该书印行出版，这就是民国时期的排印本。出版目的，正如蔡元培（1868—1940）在序中所说："于越多气节之士，为可称也""（该书）使德者知德、功、言者，其有益于世道人心。"

绍兴地区在历史上曾经出现过七次人才高潮，明代为其中之一。明太祖登基后，绍兴府统领八县（除山阴、会稽两县外，尚辖萧山、诸暨、嵊州、上虞、新昌和余姚）。随着全国封建经济的高度发展和周围杭州、宁波的日益繁荣，绍兴的农业、手工业持续发展，后经戴琥、汤绍恩等知府的精心整治，建立了完整的平源、河网水系，绍兴成为名副其实的鱼米之乡。整个明代，绍兴名流济济，呈现出人才的多样性：名宦、名儒、名医、名将、名幕、名画家，犹如璀璨群星，辉耀古今。王阳明、刘宗周、徐渭、祁承㸁、祁彪佳、张景岳、张元忭、张岱、马欢、朱赓、朱燮元、倪元璐、罗万化、骆问礼、陈洪绶、王龙溪、钱德洪、陶望龄、吕光洵、王骥德、黄宗羲等均堪称当时中国的第一流人才。

张岱一生共活了84岁，其中有差不多一半时间生活在大明王朝，即从明万历二十五年（1597）出生至崇祯十七年（1644）48岁这段时期，历经神宗、光宗、熹宗、思宗四朝。此时的明朝早已是江河日下，危象频现，尤其是天启一朝，其腐败程度为历朝历代所少有。

甲申（1644）之际，张岱已年近半百，这位曾向监国鲁王请缨"带兵三千"杀马士英而未果的亦剑亦箫之士，同比他晚一辈的黄宗羲（1610—1695）等人一样，在轰轰烈烈的反清复明运动失败后，痛定思痛，全身心地投入了文化学术事业，试图以此总结明代亡国的教训。肩上的责任，使他"既不能觅死，又不能聊生"（自为墓志铭）；他铁骨铮铮，誓死不仕新朝，为此抗争到生命的最后一刻。他以劫后余生的遗民身份，找到了自己的"人生立命处"。在米炊不继，异族统治者随时可能来抓捕他的逆境中，发愤著述，先后撰成了体大思精的史学巨著《石匮书》、哲学专著《四书遇》《明〈易〉》《〈大易〉用》、回忆录《陶庵梦忆》《西湖梦寻》《快园道古》以及诗文集《张子文秕》《张子诗秕》等30多部著作，为明清之际的学术文化史乃至整个中华民族史，竖起了一座巨大的丰碑。《有明于越三不朽图赞》正是在这样的背景下编著而成的。这是张岱留给后人的最后一部伟大作品。

《图赞》收录的108人中，除故国遗民、抗清志士、艺苑名流与民间奇人外，有相当一部分属于张岱的史学知己与文学知己。他们与张岱之间或神交，或心交，或身交，可谓心心相印。

3门18目中的第一目为理学，共收录10位先贤，分别是王阳明、刘念台、王龙溪、钱绪山（德洪）、徐曰仁、季彭山、张文恭、周海门、陶石篑、陶石梁。

明代嘉靖七年（1528），中国著名的思想家、文学家、军事家王阳明去世。70年后，张岱出生于绍兴府山阴县城内四代官宦的张氏家族。张岱一生深受王阳明心学的影响，在他著的《有明于越三不朽图赞》《石匮书》《快园道古》《夜航船》和《四书遇》等著作中，皆有对王阳明言论的记述及评价，尤其是《四书遇》，全面继承了阳明学派对《四书》义理的体悟和实践。尤为引人注目的是《图赞》在赞语中称"吾论姚江，窃效韩愈，引导之功，不下大禹"，此可谓石破天惊、振聋发聩之语。

刘念台即刘宗周（1578—1645），字起东，号念台，山阴水澄巷人。系明代最后一位儒学大师，也是宋朝理学（心学）的殿军，因讲学于山阴蕺山证人书院，人称"蕺山先生"，为蕺山学派掌门人。清军攻下杭州后，在绍兴绝食20余天而死（当代新儒学大师牟宗三甚至认为，刘宗周绝食而死后，中华民族的命脉和中华文化的命脉都发生了危机，这一危机延续至今）。刘宗周长张岱20岁，是张岱的长辈，《图赞》称其"首阳劲节惟公一人"，为人一身正气，连刺客见了他都不敢加害，被后人称为"千秋正学"。

王龙溪即王畿（1498—1583），钱绪山即钱德洪（1496—1574）两人皆为王阳明嫡传高足，合称王钱。《图赞》对王龙溪的介绍仅短短数语，但将此公对王守仁先抗后从乃至在王门的地位交代得清清楚楚："王龙溪公畿，山阴人，负高才，不喜学倡论，与阳明相角。文成曰：'此学种也。'多方劝掖之，方委贽为弟子，颖敏异常，能阐明阳明良知之学，分教及门多得其力。"张岱曾祖张元忭（1538—1588），曾受业于王畿，是阳明心学越中王门的重要人物。张岱对其曾祖十分崇拜，自然对王龙溪也推崇备至。《图赞》对王畿在王阳明死后的表现十分肯定，称其："闻道最早，信道尤坚，引导后进，有开必先，患难相从，心丧三年，有功绝学，绵此宗传。"并对学术界只承认钱绪山为王门正学的说法予以否认，将王钱二人比之孔子门下的颜曾，这些都是很有见地的评论。

徐曰仁即徐爱（1487—1518），余姚人，为阳明妹夫，也是阳明弟子。《图赞》称其与阳明的关系为舟中私授，独得真传。惜英年早逝，仅活了31岁。

季彭山即季本（1485—1563），字有德，号彭山，山阴人。曾任长沙太守等职，系徐渭的老师。《图赞》说其储书汗牛充栋，冯梦龙赞其是一个把国家大事看得比功名利禄重要的正直之士。

张文恭即张岱曾祖张元忭，山阴人（文恭为其谥号），是张氏族人中最使张岱自豪和他尊重的人。张元忭系隆庆五年（1571）状元，历官翰林院修撰、侍读，迁左谕德。有《阳和不二斋文选》《皇明大政志》《馆阁漫录》《读史肤评》等著述存世，以学问、人品著称于世，人望甚高。关于曾祖父的清介、孝友、端节，张岱在《家传》里举了四件大事：一是公开为杨继盛上疏劾权相严嵩而遭陷害的事鸣冤叫屈；二是为洗刷父亲张天复在云南任上的不白之冤而不远万里、四处奔波。三是与座师张居正两次正面冲突，以致落职。四是里居四年，私事不入公门，遇乡里有不平之事则挺身而出，典型的例子就是救助因误杀后妻而系狱的徐渭（字文长）。

作为明代著名的史学家，张元忭除有文集及《读史肤评》等重要著作外，又继张天复未竟之志，续修《山阴县志》，并自撰《绍兴府志》《会稽县志》，"三《志》并出，人称谈、迁父子"（《张子文秕》卷九）。这一传统对张岱产生了相当大的影响。

周海门即周汝登（1547—1629）字继元，号海门，嵊县人。官至户部右侍郎、工部尚书。处事以教化为先，不事刑罚，不蓄财，不治第，不营产，所到之处，皆有清白名声。万历十五年（1587）集资创办鹿山书院，次年总纂《嵊县志》，又创宗传书院。《图赞》称其出言明晓，引掖后进。周海门毕生研究阳明心学，曾在绍兴阳明祠讲学，为王畿的嫡传弟子、王阳明的再传弟子。其最有名的弟子即为"理学十子"中的陶石篑、陶石梁孪生昆仲。

陶石篑即陶望龄（1562—1629），陶石梁即陶奭龄（1562—1640）。会稽陶家堰陶氏笃信阳明心学，而明代的"心学"阵营，主要由陈献章、湛若水开创的江门心学和王阳明开创的姚江心学两派组成。而就门庭兴旺而言，江门远不及姚江。石篑、石梁祖父陶廷奎，嘉靖二十六年（1547）贡生；父亲陶承学（1518—1598），翰林出身，嘉靖二十九年（1550）选为湖广道御史，任职6年，清政为民，使当地风气为之一变。嘉靖丙辰（1556）出任徽州知府，政绩斐然，在当地有口皆碑。为官30年两袖清风。祖、父辈皆为著书立说的饱学之士，对陶石梁、陶石篑兄弟影响很大。陶望龄居官清廉刚直，毕生笃信阳明学说，工诗善文。《图赞》称其"扬甄山之前旌而殿姚江之学案"。陶奭龄屡辨冤狱，人称神明，学宗王守仁，与兄望龄皆以讲学著名，史称"二陶"。《图赞》称其"不短而方，不规而圆，生而近道，与古为缘，刘前王后，绝学绵延"。

忠烈一目，只选三人，分别是余姚人孙燧（字德成）、山阴人沈青霞（炼）与陆景邺（梦龙），三人各死于不同的场合：孙德成为抗拒宁王朱宸濠叛乱而死；沈青霞为弹劾严嵩父子祸国殃民而遭腰斩；陆梦龙则死于越境杀贼的战场。三人中以沈炼（1507—1557）的名气最大。《图赞》称其为"百炼钢铁石"。

忠节一目，共选11人。其中山阴人的陈性善（？—1403）因不愿意屈服于谋王篡位的燕王朱棣，以死效忠于朝廷。余姚人毛吉（1426—1466）以文官率兵镇压作乱的盗贼，死于战场之中。山阴人郁采在敌强我弱的形势下不肯弃城而逃，死于巷战。余姚人黄忠端即黄尊素（1584—1626），为著名学者黄宗羲之父，号称东林七君子之一，因多次揭露权阉魏忠贤遭报复，惨死狱中。山阴人吴从义（号岁青）在李自成军攻破西安以后投井自尽。余姚人施邦曜为人文弱而为官刚如铁石，与海瑞齐名。上虞人倪鸿宝即倪元璐（1594—1644），在崇祯初年曾抗疏劾魏忠贤余党，累官至国子祭酒，为大学士温体仁所忌而削职。后起复兵部侍郎，以母老辞归故里，李自成入北京后，自缢而死。此公博学多才，于史学、经学多有造诣。曾为张岱的《古今义列传》作序，岱《祭周戬伯文》称之为"古文知己"。

山阴人周文节即周凤翔（？—1644），在得知崇祯自缢后在北京家中以死尽忠。山阴人祁忠敏即祁彪佳（1602—1645），为越中藏书大家祁承㸁之子。天启元年（1621）进士，曾官苏松府巡按。不久以侍养为名，上疏请求致仕，乡居九年。1645年清兵陷南京，潞王以少师衔总督苏松两府起复彪佳，未到任而杭州破，彪佳投水自尽，以身殉国。死前留下绝命书和"含笑入九原，浩气留天地"的壮烈诗句。祁彪佳不仅是著名的殉国忠烈，也是一位极有成就的散文作家和戏曲理论家。正因为他与张岱一样对文艺诸多领域有广泛的爱好与成就，两人交往十分密切。仅《祁忠敏公日记》所记与张岱的交往之事就多达数十条；《尺牍》中所存给张岱的信也达10多封，他对张岱的文学才华倍加赞赏，击节叫好。《图赞》对彪佳视死如归的描绘，十分传神。若以相知之深而言，在与张岱有往来的友人中祁彪佳应为第一人。

被张岱称为"知己"者，有相当一部分人牺牲于甲申、乙酉的抗清战争中，除了上文提到的祁彪佳等人外，尚有数十人，其壮烈事迹对张岱亦留有相当深刻的印象。余武贞与王季重即为其中的代表人物。

余煌（1588—1646）字武贞，会稽人。幼有大志，博览群书，明天启五年（1625）状元。清军过钱塘江后，自沉于绍兴东郭门外渡东桥。

王思任（1574—1646）字季重。清军进逼杭州，马士英欲渡江入越，思任致书拒之曰："夫越乃报仇雪耻之国，非藏垢纳污之地也。职请先赴胥涛，乞素车白马，以拒阁下。"

以上11人，在张岱的心目中，皆属于大难当头，国家和民族处于生死存亡之秋的危急关头能坚持气节乃至以死尽忠的忠义之士，故在《图赞》中大加肯定与褒扬。

第四目收忠谏10人，依次是：韩五云、陈行文、陶南川、汪青湖、徐龙川、沈梅岗、赵麟阳、孙如法、姜翼龙、徐檀燕。韩五云即韩宜可，山阴人，洪武年间任监察御史，忠于本职，耿直敢言，弹劾不避权贵，被明太祖称为"快口御史"。曾当着丞相胡惟庸的面，在朱元璋御前告发胡惟庸等人险恶奸佞、恃功怙宠，专权树党，擅作威福等罪恶，奏请斩首。惹得明太祖大怒，即命锦衣卫将宜可逮捕下狱，直至胡惟庸案爆发，才将他释放。在号称刚烈成风的明代言官群体中，300年间涌现出胆大包天的牛人无数，但像韩宜可这样的言官可谓绝无仅有，因而被称为明朝言官的祖师爷。连海瑞在诏狱中也以吟诵韩宜可的诗句来为自己壮胆打气。

陈行文即陈思道，字执中，山阴人。洪武己丑（1389）进士，主政司寇，执法不阿，曾奏请置铁牌禁内官干预政事。

陶南川即陶谐（1474—1546），会稽陶堰人，乡试第一为解元。选为翰林院庶吉士，曾连续两次上疏劾太监刘瑾弄权，遭廷杖，并流放边疆。瑾诛后复官，卒后赠兵部尚书。

汪青湖即汪应轸，山阴人。此人为汪精卫祖先，传则记其任泗州知府时，遇武宗南下夜游。轸亲率壮夫百余人站列舟次，呼诺之声震远近。中使惊愕，不知所为。应轸指挥随从，牵舟速行，顷刻百里，逐出泗境，使当地百姓免遭骚扰。《图赞》说他离任之时，囊无一钱，所居名清风里。

徐龙川（1517—1567）即徐学诗，上虞下管人。为刑部郎中，应上疏劾严嵩父子擅权被削职下狱。《图赞》称："越中四谏，自公首难"（另三谏为沈束、沈炼与赵锦）。

沈梅岗即沈束（1514—1581），会稽人。官吏部给事中。因上疏揭严嵩执法不公，受廷杖，下诏狱，遭监禁达18年之久。

赵麟阳即赵锦，任南京御史时，因上疏参劾严嵩，遭逮捕解送京城并遭廷杖，为越中四谏之一。《图赞》认为此公最遭严氏父子忌恨。

孙俟居即孙如法，余姚人，身长不满五尺，为刑部主事。时神宗（万历帝）宠幸郑氏，生子即封贵妃，而皇长子之母无位号，孙如法抗疏争之，上怒，夕贬潮阳典史。

姜翼龙即姜镜，余姚人，万历壬午（1582）解元，官礼部郎中。时太子未定，福王谋立，镜首起强谏，遭帝怒，太监矫旨廷杖，出都门，居林下30余年。

徐檀燕即徐如翰，上虞人。任大同参政时，参权奸误国，几罹不测。

上述"忠谏十子"，个个都是坚持原则，仗义执言，不怕触怒龙颜的强项官。《明史》大都有传。

忠孝节义是中华传统美德的核心内容。忠臣、孝子、义夫、节妇是为人的楷模，也是中国社会基础性的道德价值观。

《图赞》正是按照这一标准来选择对象的。

百善孝为先。父慈子孝，兄友弟恭，是中国古代处理家庭成员关系的重要道德规范。在慈、孝、友、恭之中，中国古代思想家尤其重视孝。古越传统文化中有许多与孝有关的传说，诉说着越地先贤事亲至孝的故事。有明一代也不例外。

《图赞》共收集各种类型的孝子（女）5人，依次是何竞（萧山籍）、徐允让（山阴籍）、陆尚质（山阴籍）、诸娥（山阴籍）、石孝女（新昌籍）。烈女4人：章烈妇、徐烈妇、姜窦氏、余烈妇。

另有生孝3人：刘遂安、夏千、赵万金。

尽管孝子烈妇的表现形式各不相同，有的为父报仇（如何竞）；有的替父而死，夫妇同归于尽（如徐允让）；有的救父溺水（如陆尚质）；有的以8岁之躯卧钉板呼父兄冤案（如诸娥）；有的为抗拒嫁与杀父仇家而自缢，如石孝女。有的与夫同遭剐刑，死后复仇，如章烈妇；有的不愿遭辱，与夫同投火中，如徐允让之妻潘氏；有的为保全城百姓，佯装从贼后投井保贞节，如姜窦氏；有的为营救远在边陲服刑的父亲，不惜以身相代，三返四复方得归，如生孝中的刘遂安。有的救父心切，不惜与猛虎搏斗，为疗父伤，嚼畦中苦荠敷之，如夏千。更有赵孝子万全，年十九，万里寻父，经七年历十省，负父骸归里，母卒则守庐墓三年。

值得指出的是：这些孝子烈女的社会地位都不高，仅为普通百姓而已，女性连名字也没有，但其言其行皆能惊天地，泣鬼神，为世代百姓所传颂。

立德篇中尚有义烈9人。高白浦即高岱，上虞人。清兵入侵后，为保全气节，父子双双绝食而死。王立趾，会稽人，杭州失守后，与儿子高朗自尽。倪舜平，山阴人，闻国亡，坐缸中从容而死。叶蘅生，会稽人，清兵过后夫妻双双投水而死。妻被救起后复投水死。傅中黄，诸暨人，甲申北变后以忠孝不能两全，投江全节。其余周卜年、潘集子亦皆选择了以死效忠大明王朝的极端行动。在今人看来似乎近乎愚忠，但在当时的历史条件下，却是义无反顾的壮烈行为，故《图赞》将其归为义烈类。只有一位连名字也不知的农民姚长子不是读书人，却在与倭寇周旋中设计除敌复仇，即使粉身碎骨也在所不惜。被《图赞》称为名垂千古的义人。

清介6人皆为清官能吏。陈恭介（余姚籍），历官南京吏部尚书，赴任时行李只有两只破箩。孙清简（余姚籍）历官两都冢宰，家贫如故，夫人尚自乳幼叔；陶大临（会稽籍）以榜眼授编修，清廉自守，不论金帛书画皆拒之。陶承学（会稽籍）出知徽州，勤于断狱，解到即审，人称半升太守（只需半天）；行李只一小箧，墨数笏，扇数柄而已。陈元宴（会稽籍）出宰新化，两袖新风，士林佩服。朱东武即朱公节（会稽籍）曾任彭泽、泰州知州，皆有政绩，晚年讲学稽山书院，所交皆清流。放眼今之神州，有多少当官者能与这些人相比？

刚正目下9人，皆为居官清廉且刚正不阿的饱学之士。《图赞》对他们予以很高的评价且各有特色。例如，赞扬魏文靖（萧山籍）"功在桑梓，德并龟山""清介端严，朝野仰止"。赞扬董中峰（字玘，萧山籍）敢于忤逆刘瑾，讲学东山，文章名世，可以汉代的董仲舒媲美。赞扬韩宜庵（字邦问，会稽籍）"刚介近古，德业日隆，新建（王阳明）过之，执礼甚恭"。赞扬骆缵亭（字问礼，诸暨籍）"受知海瑞，莅职端严，立身刚毅。自制婚仪，不用鼓吹，更肃家规，不畜声伎，人称为朱紫阳之功臣，不愧为海忠介之高第"。赞扬张枫邱（字嵩，萧山籍）敢于触犯刘瑾、江彬、钱宁、朱宸濠等权贵，无所顾忌。赞扬罗康洲（字万化，会稽籍，隆庆二年状元）与朱赓曾任礼部尚书、张元忭同为阳和书院学生，一相二元：阳和子如高山大川，康洲子如精金美玉。赞扬胡敬所（字朝臣，会稽籍）在同乡友人沈炼遭受严嵩打击下狱时，其他朋友都远避之，独朝臣常去狱中探望。赞扬周宁宇（字应中，会稽籍）强项为官，触犯中贵，潇洒林间，对之淡然。

古往今来，文人士子最可贵的品德是富贵不能淫，威武不能屈，贫贱不能移。在任何高压下，都能保持独立的人格，如孔子所云，富贵于我若浮云。以上九人，可为表率。

立德篇有盛德类11人，全是德高望重之辈。例如，孙季泉（余姚籍）《图赞》称其为三世尚书，一贫如洗，清白传家，世济其美。陶大顺（会稽籍），父子同科进士，弟侄子孙连绵，身为广西巡抚，库有无数钱粮，离职时分文不取。孙木山（字如洵，孙如法之弟），忠孝世传，母寿百岁，庭产五台瑞莲。诸大绶（号南明，山阴人）嘉靖三十五年（1557）进士第一，授翰林修撰，侍穆宗日讲6年，深得信任。《图赞》赞其"台阁文章，山斗声望，肃拜壮严，儒林宗匠"。

王墨池（字舜，会稽籍）官工部尚书，信佛食素，毫无染指。伉俪情深，人皆钦敬。

金楚畹（字兰山，山阴籍）。魏忠贤当权时废天下书院，金任婺源县令，以朱子故里，宁受谴责，坚持办学不变。《图赞》称其"直声华夏，冰心玉壶"。

姚春野（字希唐，会稽籍）力行孝义，父病，公为尝粪，失怙后专心事母，30丧偶不复娶小。

王咸所（籍贯不详）巡按粤东，兵饷积余数万，悉数上缴。魏逆当权时，誓墓不出。

金伯星（字枢，山阴籍），楚畹公子，大灾之年，倾其所有发放赈米、赈粥、赈药，救活无数灾民。《图赞》称其业绩胜过范蠡父子。

胡幼恒（山阴籍），博学有志节，得官不仕，性好施舍，逢灾必赈，为后人置义产百亩，教训子孙：贫宜立志，富必济人。

此外，立德篇尚有隐遁6人，依次为：许半圭、王蜕岩、章正宸、余增远，何书台，俞岸修。

隐遁者，精通奇门遁甲之道也。许半圭（上虞籍），为王阳明塾师，教以奇门遁甲诸书及武侯阵法，使文成公精通文武之道。

王蜕岩（山阴籍），安贫乐道，肆力经史，绝意仕进，在卧龙山下教书自给，晚年喜研易经，学习养生之道。其墓志铭由张岱曾祖张文恭亲撰。

章正宸（字羽侯，会稽籍），幼随刘宗周学习，少有文名。赴考时堕马折臂，以左臂书法中进士，劝帝法周、孔，黜管、商，崇仕义，贱富强。因王应熊入阁不经廷推，上疏弹劾，被逮下诏狱，削职归里。鲁王兵败后下落不明，据说出家为僧。

余增远（字若水，会稽籍），即状元公余煌之弟，幼受祖父辈熏陶，为人刚正。崇祯十六年（1643）进士，任宝应知县。时刘泽清开府淮南，勒索郡县，余挂印弃官而云。入清，郡县逼其复出，以死抗拒，24年中一直住在稽山门外的草屋之中，白天下田耕作，夜晚秉烛而读，并以向村童授《三字经》为乐。

何书台（山阴籍），乃陶望龄、陶奭龄之舅父，一介文弱书生，被鲁王拜为御史，鲁王入海后投崖不死，削发为僧，患病而亡。

俞岸修（诸暨籍），禀赋聪慧，李自成进城后逃回乡里，父病危，衣不解带，三年如一日，后隐居小楼足不下梯者十余年，抑郁以终。

在张宗子眼中，德、功、言三不朽之中，以德为先，故入选立德者人数最多，为87人，占了半壁江山，立功者仅选9人，其中勋业3人：蒋候贵、吴环州、朱燮元。蒋，诸暨人士，行伍出身，顶风冒雪，马上安身，刀头饮血，以功封侯；吴，山阴人士，为人倜傥有胆有谋，任三边总兵，为社稷安危者十余年；朱亦山阴人，文武双全，历官多年，以兵部尚书总督七省军务，以武力与招抚两手，多次平定边陲之乱，以功封左柱国，谥忠定。

相业仅2人：谢文正与朱赓。谢文正即谢迁，余姚人，明成化十一年（1475）状元，嘉靖朝为一品大学士，为人正派，称为贤相。朱赓，山阴人，官至文华殿大学士，赠太师。以正直敢言闻名朝野。其在绍兴的遗宅今为秋瑾女侠故居。

功业所选4人中，杨信民（1390—1450）为新昌人，任广东参议时，有民暴动围城数月，公以都御史身份开城劝降，单骑与敌方谈判，众皆信服，不动干戈而平息事态。公卒，广州民众奔走号哭，举城缟素，奏请立祠祀之。张内山即张天复（1513—1573），为张岱高祖。作者称其是宿学晚售，老成谙练，凡国家大辞命大制作皆出公手，后提兵戡武定乱，生擒凤酋，拓地二千余里，反以功得谗，晚赋闲隐居。张天复一生事业的高峰是在任云南按察司副使时，以中央全权代表的身份解决当地沐氏家族骄纵不法的问题。主官贪天复之功，欲占为己有，以巨金贿之，遭天复拒绝，又花巨资赂通当事者诬告张天复。时天复已迁甘肃道行太仆卿，方抵家，圣旨下，逮解云南。幸赖其子元忭驰京辩父之冤，设计救援，才得以削官归里。年六十二乃卒。一生著述宏富，与山阴才子罗椿斋、柳彬仲合称"越中三俊"。何五山即何鉴（1442—1522），新昌人，由县令升官至大司马。《图赞》赞其"雄才大力，惠乡十德，报国十策，流寇四起，灭之顷刻"。以功晋升宫保，世袭锦衣。

吕光洵（1508—1580），亦新昌人，与张天复一样，在督抚云南，讨平沐氏中立有大功，后遭诬陷，以工部尚书致仕，后事大白，敕建报功祠于新昌。

立言篇共选13人，分文学、博学、书艺3目。其中文学5人：杨铁崖、王元章、陈海樵、徐文长、张雨若。

凡是喜欢古代乐府诗的文学爱好者，无不知道铁崖体的创立者杨维桢。凡是喜欢行、草书的书法爱好者，无不知道元代大书法家杨维桢。杨维桢（1296—1370）字廉夫，号铁崖，元代诸暨枫桥人。至正二十年（1360）升为奉训大夫、江西等处儒学提举，未及入职而元末农民起义爆发。张士诚据浙西，屡召不赴，戏答："江南处处烽烟起，海上年年御酒来。如此烽烟如此酒，老夫怀抱几时开？"明洪武二年（1369），朱元璋召赴京师，纂修礼、乐书。杨维桢作《老客妇谣》一首，以"岂有老妇将就木而再理嫁者耶"相拒。次年复召，勉强赴京，待所编之书叙例略定即请求还乡。是年五月卒于松江。明朝文臣之首宋濂有诗称曰："不受君王五色诏，白衣宣至白衣还。"

王元章即王冕（1287—1359），诸暨枫桥人。元代大画家。也是看破红尘，不愿做官的主儿。隐居九里山麓，以种梅卖画自给。遇奇才侠士，纵谈古今豪杰之事，呼酒共饮，慷慨悲吟。人以狂生视之。朱元璋以兵请冕为官，以出家相拒。著作郎李孝光欲荐作府吏，答曰："我有田可耕，有书可读，奈何朝夕抱案立于庭下，以供奴役之使！"

陈海樵即陈鹤，字鸣野，山阴人。隐居怪山、柯亭，角巾野服，望之若神仙中人，清旷如太白，谐谑如东坡，云游四方，闲云野鹤，无拘无束。是徐渭声名卓起之前绍兴最著名的诗人，也是一个典型的市民文学家与艺术家，有地方官员慕名来访，就在床榻上见客，高谈阔论，时加嘲谑。其女儿嫁于万历内阁首辅朱赓为妻。与徐渭亦有远亲关系。

徐文长即徐渭（1521—1593），字文长，号天池。在中国历史上，向来不乏多才多艺的文士。但像徐渭这样，在绘画、书法、戏剧、诗歌等领域里都能独树一帜，给当世及后代留下深远影响的也颇为难得。晚明公安派领袖袁中郎（宏道）在徐渭去世六年后第一次在会稽友人陶望龄的家中读到徐的诗集《阙编》时，不觉惊骇跃起，叹为奇绝，在灯下诵读叫喊，不能自持。此后逢人必说徐文长，称之为明代第一诗人。但终其一生，坎坷潦倒，贫病交迫，充满了悲剧色彩。张氏家族与徐渭的关系颇为密切，尤其是张岱的曾祖张元忭十分看重徐文长的文学才华，张元忭的许多应景文章，都请徐渭为之代笔，为方便起见，还专门请徐渭父子到北京，住在张宅附近。徐渭因杀妻下狱时，张天复、张元忭父子与诸大绶等皆出手营救。足见交情匪浅。

张雨若（1513—1573）字汝霖，张岱祖父。万历二十二年（1595）进士，历任清江令、兵部主事，山东、贵州、广西副使。1606年任山东副使时为人所劾，落职归里，后一直不得重用，郁郁不得志，以致沉溺声妓。张岱是张雨若最钟爱的孙子，自幼带他与当时文化界的名人（如陈继儒等人）来往，并教孙正确的读书方法，对张岱毕生的为人与治学，影响很大。在《快园道古》《石匮书》等著作中，张岱多次提到其祖父。

博学5人中孙月峰即孙鑛（1543—1613），虽系余姚人。为礼部尚书孙燧之孙，南京礼部尚书孙升之子，吏部尚书孙鑨之弟。但因与山阴人张元忭合著过万历《绍兴府志》而被越人所熟知。此公博学多才，才华横溢。不但书编得好，官声也不错，在总督辽蓟军务时，兼经略朝鲜，在与日本侵略军谈判时能坚守原则，终将日军赶出朝鲜。

周述学乃明末学者，山阴人。精学，撰《中经》，于图书、皇极、律吕、舆地、算法等术数之学均有著述，总数达千余卷。统名《神道大编》。《图赞》评其博学多闻为明代第一。

董日铸即董懋，董玘曾孙，授鄞县教谕，迁国学博士。精于易学，设帐蕺山，四方从游者岁数百人。时人比之为白鹿书院。陈金罍，上虞人，原名陈绛，嘉靖甲辰（1544）进士，应天府尹。读书金罍，为葛长庚修仙地，博览群书，集山堂随钞达数十卷。凡所著述，皆人所不曾见之书。陶望龄因称其为金罍子。

来马湖，萧山人。一生狂放，淹博群书，有著述15种，广征博引，口若悬河，折冲名士，风流不下诸葛。

书艺目仅收3人，为朱越峥、张尔葆、陈洪绶。

朱越峥又名朱南雍，会稽人，进士出身。万历五年（1577）官大仆寺卿，平素以绘画出名。太子出阁所讲学，有南雍画扇，太子把玩再三，爱不释手，无心听书，讲官告状，朱罢官归里。

张尔葆（1575—1645）又名张葆生，初名张联芒，系张岱父亲张耀芳之弟。明末著名画家兼收藏家。在张氏家族中更是一位"任诞"、谐谑的大名士，对这位仲叔，张岱在《陶庵梦忆》中有详细描述。

陈洪绶（1598—1652）字章侯，诸暨枫桥人。张岱在陈洪绶少壮时即与其交往极密："天启甲子，岁与洪绶等读书于西湖之岣嵝山房"（《西湖梦寻》卷二）；"庚辰年八月"同往吊朱燮元（《陶庵梦忆卷三》）。张岱作《乔坐衙》一剧，洪绶为之题词，对张岱敢于在剧中"讽刺当局"表示敬佩。更值得一提的是：陈洪绶费时四个月而画《水浒牌》，不但系张岱促成，且为之作《缘起》（文载《陶庵梦忆》卷六），并为题《水浒三十六人像赞》，载《张子文秕》。在艺术创作上，二人密切合作，在中国艺术史上写下灿烂一笔。在《石匮书后集》中，张岱把陈洪绶列入了《妙艺列传》。

张岱在文学界交游至广，与其时代主要文学流派的代表人物大都有所往来。其与人交往的最大特点在于能明辨良莠。

张岱又是一位眼界极高的人，一生傲骨铮铮：为官者须大节不亏，为艺者须德艺双馨，不论是达官贵人还是富豪绅士，倘若品行不端，皆不入法眼。

《有明于越三不朽图赞》收录的108人（暗合《水浒传》之108将）上至将相，下至平民，皆有令人可敬之处，值得后人借鉴。身处改朝换代，风雨飘摇的特殊时代，面对众多挚友从容殉国的悲壮举动，回忆前朝旧事，作者感慨万千。《图赞》充满了求实、求真的理性主义精神和浓郁的时代气息，读后给人满眼英雄独怆然的沧桑之感。同时踵武司马迁，文史合一，文采斐然。其史评尤为精彩，论事析人多入木三分，而又以轻松幽默的笔调娓娓道来，可谓举重若轻。在同时代的史家中，张岱不愧是一位自成系统、卓然独立的杰出人物。要了解明代绍兴的历史，《图赞》是一部不能不读的好书。

【作者简介】 何信恩，绍兴市乡土文化研究会常务副会长兼秘书长

张岱笔下的王阳明形象

——以《快园道古》为例

华建新

【摘要】 张岱在《快园道古》中编录的王阳明故事、言论，在一定意义上彰显了明代心学大师王阳明"真三不朽"的圣贤形象。从文学的角度简洁地、多侧面地折射出王阳明的德性、担当和睿智。同时，反映出张岱对传言中笼罩在王阳明身上的神秘主义光环的某种欣赏态度。《快园道古》中编录的王阳明逸闻趣事总体上是有文献依据的，但并非其独创。客观上起到了对王阳明形象的丰富，对传播其生平事迹有积极的作用。从中可见张岱对王阳明生平业绩和光明磊落一生的敬仰，及对越中名人的推崇。从以上意义上说，《快园道古》具有较高的人文价值和历史文化意义。同时，对于世人解读阳明心学不无推助作用。

【关键词】 张岱 《快园道古》 真三不朽 神秘主义

《快园道古》是张岱仿《世说新语》体例编撰的历史名人趣闻轶事的笔记文。[①] 全书分为盛德、学问、经济、言语、夙慧等20部，内容涉及明代社会生活的各个方面。本文从其编录的阳明先生逸闻趣事中，分析其对越中先贤的态度，从而揭示张岱对阳明先生的心理认同和人生价值取向。《快园道古》其书，虽不是专记阳明先生一人的言行轶事，然从数量上看，编撰阳明先生的故事较多。据笔者统计：涉及11个部类，占全书部类的55%；编入故事21则。从上述数字统计看，在张岱的心目中王阳明是占有重要地位的。从内容上看，辑录故事是从阳明先生"真三不朽"的角度选材的，其中也编入了一些神秘色彩较浓的故事。

---

① 本文史料所据为佘德余点校本《快园道古》，浙江古籍出版社2016年版。

一　成德为大：对王阳明少年志向的赞许

王阳明从小就具有喜欢动脑子、想问题的品性，不按常人习惯思考问题，不迷信成说；而有自己的主见，这为他日后形成独特的个性和处世方式起到了定式作用。他在读书中关注和思考如何做人，这些事关道德修养、人生价值的大问题。12岁时，他曾向塾师提问："何为第一等事？"塾师回答说："唯读书登第耳。"少年阳明对此回答不甚满意，顿生疑窦，质疑说："登第恐未为第一等事，或读书学圣贤耳。"[①] 能提出这样的质疑，足见少年阳明超类出群。从中可以看出，少年阳明志存高远，善于弄清读书与学做圣贤之间的内在联系，亦说明少年阳明的聪慧。张岱在《快园道古·偶隽部》中，编录了一则小故事：

> 王文成十一岁时，祖竹轩公携还京师。过金山寺，与客饮酒赋诗，文成从傍赋曰："金山一点大如拳，打破维扬水底天。醉倚妙高台上月，玉箫吹彻洞龙眠。"客大惊异。复命赋"蔽月山房"诗。文成随口应曰："山近月远觉月小，便道此山大于月。若人有眼大如天，还见山小月更阔。"

此故事，出处在王阳明高足弟子钱德洪等所编《阳明先生年谱》中，[②] 情节叙述大同小异。

这两首少年诗，从整体看着眼观物，想象力奇特。前一首《金山》诗，将天上人间组合成一幅"水月玉箫图"，动静相间，意境开阔，诗风飘逸。后一首《蔽月山房》诗，则从人的视觉感应入手，用艺术形象揭示物象变化的辩证关系，这说明王阳明从小就建立了宇宙观念，诗句充满哲理。从艺术上看，语言简洁流畅，富有神韵。这二首诗为即兴赋就，可见少年阳明的天赋之高。张岱编录此二首诗，表现出少年阳明的聪慧睿智。在《快园道古·盛德部》中，编录了反映王阳明德性的一则小故事：

> 王新建封，拜见父执，事之甚谨。冬节拜牌，新建貂蝉乘马，从者言韩尚书在后，新建亟下马立道左。韩至，不下舆，第拱手。曰："伯安行矣，予先往。"新建拱立，俟其过，乃上马。时人两贤之。

时王阳明刚封新建伯，伯爵这一封号，在明代已经是非常显赫的爵位了；但王阳明并不以此显摆。在冬节向皇帝龙牌行跪拜礼的礼仪性活动中，王阳明碰到其父辈、德高望重的户部尚书韩文在其后，即下马立道侧，让其先过，执礼甚恭。从这一细节

[①] （明）王阳明：《王阳明全集》，吴光等编校，上海古籍出版社1992年版（下同），第1221页。
[②] 同上。

中，可窥看王阳明恪守礼仪之敬。其能成为"三不朽"的圣贤人物与其坚守儒家的谦逊操守是分不开的，并为张岱所看重。

二 大明军神：对王阳明战功的礼赞

在王阳明的一生中，立德是贯穿在其治国安邦的社会实践之中的。因正德朝皇权昏暗，导致阉党弄权，忠良颠倒，政治失控，社会动荡不安，甚至出现了藩王朱宸濠的叛乱。在这危机之秋，王阳明多次临危受命平乱、平叛，为明王朝立下了盖世战功，一定程度上解脱了明王朝的困境，但最主要的是解民于倒悬，纾解民困。正因为王阳明的战功，在平定朱宸濠叛乱后，被朝廷封为"新建伯"。王阳明逝世后，尽管对其讲学及学说攻讦者纷起，但对其军事才华均极赞赏；连持论甚严的《明史》编撰者，在《王守仁传》中以极大部分篇幅叙述其平乱平叛之战功，《传》末赞曰："王守仁始以直节著。比任疆事，提弱卒，从诸书生扫积年逋寇，平定孽藩。终明之世，文臣用兵制胜，未有如守仁者也。"关于王阳明的战功，在《阳明先生年谱》中记载极为详尽，阳明高足弟子钱德洪所撰相关文章记载较多。但从文学的角度给予全面反映的则为明末文学家冯梦龙所撰的《皇明大儒王阳明先生出身靖乱录》，以及《智囊》中编录了涉及王阳明的诸多事迹。从张岱《快园道古》中编录的有关涉及王阳明平乱平叛 7 则故事看，均以上述文献为依据，其中主要编录了王阳明平定朱宸濠叛乱的故事。从编录的顺序看，可分为战前、战中和战后三部分。

战前：明正德十四年（1519），时王阳明年 48 岁。六月，其奉命赴福州三卫处置进贵的叛军问题。途经江西丰城，据知县顾佖报告，始知南昌宁王朱宸濠为篡夺皇位，假传太后密旨，举兵叛乱。面对突如其来的宗室藩王叛乱，此时另负使命的王阳明应做何选择，无疑是极大的难题。出于良知的驱使，王阳明毅然决定举义旗，召集地方武装平息这场来势汹汹的叛乱，以维护社稷安定和百姓免遭战火之灾。时朱宸濠追索王阳明甚急，因其应变之速，多次金蝉脱壳，转危为安，在《快园道古·识见部》中编录如下故事：

> 王文成闻宸濠反，自福建回，恐为贼兵所诇，寻渔船潜往吉安。下舟，从人藏黄盖一把，文成叱其弃去，从人曰："有用处。"后至吉安城下，追兵甚急，而不肯开门。从人张黄盖，城上人知为都御史，即开门迓入。

此故事的出处，在钱德洪所撰的《征宸濠反间遗事》一文中有记载；但与张岱所编录的故事差异较大，故转录如下：

> 尝闻雷济云：夫子昔在丰城闻变，南风正急，拜受哭告曰："天若悯恻百万民命，幸假我一帆风！"须臾，风稍定。顷之，舟人欢噪回风。济、禹取香烟试之舟

上，果然，久之，北风大作。宸濠追兵将及时，夫人、公子在舟。夫子呼一小渔船自缚，敕令济、禹持米二斗，鲞鱼五寸，与夫人为别。将发，问济曰："行备否？"济、禹对曰："已备。"夫子笑曰："还少一物。"济、禹思之不得。夫子指船头罗盖曰："到地方无此，何以示信？"于是，又取罗盖以行。明日至吉安城下，城门方戒严，舟不得泊岸。济、禹揭罗盖以示，城中遂欢庆曰："王爷爷还矣。"乃开门罗拜迎入。于是济、禹心叹危迫之时，暇裕乃如此。①

比较上述记载可知，钱德洪的所叙较为真实，因其所载史实源于当事人的口述；而张岱所编故事置换了主人翁的识见，已背离了原著的主旨，故笔者以为今人所编的《快园道古》，因原著不全之故，在重新辑录中可能存在失真的问题。从钱德洪的记载中，可见王阳明料事如神、运筹帷幄的军事家品质，这也反映了双方军事指挥者在战略智慧上的差异，未战而胜负已显。

战中：王阳明设计假"兵部命令"之名迷惑朱宸濠，拖延其出兵时机，掌握了战场的主动权。当朱宸濠知情后，仓促出兵，经鄱阳湖出长江围攻安庆城之际，王阳明力排众议，采用"围魏救赵"的战略，率军强攻南昌城，迫使朱宸濠回兵南昌，以挫败朱宸濠攻南北两京的图谋。在朱宸濠回军时，王阳明又设伏兵于鄱阳湖上，用火攻一举击溃叛军，叛王朱宸濠被生俘。在《快园道古·机变部》记载：

> 王文成与宁王战，值风不便，兵少挫，急令斩先却者头。知府伍文定等立于铳炮之间，方督各兵死战。忽见牌书"宁王已擒，毋得纵杀"。一时惊扰，贼兵大溃。次日，贼既穷促，宸濠欲潜遁，见一渔船隐在芦苇之中，宸濠大声叫渡，渔船移棹请渡，竟送中军，人皆不晓。

此事，钱德洪在《征宸濠反间遗事》一文中亦有记载，张岱编录此则故事，除文字上有少许差异外，几乎相同。鄱阳湖之战，王阳明运筹帷幄，以弱胜强，展现了其指挥若定、运筹帷幄的大将风范。

战后：在王阳明英明果断地指挥下，仅用30余天时间，以弱胜强，以少胜多，一场蓄谋已久的朱宸濠叛乱很快被平息，地方秩序得到恢复。平宁王叛乱，从战争的性质看，具有正义性，避免了国家的动乱，百姓免遭战火之灾。但问题并未就此结束，昏庸的明武宗拿战事作儿戏，在其身边阉党及奸臣的怂恿下，竟然做出荒唐的决定，传言要放朱宸濠于鄱阳湖上，导演一场"亲捉宸濠"的闹剧。王阳明从国家民生的利益出发，不顾个人及家族安危，毅然抵制，亲自北上献俘，加以阻止。后在太监张永的帮助下，巧妙地化解了这场危机。在此过程中，王阳明与各种奸邪人物斗智斗法，为社稷、百姓免遭第二次战火殚精竭虑。在《快园道古·经济部》中录有三则故事：

---

① （明）王阳明：《王阳明全集》，第1472页。

王新建平宸濠，武宗下诏亲征，人情汹汹。二中贵先至浙，新建张燕于镇海楼，酒半，屏人去梯，出二箧示之，皆中贵交通逆藩之书也，罄箧与之。中贵感激，从中维护之。新建得以免祸。

王阳明既禽逆濠，囚于浙省。武宗南征，驻跸留都，中官诱令阳明释濠还江西，俟御驾亲获。差二中贵至浙谕旨，阳明责中官具领状，中官畏怯，事遂寝。

王文成既平宸濠，武宗亲征，北军至江西，恣肆。文成传谕百姓："北军离家苦楚，居民当敦主客之礼。"每出，遇有死丧疾病者，必停车问劳，厚恤之，北军感服。会冬至节近，预令城市举奠。时新经濠乱，哭亡酹酒者声闻不绝，北军无不思家，泣下求归。

以上本事在《阳明先生年谱》《大儒王阳明先生出身靖乱录》等文中均有记载。张岱所选录其中故事，均以小见大，极能反映王阳明的睿智和胆识。从中可以窥知王阳明身处激流旋涡之中，沉着冷静，处惊不乱，对各种心怀鬼胎的小人区别对待，巧于周旋，以情动人，表现出应付各种复杂环境的大智慧。王阳明在处理"张忠、许泰之变"后，曾叹息当时处理上述问题的艰难曲折。从上述张岱辑录王阳明对平藩王朱宸濠叛乱及"张许之变"等经历看，其十分敬佩阳明先生"知行合一"的担当精神和大智大勇。

三　心学大师：对王阳明讲学传道的推崇

《传习录》是王阳明讲学传道的语录体著作，为阳明先生弟子所编录，是阳明心学的主要代表作。《传习录》主要围绕"心即理""知行合一""致良知"和"万物一体"四大基本命题展开。其中，"心即理"是论学的逻辑起点，"知行合一""致良知""万物一体"是"心即理学说"的推而广之，四者构成了阳明心学严密的思想体系。在《快园道古·言语部》中，编录阳明先生论学故事5则、言论2则。现举其中小故事为例：

一士人从王文成学，初闻"良知"不解，卒然问曰："良知何色，黑耶，白邪？"群弟子哑然失笑。士人惭而面赤。先生徐曰："良知非白，非黑，其色正赤。"

王新建立论，每言人皆可为尧舜。一日，苍头辟草阶前，有客问曰："此辟草者亦可为尧舜邪？"答曰："此辟草者纵非尧舜，使尧舜辟草，不过如是。"

王文成与友人讲学，友人曰："某非不愿学，只是好色。"文成笑曰："家里只这个丑婆子，怎么好色？"其友于言下猛省。

  王阳明先生行于衢，有二人相诟。甲曰："你没天理。"乙曰："你没天理。"甲曰："你欺心。"乙曰："你欺心。"先生闻曰："小子听之，斯两人谆谆然讲道学也。"门人曰："诟也，焉为学？"先生曰："汝不闻乎？曰天理，曰欺心，非讲学而何？"曰："既讲学，又焉诟？"曰："夫夫也，惟知求诸人，不知反诸己故也。"

  阳明甲申年居越，中秋月白如洗，乃燕集群弟子于天泉桥。酒半行，先生命歌诗，各弟子比音而作，翕然如协金石。少间，能琴者理丝，善箫者吹竹，或投壶聚算，或鼓棹而歌，远近相答。先生顾而乐之，即席赋诗。有曰："铿然舍瑟春风里，点也虽狂得我情。"先生自辛巳已归越，侍者尚寥落，既而四方来者日众。癸未以后，环先生之屋而居一室，常合食者数十人，夜无卧所，更深就席，歌声彻昏旦。南镇、禹穴、阳明诸山远近寺刹，无非同志寓游之地。

以上5则反映阳明先生论学的小故事，其本事出自前人笔记或阳明弟子的编著，如《阳明先生年谱》。上述故事多角度、多层次地刻画了王阳明循循善诱的师长形象，弟子们的虚心求教，师生论学其乐融融，折射出明代中期心学传播过程中的勃勃生机。阳明论学紧扣"良知"的开显，并通过生动形象的比喻阐发"心学"精义，有时言语诙谐幽默，字里行间闪烁着心学大师的智慧光辉，具有经久不衰的艺术魅力。张岱编录上述故事，亦说明对阳明心学的认同、对阳明教法的欣赏。

四　神秘虚幻：对王阳明逸闻的青睐

在历代笔记文中，对涉及人物的神秘故事均有编撰，即使钱德洪等编撰的《阳明先生年谱》这类较为正统的年谱，为渲染王阳明的神奇，在其出生、成长乃至入仕为官，最后魂归家乡，均有神秘性极强的故事编入。诸如"瑞云送子""神僧道破天机""乡试神谕""祈神回风"等，无不暗示王阳明是"天神下凡"，其一生虽历经百死千难，终被化解，背后均有神人相助。通过借助文学的虚幻艺术手法为王阳明的一生涂上神奇色彩。然而，"神"的灵通是借助于"梦境""幻象""祈祷"等方式加以表现的。上述传说故事只要通读《阳明先生年谱》就能明显发现，其中一些传说流传较广，不再复述。在《快园道古·鬼神部》中，编录一则相当神秘的故事，且与佛教有关。近年来，这一神秘故事又被重提，引人注目：

  王阳明常游一僧寺，见一室封锁甚密，欲开视之。寺僧曰："中有一入定僧，闭门五十年矣。"阳明固请启户，见龛中坐一老僧，与阳明面庞无二。壁上题诗云："五十年前王守仁，开门即是闭门人。精灵剥后还归复，始信禅门不坏身。"

先生陡然一惊，数月即逝。

上述故事，与明代蒋一葵《尧山堂外纪》中的记载大同小异：

> 王阳明尝游僧寺，见一室封锁甚密，欲开视之，寺僧不可，云："中有入定僧，闭门五十年矣。"阳明固开视之，见龛中坐一僧，俨然如生，貌酷肖己。先生曰："此岂吾之前见乎？"既而，见壁间一诗云："五十年前王守仁，开门原是闭门人。精灵剥后还归复，始信禅门不坏身。"先生怅然久之，建塔以瘗而去。①

张岱所编录的王阳明逸闻，与蒋一葵所录两者比较，不难发现除个别词语表述有差异外，从内容、行文顺序、对话等看，几乎是转录了。由于此故事的神秘色彩极浓，明清以降，文人笔记甚至地方志均有编录，直至今日仍为世人所道，且越传越玄。从此逸闻看并未落实具体的时间、地点。然在明嘉靖年间魏濬编录《峤南琐记》中则落实了故事发生的大致时间、地点：

> 王伯安平思田八寨，即乞病归，至南安，少憩一佛寺。寺有静室，乃前老僧示寂处，其徒岁加封识，不许开户，伯安固强开之。中有书曰："五十年前王守仁，启吾钥，拂吾尘。问君欲识前生事，开门即是闭门人。"②

此则故事明确点名了故事发生地在江西南安某寺，且时间在王阳明平广西之乱后，病归浙江家乡的途经之所。此后，明隆庆年间（1567—1572）赵善政所撰《宾退录》亦载其事。明末诗人邝露在其《赤雅·安南禅室》亦载其事。清人檀萃所著《楚庭稗珠录·粤琲下》、清人杨家麟的《胜国文征》亦有转录。至晚清，同治年间（1851—1861）刻本《大庚县志·杂类志·拾遗》亦载，民国八年（1919）续录。近人陈登原所撰《国史旧闻》中亦载录。时至今日，在一些著者文中，亦津津乐道此事，其故事的神奇魅力可想而知。

自魏濬所撰《峤南琐记》中明确点名其事发在王阳明于归途至南安地界后入一寺以来，至今一些研究者进一步确认此寺即赣州大余（1957年前名"大庚"）县境内的丫山灵岩寺，坐实了具体佛寺。这大概是因为王阳明病逝于大余青龙铺码头，而离码头十余里地的丫山半山腰上有灵岩寺之故。以上诸多编家辑录此则故事说明什么呢？笔者以为原因有三：一是中国历代笔记类故事编撰者均有收集逸闻的雅好，尤其对传奇人物的逸闻特别青睐，因为人总有好奇的心理倾向。王阳明作为明中一代伟人，"立德、立功、立言皆居绝顶"（清人王士禛语），其人生中的奇闻趣事自然为笔记文作者所重视。二是阳明先生一生中与佛教有联系，在其"龙场悟道"前与僧人交往颇多，其心学思想的创设中一定程度上也吸纳了禅宗的思想资源，故佛

---

① （明）蒋一葵：《尧山堂外纪》，《续修四库全书·子部》，第1195册，第116页。
② （明）魏濬：《峤南琐记》，《四库存目丛书·子部》，第243册，第558页。

门信士对阳明先生逝世后灵魂的皈依问题特别关注也是很自然的。佛教关心人死后的转世问题，也反映出明中儒佛汇流的趋势。三是当代阳明学研究者再度追溯这一历史旧闻，无论是出于研究的角度，即王阳明临死前有没有离船登岸上丫山灵岩寺的史实考证问题，还是出于王阳明与大余的关系问题，自然有其特殊的价值。但作为一个学术研究问题，这一传闻，并没有见诸正史以及当时与阳明先生接触较多的其弟子著述中。从现存的史料看，对阳明先生逝世前几天情况记载较为详细的是其大弟子钱德洪所著《遇丧于贵溪书哀感》一文，其中记载：

> 嘉靖戊子八月，夫子既定思、田、宾、浔之乱，疾作。二十六日，旋师广州。十一月己亥，疾亟，乃疏请骸骨。二十一日，逾大庾岭，方伯王君大用密遣人备棺后载。二十九日疾将革，问侍者曰："至南康几何？"对曰："距三邮"曰："恐不及矣。"侍者曰："王方伯以寿木随，弗敢告。"夫子时尚衣冠倚童子危坐，乃张目曰："渠能是念邪！"须臾气息，次南安之青田，实十一月二十九日丁卯午时也。是日，赣州兵备张君思聪，太守王君世芳，节推陆君府奔自赣；节推周君积奔自南安，皆弗及诀，哭之恸。明日，张敦匠事，饰附设披积；请沐浴于南野驿，亲进含玉；陆同殓襚。又明日，南赣巡抚汪公鋐来莅丧纪，士民拥途哀号，汪为之挥涕慰劳……①

从上文记载看，王阳明等一行自"二十一日逾大庾岭"至二十九日阳明先生逝世，并无上岸的记载。从其病情的严重程度看，阳明先生的身体状况亦无上岸登山之可能。问题是阳明先生为何要在大余青龙铺滞留，而不向南康行进呢？笔者以为，阳明先生自感留世须臾间，若再向前到不了南康，加之章江水流湍急，万一有事，不能靠岸，故不能离开码头。从上述情况分析，关于王阳明上丫山谒灵岩寺一说，从实际情况看几乎没有可能；但从王阳明等滞留青龙铺的时间看，又为后来的笔记文作者提供了想象空间，也成为顺理成章的事了。从张岱转录这一逸闻看，其对前人传闻的神秘性是比较感兴趣的，亦可见明代笔记文编著者对此类故事的看重；然张岱将此则故事归入"鬼神部"，又说明他对此事的"真实性"是清楚的。

结　语

阳明先生殁后，其弟子、后学为传播阳明心学做出了极大的努力，主要集中在对阳明先生生前著述的整理、刊刻，标志性的成果是《王文成公全书》的问世，以及对其生平事迹的编撰，代表性的成果是钱德洪为主编撰的《阳明先生年谱》。由于这部年谱的问世，为后人研读王阳明其人其事提供了极大的方便，也为当时的文人以及后人

---

① （明）王阳明：《王阳明全集》，第1446页。

进行文学创作提供了基本的史料。张岱的《快园道古》运用前人史料，为刻画、传播阳明先生生平事迹亦做出了不懈的努力，使王阳明的形象在社会诸多领域有了更广泛的影响，为后人研究王阳明生平事迹打开了一个新的窗口。从中也可认识张岱对王阳明"三不朽"人格的仰慕。正如他在《王阳明公像赞》所言："圣学渊源，必宗邹鲁。良知良能，孟氏是祖。訾为异端，人皆聋瞽。不朽兼三，历爵臻五。既列勋臣，复祀两庑。人皆妒之，遂多簧鼓。吾论姚江，窃效韩愈。引导之功，不下大禹"（《有明于越三不朽图赞》）。张岱的心是与王阳明相通的，故其在《快园道古》编录较多的阳明先生逸闻遗事就不难理解了。

【作者简介】华建新，余姚市东海城市文化研究院院长，副教授

兩浙名人研究

傅以礼辑书汇考

廖章荣

【摘要】 傅以礼系晚清知名学者，他在校勘学、辑佚学、版本学及南明史等领域均有深厚造诣。但关于傅以礼的辑书情况，学界尚缺乏研究。通过对材料的钩沉，目前可以确知傅以礼辑书至少有23种，这些书大致可分为宋代文献、明清文献、傅氏先世文献三类。厘清傅以礼的辑书情况，有助于进一步认识傅以礼的辑佚思想，并为评价傅氏的辑佚学成就奠定事实依据。

【关键词】 傅以礼　辑佚　佚书

傅以礼（1827—1898），字节子，原名以豫，字茂臣，号小石，又号节庵学人，浙江绍兴府会稽县人（今属浙江绍兴市），寄籍顺天府大兴县（今属北京市）。[①] 傅以礼系晚清知名学者，他在校勘学、辑佚学、版本学及南明史等领域均有造诣。关于傅以礼的南明史研究，目前已有学者进行过专门研究，但傅氏在校勘学、辑佚学、版本学方面的成就尚未引起学界的足够重视。例如，傅以礼辑书究竟有多少种，目前学界并无确切统计，曹书杰《中国古辑佚学论稿》一书罗列了2种傅以礼辑书。[②] 此外，喻春龙《清代辑佚研究》一书附有《清代辑佚者及其辑佚书汇考》一文，但该文也仅罗列了9种傅氏辑书。[③] 实际上，傅以礼所辑之书远不止此数，据笔者考察，傅氏辑书至少有23种，这些书大致可分为三类：一是两宋文献；二是明清文献；三是傅氏先世文献。令人遗憾的是，至今尚无学人对傅以礼的辑书情况进行系统的考察。为此，笔者专作一文，拟对傅以礼所辑之书作一汇考，以全面反映傅以礼的辑书情况。

---

① 廖章荣：《傅以礼〈华延年室题跋〉的学术价值及其缺陷》，《图书馆研究与工作》2017年第11期，第87页。
② 曹书杰：《中国古辑佚学论稿》，东北师范大学出版社1998年版，第202页。
③ 喻春龙：《清代辑佚研究》，中华书局2010年版，第454—455页。

一　两宋文献之辑佚

　　楼愧《攻愧集》原为 120 卷，清代中期时已有残缺，四库馆臣将该集所收青词、朱表、斋文、疏文等删去 167 篇，重新厘为 120 卷。此后，傅以礼发现黄伯思《东观余论》、戴复古《石屏诗集》，沈枢《通鉴总类》卷首、序文均出自楼钥之手，但《攻愧集》均未收入，故傅氏将相关内容一一辑录，汇为《攻愧集拾遗》。[①]

　　汪应辰《文定集》，宋元时期公私目录均未著录。明弘治年间（1488—1505），程敏政得之于文渊阁，计 50 卷，程氏对此书有所删节。傅以礼《华延年室题跋》说程敏政将《汪文定集》删为 20 卷，此说不确。程敏政所作《题汪文定公集钞》云："玉山《汪文定公集》五十卷，旧有刻本，今亡，而秘阁本独存，尝请阅之，力不足尽抄也，手摘抄为十二卷如右。"[②] 据此可知，程氏节录本实为 12 卷。傅以礼作《文定集拾遗·跋》时曾提及其友陆心源所作《汪文定集跋》，而陆氏此跋云："弘治中，程敏政始从文渊阁所藏摘钞其要，编为二十卷。"[③] 可见，傅以礼 20 卷之说实际是沿袭陆心源之误。乾隆年间，四库馆臣以浙江所购程敏政节录本与《永乐大典》互相比勘，除去重复后，将此书勒为 24 卷。傅以礼所辑《文定集拾遗》即四库馆臣辑本所遗漏之文。傅以礼说："归安陆存斋观察心源是集跋，据《五百家播芳大全集》又得遗文 6 首，胪列篇目，见《仪顾堂集》。今检原书，具录全文，辑为《遗集》附后。"[④] 可知，傅以礼是在陆心源这一提示下，将相关遗文辑为《文定集拾遗》。此外，傅以礼说陆心源"据《五百家播芳大全集》又得遗文六首"。此处"遗文六首"实际是 5 首之误，今检陆心源《仪顾堂集》所罗列篇目，仅为 5 首，又查傅氏所辑《文定集拾遗》，所收遗文亦仅 5 首，这 5 首遗文分别为《贺郡王冠礼表》《谢转官表》《贺左丞相启》《贺林侍郎启》《贺朱丞相帅绍兴启》。

　　除上述二书外，傅以礼所辑宋代文献还有《傅氏续录》和《傅氏传芳集外编》，《傅氏续录》收书 3 种，凡 23 卷。傅以礼所辑两宋先世著述均收入《傅氏续录》，而《傅氏传芳集外编跋》又说"裒集有宋先世遗著为《傅氏传芳集续编》"[⑤]，则《傅氏传芳集续编》应是《傅氏续录》之别称。《傅氏传芳集外编》则是在《傅氏续录》的基础上，又搜集了一些傅氏先人与师友的唱和与投赠之作。傅以礼自称搜集两宋先世遗著将近 50 年，而未见者尚有十之二三，傅氏辑佚之勤，于此可见。关于《傅氏续录》

[①] 傅以礼：《华延年室题跋》卷中《攻愧集拾遗》，上海古籍出版社 2009 年版，第 192 页。
[②] 程敏政：《篁墩集》卷三十九《题汪文定公集钞》，《文渊阁四库全书》第 1252 册，台湾商务印书馆 1986 影印本，第 687—688 页。
[③] 陆心源：《仪顾堂集》卷十八《汪文定集跋》，《续修四库全书》第 1560 册，上海古籍出版社 2002 年影印本，第 584 页。
[④] 傅以礼：《华延年室题跋》卷中《文定集拾遗》，上海古籍出版社 2009 年版，第 192 页。
[⑤] 傅以礼：《华延年室题跋》卷中《傅氏传芳集外编》，上海古籍出版社 2009 年版，第 205 页。

和《傅氏传芳集外编》的叠辑情况，详见下文论述。

二 傅以礼所辑明清文献

《庄氏史案本末》2卷，记清初湖州庄氏史案始末。近人缪荃孙《艺风藏书续记》将此书标为"傅以礼撰"①，而《中国古籍善本书目》则标为"傅以礼辑"②，两者虽仅一字之差，然含义不同。那么，两者孰是？其实，傅以礼在自己所作的"跋"中已说得很清楚，《庄氏史案本末》一书只是他"杂刺诸书"汇编而成，而傅氏之友周星誉也说："《庄氏史案本末》二卷，吾友节庵（傅以礼）叠录本也"，可见此书系傅氏所辑。傅以礼在辑此书的过程中，曾得到友人陆心源和魏锡曾的帮助。傅氏在台湾任职时，又补入《翁广平纪事》中的一则内容及杨凤苞遗文二首。《庄氏史案本末》虽是"杂刺诸书"汇编而成，但其史料价值却不容忽视，近人潘景郑称此书"于庄史故实，最为详赡"③。

《楚之梼杌》2卷，汇辑《国史逆臣传》《吴三桂纪略》《吴逆取亡录》《平吴录》《平滇始末》《庭闻录》等与吴三桂相关的内容。傅以礼身故后，此书流入阳湖洪述祖之手，后归江安傅增湘。此书辑录吴三桂相关史事甚详，谢国桢认为："（《楚之梼杌》）搜集吴三桂事，极为完备，要无出其右者矣。"④

《忠节故实》2卷，专记郑成功之事。傅以礼在台湾任职期间，刺取《赐姓始末》《郑成功传》《郑氏逸事》《闽海纪录》诸书，辑为一编，定名《忠节故实》。傅以礼去世后，此书先归阳湖洪述祖，后归江安傅增湘。⑤《续修四库全书总目提要·丛书部》将此书视为丛书，似乎欠妥，傅以礼在该书自序说："谨就见闻所及，刺取诸书所载事迹，汇为一编，为《忠节故实》。"可见，此书实际上是傅以礼"刺取"诸书汇编而成。

《碧血录》2卷，另有《附录》1卷，明黄煜编。此书收入杨涟、魏大忠、顾大章、缪昌期等八人"临难遗笔"，《附录》则收入《天人合征纪实》《天变杂记》《人变述略》三篇。《碧血录》原有鲍氏刻本，傅以礼在福州时曾得该书抄本，将两书"参互雠对"，发现鲍氏刻本实际是未定之稿，不如抄本完备，"惟较多漫翁序，及魏学洢遗友一书耳"。抄本尽管为续纂之足本，但黄煜编此书时各家遗集未出，"只据辗转传抄之作，辑存梗概"。于是，傅以礼搜集各家文集，依黄氏原书体例，增入诗文28首，"杨忠烈、缪文贞、李忠毅诸作，补厥所遗"。至于左光斗、周宗建、周顺昌三家，黄

---

① 缪荃孙：《艺风藏书续记》卷四，上海古籍出版社2007年版，第328页。
② 《中国古籍善本书目》编辑委员会编：《中国古籍善本书目·史部》，上海古籍出版社1991年版，第318页。
③ 潘景郑：《著砚楼书跋》，上海古籍出版社2006年版，第75页。按，傅以礼自序及周星誉跋语，谢国桢《晚明史籍考》所收有脱文，潘景郑对此已说明。此外，缪荃孙《艺风藏书续记》所收亦有脱落。
④ 吴格、眭骏整理：《续修四库全书总目提要·丛书部》，国家图书馆出版社2010年版，第42页。
⑤ 谢国桢：《晚明史籍考》卷二十三，华东师范大学出版社2011年版，第1018页。

煜编《碧血录》时未见,"今皆灿然毕具"。鲍氏刻本前有赵怀玉后序,卢文弨题词,后附《周端孝血疏贴黄册》,而傅以礼重辑此书时,将后序、题词置于书末,《周端孝血疏贴黄册》则单独抽出,其余各卷皆冠以子目。①

《张尚书集》,明张煌言著,傅以礼辑。傅以礼蒐辑此书迭经20年之久。同治五年(1866),傅氏偶然得到郑达《野史无文》残卷,此书有张煌言所作《北征录》及《复郎总督书》,傅以礼"因略刺各书以增益之,汇入《沧海遗编》"。这是傅以礼第一次辑此书。傅氏曾将辑本嘱托其友李慈铭校正,李慈铭日记云:(同治六年正月十五日)"为节子撰《华延年室金石录序》。又作书致节子,论《明谥考》可疑者数事。又节子以新辑《张苍水遗集》属校正。"②此处说"节子以新辑《张苍水遗集》属校正",而张煌言号苍水,可知李慈铭日记所提到的《张苍水遗集》即指《张尚书集》。同治十二年(1873),傅以礼从潘骏章处得到《乾坤正气集》,除此集所收张煌言《张阁学集》《北征录》《复郎总督书》外,又得张氏遗文21通,于是重缮清本,勒为3卷。光绪九年(1883),傅以礼返浙后,从丁丙、李宗莲处借得张煌言诗文集抄本,对抄本重新进行编次,凡抄本所缺,则以《乾坤正气集》补入。③

《张忠烈公文集》7卷,有清光绪十年(1885)傅以礼家抄本,集中有傅氏自作跋语及丁丙跋。傅以礼编辑《张忠烈公文集》时,丁丙寄送墨刻张煌言诗文手稿,其中《梅花》《月夜重登普陀山》《忆菊》《羁旅》《墙角红梅》诸篇,"集皆漏载",傅以礼据墨刻手稿一一补入。浙江海宁王氏藏有张煌言之砚,李宗莲曾作文记之,因此文与张煌言有关,故傅氏将李宗莲此文附录于后。④

《皇朝谥法考》原为鲍康辑纂,再由徐鼒增补,最后由傅以礼续辑。傅以礼在会稽居住时,曾与李慈铭"采集康熙以来得谥之人,以补渔洋旧考所未备",但刚草就一半,鲍氏《皇朝谥法考》先出,"事遂中辍"。傅以礼虽然认为此书搜罗详备,"且多订正前人之误",但他又指出此书存在不少疏漏,这成为他续辑此书的动因之一。傅以礼续辑此书的另一原因是此书经增补后"门类迭出,反不便于寻检"。同治九年(1870)、光绪九年(1883),傅以礼两次入京,托彭瑟轩、查荫楷从内阁档册中抄录出87人谥号,皆徐书所漏,傅以礼即在此基础上续辑此书。但傅氏仍恐有遗漏,故"姑依档册原次录附卷末,俟所积益夥,当以类分隶,合鲍、徐各编汇为一书"。⑤

清杨宾《杨大瓢杂文残稿》,清末时仅存文38篇,"末附省亲出塞时同人赠行诗文"。杨宾残稿原藏于杨氏后人杨梦符处,但杨梦符卒后,此稿便不知去向。傅以礼得知苏州尚有传本后,托友人凌茂才寻得此书,"因手录目次弁首,以便寻检,并据所见墨迹,摭拾诗什如干首附入"。⑥据此可知,傅以礼对原书篇目进行了局部调整,并将

---

① 傅以礼:《华延年室题跋》卷上《重辑碧血录》,上海古籍出版社2009年版,第150页。
② 金梁辑录:《近世人物志》,北京图书馆出版社2007年版,第105页。
③ 傅以礼:《华延年室题跋》卷中《张尚书集》,上海古籍出版社2009年版,第193—195页。
④ 傅以礼:《华延年室题跋》卷中《张忠烈公文集》,上海古籍出版社2009年版,第228页。
⑤ 傅以礼:《华延年室题跋》卷上《皇朝谥法考》,上海古籍出版社2009年版,第163—164页。
⑥ 傅以礼:《华延年室题跋》卷中《杨大瓢杂文残稿》,上海古籍出版社2009年版,第200页。

搜集的若干首诗增入。

《祁忠惠公集》有清代道光年间杜煦、杜春生辑本,傅以礼即在杜氏辑本的基础上增辑此书,并对原书进行重编。杜氏辑本原无《锦囊集》《未焚集》《紫芝轩逸稿》3种,同治九年(1870),傅以礼从友人处得到上述3种,将其编为《附编》。此后,傅以礼又从魏锡曾处得到祁彪佳(清廷追谥"忠惠")尺牍墨迹,将其附于《附编》卷尾。鉴于杜氏辑本体例存在问题,傅以礼又对辑本进行编次,除部分内容一仍其旧外,"所有《附编》诗文并新增尺牍,则散入卷二、卷三、卷四、卷九各卷中,勒为八卷"。此外,又以"(祁彪佳)《明史》本传、《胜国诸臣殉节录》、像图弁首,以行实、遗事、世系附末"。①

三 傅氏先世文献之辑佚

傅以礼所辑傅氏先世文献,有《傅氏家书》《傅氏续录》《傅氏传芳集外编》3种。《傅氏家书》所收为傅氏先世由晋至唐各集,共收书8种,分别为《傅子》(5卷)、《傅鹑觚集》(4卷)、《傅中丞集》(1卷)、《傅兰台集》(1卷)、《晋诸公叙赞》(2卷)、《晋公卿礼秩故事》(1卷)、《续文章志》(1卷)、《傅芳集》(1卷)。② 关于《傅氏家书》的辑情况,傅以礼云:"赖前贤辑本具存,得以抱残守缺,从而写袭。虽补苴罅漏,芟定衍夺,仅等诸一畚增嶽,一蠡损海。"③ 据此可知,此书之前已有辑本,而傅氏不过是在此基础上续辑该书,并做了一些增删、校勘之类的工作。傅以礼《北堂书钞跋》云:"同治乙丑,大令(指陈徵芝)之孙以是书(指明抄本《北堂书钞》)出售。祥符周季贶(即周星诒)太守损数百金得之。余以辑《傅子》《傅鹑觚集》《傅中丞集》《傅光禄集》《晋诸公叙赞》诸书,屡从借阅,留于斋先后几及三载,繙帋循览数过,谨就所载先世杂著,芟订衍夺,录入《傅氏家书》。"④ 据此可知,傅以礼辑《傅氏家书》时曾向周星诒借阅明抄本《北堂书钞》。

傅以礼搜辑先代著述时,由晋至唐各集汇为《傅氏家书》,而两宋三百余年的先世著述则汇为《傅氏续录》。据傅以礼说,傅氏两宋时期"先世著述登志乘者,其目十有六,为卷二百二十有二,而奉敕纂修者不与焉"。但元明以来,"什一仅存",傅以礼认为若不及时辑,先世著述有亡佚之虞。关于辑此书的原则,傅以礼云:"凡首尾完具诸帙,既参校各本,刊正疑讹。即篇章亡散,而遗文坠简,杂出众家叙载者,罔勿旁摭博综,缉而缀之,俾逸而复存。惟以传作鲜罕,不能专行,概汇入《传芳集续编》,仍前书(指《傅氏家书》——引者注)例也。"经傅以礼努力,此书收书3种,计23

---

① 傅以礼:《华延年室题跋》卷中《祁忠惠公集》,上海古籍出版社2009年版,第198页。
② 上海图书馆编:《中国丛书综录》第一册,上海古籍出版社1982年版,第464页。
③ 傅以礼:《华延年室题跋》卷中《傅氏家书》,上海古籍出版社2009年版,第203页。
④ 傅以礼:《华延年室题跋》卷中《北堂书钞》,上海古籍出版社2009年版,第185页。

卷。① 此书现藏于日本东京大学图书馆，颇为罕见，所收 5 种傅氏辑书难以确知其详，仅知《傅简公奏议》为其中一种。②

关于《傅氏传芳集外编》的辑录情况，傅以礼云："以礼既裒集有宋先世遗著为《傅氏传芳集续编》，复仿钱氏书例，辑为是集（即《傅氏传芳集外编》），凡分五门，都为八卷。"此处"钱氏"是指钱仪吉，所谓的"钱氏书例"，傅以礼引钱仪吉《钱氏清风集序》云："予撰次先世文字，及先人师友周旋之雅，诗歌投赠之作，都为一集。"③ 傅以礼辑录《傅氏传芳集外编》时，即仿钱氏这一体例。

傅氏先世部分著述，在傅以礼之前已有辑本，但傅以礼所辑均属后出转精，兹以《傅氏家书》所收《傅子》和《傅光禄集》为例，可见一斑。《傅子》原为 120 卷，晋傅玄撰。唐以后此书即残缺不全，元明时期尚有残本，至清初时始佚。乾隆时，四库馆臣从《永乐大典》中辑出一卷，嘉庆时，严可均又从《三国志注》《群书治要》等书辑出部分佚文，扩充为四卷。但严氏抄本不易寻得，傅以礼"物色有年未之得"，"乃发藏书，复借人阅世，锐志耆辑，顾以应官鲜暇，随作随辍"。傅氏在台湾任职时，得杨希闵之助，又开始重辑此书。与此同时，傅以礼又得到严可均辑本，故"亦参用之"。傅氏对内容重新排比后，"以卷帙少繁，依《崇文总目》勒为五卷"。傅以礼辑本比严可均辑本多出 500 余字，是当时最好的辑本。光绪十八年（1892），傅以礼奉命校补聚珍版诸书时，以自己所辑之本和钱氏清风堂本托孙星华校勘，并将此书刊行于世。④《傅光禄集》，明代有张溥辑本一卷，收入《汉魏六朝百三名家集》。清代严可均《全上古三代秦汉三国六朝文》又从《艺文类聚》辑出《立学诏》，"而删去诏册玺书七篇"，但严可均此书未收傅氏之诗。傅以礼辑此书时，除将张氏辑本收入外，又从《文馆词林》中辑出《征刘毅诏》《收葬荆雍二州》《文武试严》诸篇，又"据《宋书·礼志》增《殷祭即吉议》，其《修复前汉诸陵教》，并依《词林》补 65 字，而附以请归政三表"。至于集内年月可考的作品，则于标目下分别详注。傅以礼辑本计 2 卷，在编次上与张、严二氏辑本存在异同。⑤

与《傅子》和《傅光禄集》不同的是，傅以礼辑《续文章志》时，并无前人辑本作为参考。晋挚虞《文章志》问世后，又有傅亮所作《续文章志》，此书系续《文章志》而作，其后又有宋明帝《晋江左文章志》、沈约《宋文章志》，清代时均不传。《续文章志》，《隋书》与《旧唐书》均著录为 2 卷，但《新唐书》并未著录，故傅以礼推断此书约亡佚于北宋时期，至清代时仅存残篇断句。此书未经前人汇辑，故辑佚难度较大，傅以礼根据残存之文，"反复寻绎"，认为挚虞《文章志》所记，大抵为周秦两汉人物。傅以礼在辑录《续文章志》时，"凡志文载魏晋间事迹，逐条写出，省并

---

① 傅以礼：《华延年室题跋》卷中《傅氏续录》，上海古籍出版社 2009 年版，第 204 页。
② 刘琳、沈治宏编著：《现存宋人著述总录》，巴蜀书社 1995 年版，第 72 页。
③ 傅以礼：《华延年室题跋》卷中《傅氏传芳集外编》，上海古籍出版社 2009 年版，第 205 页。
④ 傅以礼：《华延年室题跋》卷中《傅子》，上海古籍出版社 2009 年版，第 167—168 页。
⑤ 傅以礼：《华延年室题跋》卷中《傅氏续录》，上海古籍出版社 2009 年版，第 188 页。

重复,联系奇零,共得一十四人,子孙可考者亦附及焉"。①

除上述诸书外,据上海图书馆所编《中国丛书综录》标注,傅以礼还辑有《然脂百一编》一书,②然而事实并非如此。《然脂百一编》原为清人王士禄所编,傅以礼不过在此基础上对此书进行重编,故《中国古籍善本书目》及《山东省图书馆馆藏缩微文献目录》均题"王士禄编,傅以礼重编"③。

四 结语

通过以上考察,目前可以确知傅以礼辑书至少有23种,其中宋代文献有《攻愧集拾遗》《文定集拾遗》2种(不含傅氏先世宋代著述),明清文献有《庄氏史案本末》《楚之梼杌》《忠节故实》《碧血录》《张尚书集》《张忠烈公文集》《皇朝谥法考》《杨大瓢杂文残稿》《祁忠惠公集》等9种,傅氏先世文献主要收入《傅氏家书》《傅氏续录》二书,其中《傅氏家书》收书8种,《傅氏续录》存书3种,除《傅氏家书》《傅氏续录》外,另有《傅氏传芳集外编》一书,傅氏先世文献共计12种。通过对傅以礼辑书情况的考察,不仅有助于进一步认识傅以礼的辑佚思想,也为评价傅氏的辑佚学成就奠定了事实依据。

【作者简介】廖章荣,湖北大学历史文化学院硕士研究生

---

① 傅以礼:《华延年室题跋》卷中《续文章志》,上海古籍出版社2009年版,第206页。
② 上海图书馆编:《中国丛书综录》第二册,上海古籍出版社1982年版,第1742页。
③ 《中国古籍善本书目》编辑委员会编:《中国古籍善本书目·丛部》,上海古籍出版社1989年版,第386页;山东省图书馆编:《山东省图书馆馆藏缩微文献目录》,中国文联出版社2005年版,第165页。

蔡元培学校美育思想及其当代价值

韩秀秀

【摘要】蔡元培美育思想融合中西,内涵丰富,涵盖范围广,他把学校美育分为普通美育和大学美育两个阶段。该文通过梳理学校美育思想渊源,研究它的实施方法,体现出其在唤醒学生的审美意识,提高学生审美能力,陶冶情感,形成完全人格,提高学生创新能力等方面的价值。

【关键词】蔡元培　学校美育　普通美育　大学美育　当代价值

习近平在中国文学艺术界联合会第十次全国代表大会、中国作家协会第九次全国代表大会上发表重要讲话,对文艺工作者提出了四点希望,其中提到"文艺是铸造灵魂的工程,承担着以文化人、以文育人的职责,应该用独到的思想启迪、润物无声的艺术熏陶启迪人的心灵,传递向善向上的价值观。广大文艺工作者要做真善美的追求者和传播者,把崇高的价值、美好的情感融入自己的作品,引导人们向高尚的道德聚拢,文艺要塑造人心"[1]。"所以,我们现在的责任,是要替中国一般平民养成一种精神生活,理想生活的需要,使他们在现实生活以外,还希求一种超现实的生活,在物质生活以外还希求一种精神生活。"[2] 美学作为人文学科,是可以承担教化人心、陶冶情操、塑造完整人格作用的。而蔡元培为近代美育的引路人,他的美育思想历经百年后,依然没有褪去它的价值,当代美育的发展仍然可以从中吸取养分来完善自己。蔡元培把常规认识中的美育范围扩大,并把学校美育分为普通美育与专业美育两个阶段。笔者首先考察其学校美育思想的渊源。

---

[1] http://cpc.people.com.cn/n1/2016/1201/c64094-28915766.html.
[2] 金雅编:《中国现代美学名家文丛·宗白华卷》,浙江大学出版社2009年版,第9页。

一 蔡元培学校美育思想的渊源

蔡元培思想开明,既继承了中国传统优秀文化,又积极向西方学习。傅斯年曾说:"蔡先生实在代表两种伟大的文化,一是中国传统圣贤之修养,一是法兰西革命中标揭自由平等博爱之理想。"① 蔡元培的美育思想始终坚持中西结合,取长补短,建立了全新的美育观。

(一)传统美育的哺育

美育思想古早有之,尧舜时代就有"乐教"之事,周人在继承"先王乐教"的传统教化基础上,提出了"六艺",进一步发展了美育。以孔子为代表的儒家在继承西周"六艺"教育的基础上提出了"兴于诗、立于礼、成于乐"②的美育思想。"诗与乐相关,目的在怡情养性,养成内心的和谐;礼重仪节,目的在行为仪表规范,养成生活上的秩序。蕴于中的是性情,受诗乐的陶冶而达到和谐;发于外的是行为仪表,受礼的调节而进到秩序。"③ 汉代儒家学者继承并发展了孔子以来的诗、书、礼、乐之教,《礼记·经解》载:孔子曰:"如其国,其教可知也;其为人也温柔敦厚,《诗》教也;疏通知远,《书》教也;广博易良,乐教也;洁净精微,《易》教也;恭检庄敬,礼教也;属辞比事,《春秋》教也。"④ 从汉武帝"罢黜百家,独尊儒术"后,儒家在中国古代文化史上的主体地位被确立,儒家美育思想成为中国古代美育思想的主体。

蔡元培受儒家思想影响最深,看重道德,追求独立、完满的理想人格。他6岁开始接受私塾式的传统蒙学教育,11岁时父亲去世,家境渐入困顿,无力聘请先生,只能寄居姨母家读书,14岁转入离家半里之遥的王懋修私塾馆学习。1883年(光绪九年),16岁的蔡元培考中秀才,22岁乡试中举,23岁参加会试成为贡生,25岁补殿试,中二甲进士,被点为翰林院庶吉士。蔡元培是受传统儒家科举取士教育成长的文人士大夫,从小熟读四书五经,对传统文化知之甚详、根底深厚。他追述中国美育发展历程时说:"吾国古代教育,用礼、乐、射、御、书、数之六艺。乐为纯粹美育;书以记述,亦尚美观;射、御在技术之熟练,而亦态度之娴雅;礼之本义在守规则,而其作用又在远鄙俗;盖自数以外,无不含有美育成分者。其后若汉魏之文苑、晋之清淡、南北朝以后之书画与雕刻、唐之诗、五代以后之词、元以后之小说与剧本,以及历代著名之建筑与各种美术工艺品,殆无不于非正式教育者行美育之作用。"⑤ 在蔡元培看来古代六艺皆有美育作用,他根据实际情况,继承并发展了古代典籍中的美育

---

① 蔡建国编:《蔡元培先生纪念集》,中华书局1983年版,第82页。
② 李泽厚:《论语今读》,天津社会科学院出版社2007年版,第149页。
③ 《朱光潜全集》第四卷,安徽教育出版社1988年版,第145页。
④ 孙希旦:《礼记集解》,中华书局1989年版,第1254页。
⑤ 《蔡元培全集》第五卷,中华书局1988年版,第508—509页。

思想。

(二) 对西方现代美育的吸纳

现代意义上的"美育"一词实际上源于席勒的《美育书简》。席勒说:"唯有美才会使全世界幸福,而且每个人,只要他体验到了美的魔力,他也就会忘掉自己的局限。"① 蔡元培从 1908 年到 1911 年在德国莱比锡大学研习哲学、美学、文化史、人类学、实验心理学。在莱比锡大学学习期间,蔡元培由于对知识的渴望和周围环境的影响,对美学如饥似渴。他在《自写年谱》中回忆说:"我于讲堂上既常听美学、美术史、文学史的讲演,于环境上又常受音乐、美术的熏习,不知不觉的渐集中心力于美学方面。尤因冯德讲哲学史时,提出康德关于美学的见解,最关重于美的超越性与普遍性,就康德原书,详细研读,益见美学关系的重要。"② 可以看出,蔡元培在研究美学时,汲取了丰富的西方美学理论,尤其是康德的美学思想。

他接受了康德的美的普遍性和超脱性的观点,并以此为美育思想的理论依据。他在《美育与人生》中说:"陶养的工具,为美的对象,陶养的作用,叫作美育""美的对象,何以能陶养感情?因为他有两种特性:一是普遍;二是超脱。"③ 他很好地吸收了康德美学思想,曾写《康德美学述》,对康德美学进行了评述。从中可看出蔡元培在形成自己的美育思想前对西方美育思想也是做了很深的研究,并取其精华为他所用。

(三)"兼容并包"办学宗旨的体现

蔡元培阐释"兼容并包"思想时说:"对于学说,仿世界各大学通例,循思想自由原则,取兼容并包主义……无论何种学派,苟其言之成理,持之有故,尚不达自然淘汰制运命者,虽彼此相反,而悉听其自由发展。"④ 1922 年,蔡元培又发表了《教育独立议》一文说:"教育是帮助被教育的人,给他能发展自己的能力,完成他的人格,于人类文化上能尽一分子的责任;不是把被教育的人,造成一种特别的器皿,给抱有他种目的的人去应用的。所以,教育事业当完全交与教育家,保有独立的资格,毫不受各派政党或各派教会的影响。"⑤ 系统而又清晰地阐述了他的"教育独立"观。在这思想指导下,他不仅延请了许多新派学者到北大任教,包括陈独秀、鲁迅、胡适等,而且保留了许多旧派人物,如刘师培、辜鸿铭等。蔡元培这样做的目的是让教师在学术上自由讨论,让学生自由选择,独立思考。

蔡元培在对大学美育的阐释中同样秉持这样的观点,他说:"爱音乐的进音乐学校,爱建筑、雕刻、图画的进美术学校,爱演剧的进戏剧学校,爱文学的进大学文科,

---

① 张玉能编译:《席勒美学文集》,人民出版社 2011 年版,第 294 页。
② 《蔡元培全集》第七卷,中华书局 1984 年版,第 302 页。
③ 金雅编:《中国现代美学名家文丛·蔡元培卷》,浙江大学出版社 2009 年版,第 125 页。
④ 《蔡元培全集》第三卷,中华书局 1984 年版,第 271 页。
⑤ 同上书,第 177 页。

爱别种科学的人就进了别的学科了。"① 学生自由选择自己喜爱的专业去学习，进入专门的美育学科去陶养自己的情感。蔡元培按照当时的教育状况把美育划分了三个范围：家庭美育、学校美育和社会美育。他认为，要想有良好的社会，必先有良好的个人，要有良好的个人，就要先有良好的教育。而学校美育则是一个人一生中美育的重要阶段，也是美育的最主要途径。

二　普通美育：美育的根基

　　蔡元培把学校美育分为普通美育和大学美育。儿童满六周岁后，进入小学，到高中毕业都属于普通教育时期。小学时学校可以教授音乐、图画、运动、文学等课程。中学时代，是人生中最重要的一段。一切身体上、精神上、知识上的基础，都在中学时代完成。中学一面连接着小学，一面又是高等教育的储备库。蔡元培认为中学阶段，学生自主能力增强，表现欲增强，选取的文字、美术，可以复杂一点，悲壮、滑稽的著作也可以应用了。美育的范围，也并不限于音乐、美术、舞蹈等科目，凡是学校开设的课程，都与美育有关，他把常规认识中的美育范围扩大。比如数学，似乎很枯燥，但是美术上的比例、节奏，全是数的关系，截金术也是如此。数学的游戏，可以引起滑稽的美感。几何图案更是美术常用到的。物理化学似乎与美育关系不大，其实并非如此。声学与音乐、光学与色彩等关系很密切。雄强的美，全是力的表示。现在有许多美术工艺品，是用电力制成的。

　　化学试验中常见的美丽的光焰，元子、电子的排列法幻化出来的图案都可以带给人美的享受。不管是国画还是油画，用到的颜料也有许多化学制品。蔡元培还说到星月的光辉在天文学上不过是映照距离的关系，在文学、美术上却具有其他作用。矿物的结晶、闪光与显色，在科学上不过是自然的结果，却可以用来装饰物品，发挥美学的价值。植物的花叶、动物的羽毛和声音是被用来保存生命的，在美术、文学上又为美观的材料。地理学上变幻不定的云霞风雪、山岳河海、名胜古迹等都是美育的材料。其实，世界上并不缺乏美，缺少只是发现美的眼睛。

　　陶行知说："中国现在的教育是关门来干的，只有思想，没有行动的，教员们教死书，死教书，教书死；学生们读死书，死读书，读书死。所以那种教育是死的教育，不是行动的教育。"② 这句话依然适用于当代中小学教育。笔者在大学期间对中小学美育情况做过调查，当时选取了江苏省泗洪县作为调研对象，通过问卷、采访等形式对泗洪县的美育状况有了一个比较清晰的印象。通过分析问卷、采访稿，笔者发现中小学的美育还存在以下三个问题。其一，学校、家长包括学生自己对美育都缺乏重视度

---

① 金雅编：《中国现代美学名家文丛·蔡元培卷》，浙江大学出版社2009年版，第101页。
② 《陶行知全集》第二卷，湖南教育出版社1985年版，第611页。

和认识度。学校为了升学率达到教育部要求，只能压缩美术课、音乐课等课程时间，让学生去学习语、数、外等中高考要考的科目。大部分家长对学校的做法是表示赞同的，只有个别家长认识到美育的重要性，学校美育课程少，他们转而穿梭在校外的各种兴趣班里。其实，大部分家长的目的也并不是为了用美育陶养情感、提升修养，而是为了考级，为了中高考加分。学生则基本上没有选择的权利，像个提线木偶一样被掌控在老师和家长手里。其二，中小学严重缺乏有专业素养的美育教师。这种情况在三线往下的城市比较普遍，像泗洪这样的小县城，大部分学校的美术、音乐课老师都是其他课目的老师兼带的，老师自己都没有受过专业的美育培训，对美育也没有比较系统的认识，"画虾必学齐白石，画竹必学郑板桥。一个班学生的画相差无几，一个面孔，一个学期翻来覆去地画一两样东西，有的连下笔的顺序1、2、3、4都安排好了。"① 所以根本调动不起学生对美育课程的兴趣，更别说陶养情感、形成高尚人格了，连最起码的认识美、创造美都达不到。其三，中小学条件简陋，美术教育素材紧缺。这一点可以说是以上两点造成的结果。蔡元培在论述学生美育的途径时提到参观美术馆、博物馆等，现实情况是只有大城市的中小学生可能有机会去，像一些市级以下的城市根本就没有这样的条件，更别说农村的学生了。即使有机会去参观博物馆、美术馆，也没有专业的老师讲解，学生也根本体会不到艺术品的美。

从小学到高中毕业，十一二年的时间，正是学生接受美育的最佳年华，可惜，他们把时间都花在了各种考试中。中小学生为了考上名牌中学、著名大学，理工科的学生埋头在题海战术中，文科学生在死记硬背。不管是家长还是教师，根本没人理会学生是否需要美育。还有学生因文化课成绩差，可能考不上大学，就想着走捷径，选择学习美术、书法、音乐、舞蹈等艺术门类，集训个一年半载，就能考上不错的大学。如此急功近利，学生疲于应付，哪里还能体会到艺术的美，这样的美育真是不要也罢。正像蔡元培所说，用了计较打算的态度去看一切，一切都无美可言。美育如此，现在的教育更是这样。"教育是帮助被教育的人，给他能发展自己的能力，完成他的人格，于人类文化上能尽一分子的责任；不是把被教育的人，造成一种特别器具，给抱有他种目的的人去应用的。"② 时刻牢记"君子不器"。中学毕业后，幸运的学生会进入大学深造，将由普通美育转到专门教育阶段，从此关于美育的学科，都可以单纯地进行了。

三 大学美育：自由兼容的专业美育

钟仕伦把高校美育定义为"利用自然美、社会美、艺术美等美的心态对高校学生进行情感净化、兴趣陶冶，并提高学生感受美、鉴赏美、创造美的能力，培养其正确

---

① 李小淡：《童心·童画》，《中国美术教育》1991年第6期。
② 蔡元培：《中国现代教育文选》，人民教育出版社1998年版，第12页。

的审美观念、审美理想、审美情趣的教育"①。与蔡元培制定的专门美育思想不谋而合。蔡元培认为立国之本,在实业与教育,而教育负有养成实业人才的任务。所以教育进步,确为国民进步的符验。他还说,没有好的小学就没有好的中学生,没有好的中学就没有好的大学生。然而大学教育不好,就没有办中等教育的人才,中等教育不好,就没有办初等教育的人才。教育是培养人才的,是不可以不注意科学与艺术的。在当今金钱至上、浮躁喧嚣社会里,真正的精英人才多不从事教育行业,导致中小学教师能力、素质普遍下降。大学里评职称根本不考虑你的教学水平,而看你发了多少篇论文在C刊和核心刊物上,使得大学教授的时间大都花在科研上而不是在培养学生上。教学、科研本是教师兴趣所在,现在却变为压力,而且压力指数与日俱增。学术环境被污染,学术研究转变成"数字比拼"。许多综合类大学本有艺术学院,却因科研量不足,教学评估差而被取消招生。

目前的大学状况与蔡元培当年所说的境遇也没什么改变,很多大学都常常看见专治科学而不涉美术的人,他们难免有萧索无聊的状态。无聊不过是除因生存而强迫自己做的职务以外没有别的消遣,即使有也只是参与一些俗气低劣的娱乐活动。因为专治科学,所以容易偏于概念,偏于分析,偏于机械。抱着这种机械的人生观与世界观,不但对于自己毫无生趣,对于社会也毫无感情,就是对所治科学也不过是"依样画葫芦",没有创造的精神。蔡元培认为,为了防止这种流弊,就要求教师、学生在知识以外兼养感情,研究科学以外,兼学美术。有了美术的兴趣,并从中找到遗失的情感,让我们的生活更加丰富多彩。我们在学习本专业的余暇,读读文学,听听音乐,跳跳舞蹈,写写书画,谋求知识与感情的调和,这样才算是认识人生的价值了。人生变得有意义、有价值,就是研究科学也一定精神百倍,创造力无限。

蔡元培还说学与术为两个名词,学为学理,术为应用。各国大学中的科目,如工商、法律、医学等,不但研究学理,而且讲究应用,都属于"术"的范围。纯粹的科学与哲学才是"学"。学必借术以应用,术必以学为基本,两者齐头并进才好。笔者大学时为书法专业,我们专业的教学理念即为"以学带术",在学习专业技巧的同时,还要研读文学、史学、哲学书籍。院长希望把学生培养成诗、书、画、印的全才,让书画作品中自然而然地蕴含人文气息,去除俗气、匠气。大部分艺术类院校都比较重视"术"的一面,以专业技巧娴熟与否为评判标准,老师和学生都不喜读书,只知一味地画、写、唱。像音乐、舞蹈类对文化知识的要求可能稍低一些,但中国的书法、绘画、诗歌自古以来就是文人雅士寄托情感、聊以排遣胸中逸气的艺术门类,不得不要求多看书,要不然根本理解不了它美在何处。

在大学美育中,蔡元培还非常强调教师的引导作用,在他看来,大学教育所用的各种资料,没有不含有美育元素的,一经教师提醒,学生自会从中感到无穷乐趣。好的老师在美育过程中异常重要,教师的艺术水平不高或者艺术品行不佳,对学生的祸

---

① 钟仕伦:《高校美育概论》,中国社会科学出版社2006年版,第17页。

害也是很大的。尤其在市场经济的冲击下，一些老师看到书画市场的火热，带着学生一起卖字卖画，完全不考虑质量，只以营利为目的。甚至有老师伙同学生造假画、假字赚取暴利。除了强调教师的引导作用外，蔡元培还要求每个学校的建筑物、陈列品，都符合美育的条件；可以随时举行音乐会、书画展览等。这些设施，一般大学都会有，但真正利用起来的很少。

四 蔡元培学校美育思想的当代价值

雅斯贝尔斯说："对终极价值和绝对真理的虔敬，是一切教育的本质，缺少对'绝对'的热情，人就不能生存，或者人就活得不像一个人，一切就变得没有意义。"[①] 这句话套在美育身上也同样适用，美育思想，尤其是蔡元培学校美育思想对当代学校美育依然具有参考价值。理由有以下三点。

（一）唤醒学生对美的认识，提高审美能力

当前的中国人民物质生活上去了，精神却匮乏了，金钱成为他们衡量成功的唯一价值标准，就连一些高级知识分子也不能免俗，审美教育早被弃之一旁。马克思曾说："对于不辨音律的耳朵来说，最美的音乐也毫无意义，音乐对他来说不是对象。"[②] 正像前面所说，很多学校没有开设美育课程，学生没有受到专业的美育指导，即使研究生也有很多不知什么是美、怎样欣赏美，更谈不上表现美、创造美了。当今世界网络又如此发达，一部分学生鉴别能力差，非常容易受媒体误导而沉醉于低俗、肤浅的网络文化中，且对古今中外优秀经典文化不屑一顾，对身边的美术展、书法展、摄影展等视而不见。现在学生就业压力大，功利主义、实用主义盛行，驱使他们追求掌握实用的，且与职业前途密切相关的课程，他们热衷考级、考证和找工作，根本不愿意花时间去积累人文知识，他们也不感兴趣。针对这种情况，我们应该大力提倡美育，让学生通过艺术美、自然美、社会美的欣赏和体验，以审美的态度对待现实人生，让那些庸俗的文化远离我们的校园。

（二）提升学生创造精神

我国目前教育体制还不够不完善，学生迫于升学压力，沦为考试机器，根本没有空闲去学习高雅艺术，更别说发明创造了。为了提升学生创造精神，提倡与践行美育应该被提上日程了。蔡元培认为美术是一种高尚的消遣，主要就在于它能提起人的创造精神，美术一方面有超脱利害的性质，另一方面可以自由发展个性，若沉浸其中，

---

① [德] 卡尔·西奥多·雅斯贝尔斯：《什么是教育》，邹进译，生活·新知·读书三联书店1991年版，第44页。
② [德] 马克思：《1844年经济学哲学手稿》，刘丕坤译，人民出版社1979年版，第79页。

能逐渐减少占有的冲动，扩展创造的冲动。"美育之在普通学校内，为图工音乐等课，可是亦须活用，不可成为机械作用。从前写字的，往往描摹古人的法帖，一点一划，依样葫芦，还要说这是赵字那，这是柳字那，其实已经失却生气，和机器差不多，美在哪里？""图画也是如此，从前学子，往往临摹范本，圆的圆，三角的三角，丝毫不变，这亦可不算美。"[①] 临摹古人作品，是学习的手段，不是最终目的，创作才是。创作必须有自己的特色，不能被古人或者老师带跑。学古人要进得去，也要出的来，不要被门派所囿，固化了思维，丢失了创造力。

（三）陶冶情感，形成完全人格

没有完全人格，人也不能称其为人，如复旦大学那个投毒的研究生，作为名牌大学的高级知识分子，却因为一点小事怀恨在心，以自己所学专业知识为工具，残害同学生命。美育的缺失，使当代大学生少了能代替宗教的信仰，平时枯燥的专业学习无法满足心理需求，无法寄托情感，生活压力无处排遣，压抑过多，只好爆发在身边同学的身上。美育作为情感教育，又和一般的情感教育有所不同。蔡元培说："我们提倡美育，便是使人类能在音乐、雕刻、图画、文学里找到他们遗失的情感。我们每每在听了一支歌，看了一幅画，一件雕刻，或是读了一首诗、一篇文章后，常会有一种说不出的感觉。四周的空气变得更温柔，眼前的对象会变得更甜蜜，似乎觉得自身在这个世界上有一种伟大的使命。这种使命不仅仅要人人有饭吃，有衣裳穿，有房子住，他同时还要使人人在保持生存外，还能享受人生。知道了享受人生的乐趣，同时便知道人生的可爱，人与人的感情便不期然而然的更加浓厚起来。"[②] 美育通过各种美的形象诉诸人的心灵，触动人的情感，从而陶冶人的情操，形成活泼敏锐的性灵，养成高尚纯洁的健全人格。

【作者简介】韩秀秀，中国矿业大学哲学研究所硕士研究生

---

① 金雅编：《中国现代美学名家文丛·蔡元培卷》，浙江大学出版社2009年版，第70页。
② 蔡元培：《蔡元培美学文选》，北京大学出版社1983年版，第215页。

怜君古人风　重有君子儒

——策动心理学的中国传人潘渊[①]

王蕴瑾　陈　巍

【摘要】 潘渊（1892—1974），字企莘，浙江省绍兴人，祖籍上虞汤浦。我国现代心理学先驱，心理学家、教育学家与翻译家。"中国心理学会"34位发起人之一。在基础心理学领域，潘渊通过系列实验发现意志能决定、变更并引起情绪，从而支持了美国心理学家麦孤独的策动心理学。在发展与教育心理学领域，潘渊主张后天获得的可遗传性，并对孔子的教育心理学思想进行了系统梳理，还用调查法考察了不同性别学生的学业成就差异；在教育改革与军事心理学领域，潘渊积极倡导会考制度的改革，并提出了人武教育并行的国民军事心理学理念。

【关键词】 潘渊　策动心理学　龙泉分校　中国心理学会　会考制度

一　从越中寒门子弟到斯皮尔曼的中国学生

1892年（光绪十八年）的农历正月廿二，潘渊出生于绍兴杨浦川下村（新中国成立后该村划入上虞）的一个农民家庭，祖上数代务农。8岁入本村的私塾，授蒙于前清秀才丹林先生，在此熟读《四书》《五经》《千字文》等旧学。平日里，每当村里有换糖担挑来时，其他小孩都会去看热闹，唯独潘渊不受外界诱惑，仍潜心读书。父母见他志向不俗，不顾家境贫寒，于1904年送潘渊入本地稽东小学，启智于该校几位才高学博的留学生教师。1906年，经族人介绍，入杭州慧兰中学求学。此时风雨如磐，国势飘摇，潘渊本就出身农家，家庭经济捉襟见肘，只能供他最起码的生活费用。因此，他一方面省吃

[①] 基金项目：本研究系浙江省越文化研究中心2016年度基地自设课题"越中心理学先驱潘渊评传：心理传记学的视域"（2016YWHJD04）的阶段性成果。

俭用，即使一张纸也要正反两用，在铅笔写过的基础上，再用钢笔书写；另一方面他还帮助学校图书馆整理图书，以勤工俭学的方式弥补自己的生活费用。1908 年，潘渊考入浙江省高等学校预科。1910 年 5 月以优异成绩毕业，1911 年初考入浙江省高等学堂文科，1913 年冬，以第一名的成绩毕业，由于成绩优异，由学校呈请本省官费留学英国，但终因时局动荡，未能成行。旋即，潘渊由师长介绍，在浙江省立第五中学（今绍兴一中）任教英文、法制经济，期间与周作人同事，也就结识了周建人等。潘渊与周作人共事多年，又因教授的课程相同（英文），在业务上也有较多共同语言。大约在 1915 年夏，潘渊萌生离乡去北京谋生的想法，在得到北京有关方面的函复后，由于需要投入相当的精力和时间去做考试前的准备工作，因此找到周作人，希望他可以帮忙分担部分教学任务。①

潘渊先生像

潘渊的人生转折发生在 1916 年，当时北京政府首次在全国招考高等文官，潘渊认为机会难得，决定应考。此时，潘渊已迎娶原配夫人沈浣香并得长子守先，此刻决心应考，背负的压力可以想见。此外，也恐落榜后被人耻笑，每每夜深人静，便用被单遮住窗户，通宵达旦刻苦攻读。终于初试合格，作为入选考生登报公布，进入复试。由于家境拮据，潘渊对是否进京复试犹豫不决。其父潘恒相曾因缺少文化而吃过亏，就是砸锅卖铁也要竭力支持儿子进京复试。潘渊最后以优异成绩通过复

---

① 周作人：《周作人日记》（影印本），大象出版社 1995 年版，第 591 页。

试,分配在由蔡元培任总长的教育部社会教育司第一科当职,科长恰好是鲁迅先生。潘渊与鲁迅在教育部共事十年,除了同事关系之外也是同乡与同好,查阅《鲁迅日记》,潘渊最先出现在1916年5月17日,最后一次记载是1925年10月15日,两人之间各种往还记录有64处之多。潘渊对鲁迅执师长之礼,每次回绍兴之前,都向鲁迅辞行,并询问他有无东西托带或代办其他事。鲁迅对这位同乡晚辈也是十分关爱,曾三次赠书于潘渊,不仅在工作和学术上提携和鼓励他,更是在潘渊经济拮据时慷慨相助。而最能体现两位先生情谊的大概是在鲁迅遭遇困难之时。1923年7月鲁迅与周作人失和后不得已搬出原居而另觅新住处,潘渊主动陪同鲁迅访问北京前桃园的房主,与鲁迅一同经历了寻房奔波的辛苦;1925年8月,段祺瑞政府因鲁迅支持北京女师大学潮而免去其教育部职务,潘渊与裘子元等一众同事、朋友和学生纷纷登门慰问、声援他。① 虽然鲁迅与潘渊往来的书信惜毁于绍兴沦陷时期和十年"文革"而荡然无存,但是两人亦师亦友的真挚情谊在岁月的回眸中生发光彩,成为永恒。

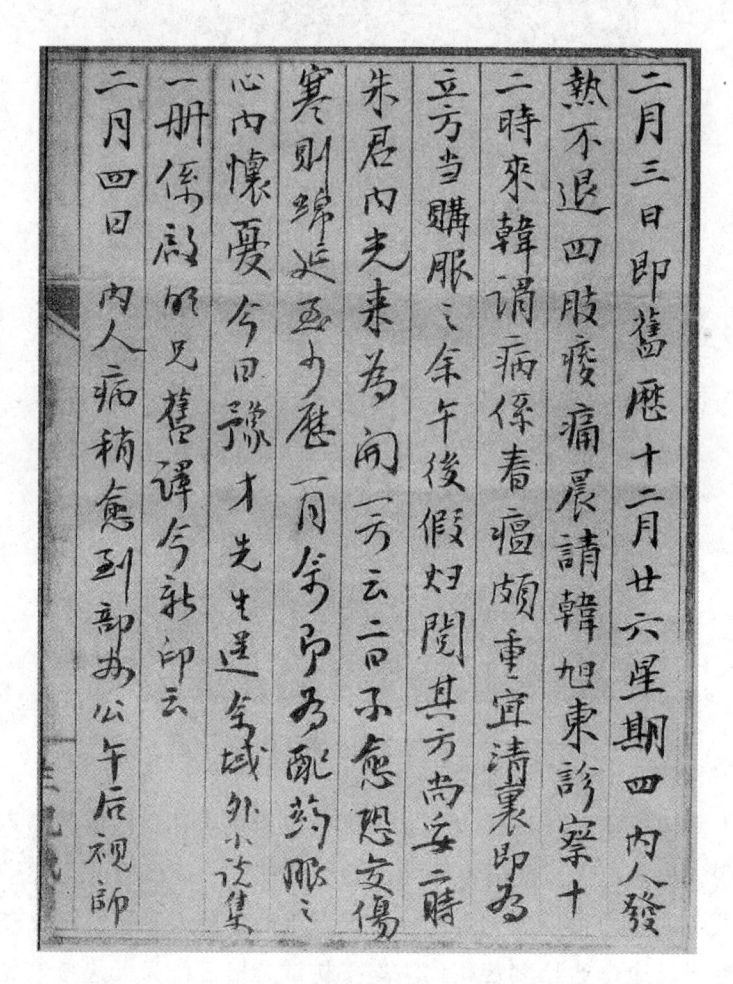

潘渊日记札录:"今日豫才先生送余《域外小说集》一册,系启明兄旧译,今新印云。"

---

① 鲁迅:《鲁迅日记》,人民文学出版社2006年版,第11页。

在时局动荡的年代里，潘渊虽有救国宏志，却苦于报国无门，加之学业又无专长，之前未能实现的游学欧美的愿望又有萌发。1926年，35岁的潘渊考虑再三，决定报考官费留学。这次考试并非一帆风顺，最后一场考试中潘渊忽感头晕目眩，甚至想呕吐，眼看功亏一篑，他没有退出考场，而是伏案休息，待身体稍作恢复时，考场已空洞洞，只剩他与监考先生。剩下时间已然不多，而考场的光线也逐渐昏暗起来。深度近视的潘渊在昏暗的光线下很吃力地写字，幸而这位好心的监考先生竟在潘渊身边吹起了他抽水烟用的"霉头"（绍兴方言，即"火星"），字一行行地写，"霉头"也一行行地来回移动。① 潘渊借着这如豆的火光踏上游学深造之路，起初在爱丁堡大学攻读教育学一年，后转至伦敦大学专攻心理学，师从著名心理学家、英国心理学会主席、因素分析之父斯皮尔曼（C. E. Spearman）教授以及著名精神分析学家吕格尔（J. C. Flügel）教授。1930年7月，潘渊借助《情绪和意志之关系：特指享乐论与策动论而言情绪与意志之关系》（*The Relation of Feeling and Conation with Special Reference to the Hedonic and Hormic Theories*）一文获得伦敦大学文学院心理学（哲学）博士学位，被聘为英国皇家心理学会会员。

潘渊博士论文原稿影印件之一

---

① 中国人民政治协商会议浙江省绍兴县委员会文史资料工作委员会：《绍兴文史资料选辑》（第12辑），绍兴县政治文史资料工作委员会1992年版，第89—91页。

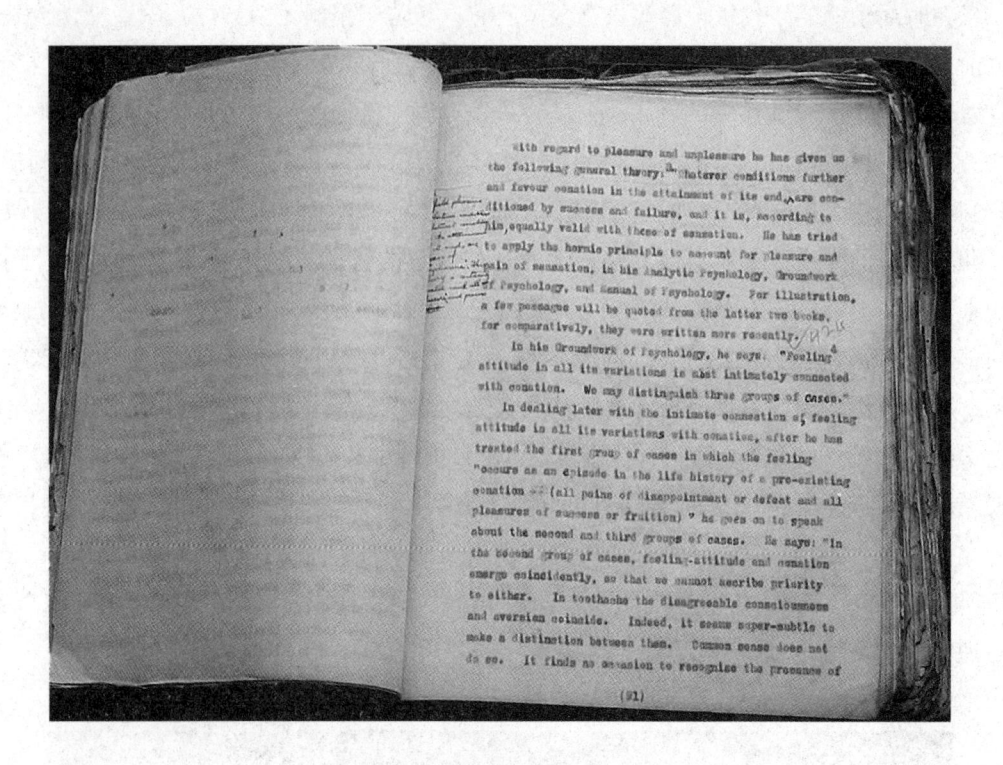

潘渊博士论文原稿影印件之二

潘渊是个勤学的人，但在生活上不拘小节，不修边幅，又拙于交际。他虽是官费生，却相当知悭识俭，节衣缩食。据高伯雨《听雨楼随笔》中记载，潘渊只吃南京楼二先令六便士的客饭。这使得有些华侨学生不想与他往来，以免影响自己绅士身份。1929年的复活节，潘渊和友人们受邀参加在诗人弥尔顿故乡举办的会议，会中潘渊有感于宋卓民的讲话，随后站起来作补充，只见他口沫横飞，说着蹩脚的英文，足足讲了十分钟，同座的人不知他讲的是什么，窃窃私语，以为他是怪人。转天早上，一群华侨子弟见到潘渊，还特地请他坐下，为他拍照，以为笑乐。[1]

然而，就是这位头发长长、胡子长长、完全不入英国绅士之眼的潘渊在获得博士学位后，导师希望他留在英国，但潘渊不忘国家培养，以游学为借口，谢绝导师挽留。随后，前往比利时、奥地利、瑞士、法国、德国和苏联等地考察学习，相继拜会米肖特（A. Michotte）、皮埃隆（H. Pieron）、瓦龙（H. Wallon）、皮亚杰（J. Piaget）、克拉帕雷德（E. Claparide）、荣格（C. G. Jung）、彪勒夫妇（K. Bühler & C. Bühler）、考夫卡（K. Koffka）、勒温（K. Lewin）等心理学一代宗师[2]，几乎囊括当时欧洲心理学名宿。

---

[1] 高伯雨：《听雨楼随笔》，牛津出版社2012年版，第98—99页。
[2] 潘渊：《参观比法瑞士奥德各国心理教育报告》，《浙江教育行政周刊》1931年第2卷第41期，第1—2页。

1930年潘渊（中间者）与留英同学合影

二 筹建"中国心理学会"，徒步八百里坚持教学

1931年，潘渊取道西伯利亚回国后，应湖北教育厅长之邀任湖北教育学院教务长、教授，一年后辞职赴京。后相继在北京师范大学（1931—1933）、北京大学（1933—1937）任心理学教授，教授"情绪心理学""普通心理学""儿童心理学""社会心理学"等课程。从1934年7月开始，潘渊积极响应周先庚、陆志韦的号召，连同樊际昌、陈雪屏等驻京各大学的心理学者每月聚餐一次，讨论中国心理学的现状及将来出路等问题。并于1935年11月的聚餐会上与陆志韦等共同发起筹建"中国心理学会"，是1936年11月中国心理学会34位发起人之一。

1933年前后潘渊与学生在北京郊外的合影

1937 年卢沟桥事变后，北京大学西迁，潘渊本意打算将妻儿护送回绍兴上虞老家后奔赴西南，无奈因交通线路被战火破坏，只能驻足留守。直至 1939 年，浙江大学西迁贵州，校长竺可桢报请教育部同意在浙江龙泉筹建浙大龙泉分校，并函邀潘渊赴龙泉任教。为不耽误教学，时已年近半百的潘渊徒步 800 里，行走 15 天，出任浙大龙泉分校心理学教授，兼师范学院英文系主任，教授教育学、心理学、哲学、英文等课。

1948 年前后，浙大龙泉分校任教之潘渊

此时的潘渊依旧是一口乡音，常年身着蓝布长衫和黑布鞋，长袍下摆直拖到脚背，黑边眼镜几乎架在鼻尖上，看起来像个私塾老先生。潘渊讲课时白话掺杂着文言，有时还夹着英语，如"同学们"在他口中成了"诸生"；对学生表示赞美时，他会说"颇好"；他进入教室的第一句话往往是"诸生须认真听课，不得分心"。潘渊这一富有特色的语言习惯，在当时的龙泉分校是出了名的。此外，潘渊授课时声音洪亮、情感非常投入，每逢讲至得意处大声欢笑，全堂轰然响应，若有人未附和必遭瞪眼或被斥为"反应迟钝"。他既讲柏拉图、卢梭、培根、康德、叔本华等西方哲学，也讲老庄等中国古代哲学；既以自身治学体会教诲学生，也闲谈胡适之、朱光潜等同事同乡的逸闻趣事；还在青年学生苦闷彷徨时给予信心，自创遗传与环境的"三角形定律"告诫学生"遗传"受之父母，不能改变，"环境"是人可以奋力赴之的，鼓励学生须不懈学习以获得成就。潘渊的心理课信息量巨大，青年心理、儿童心理、教育心理、变态心理，侃侃而谈、广征博引。他的课程都是自编讲义，还补充满满一黑板的板书，有时一边板书一边用手掌或衣袖甚至帽子擦黑板，一堂课下来，往往头发、眉毛、衣袖大襟上都是粉笔灰。

学贯中西的潘渊，在生活上却邋遢得很，除了珍藏的书籍著作整齐划一，其余室内杂物随便丢放。据潘渊的学生回忆，潘先生的房里除了书多——桌上、凳上、床上到处是书，最多的就是臭虫，枕头下和床帐四角几乎臭虫成堆。同学间还流传着一则趣闻，潘先生在避难时竟把火腿藏于衣箱里，结果把衣服弄得油腻不堪。

1944年浙大龙泉分校师范学院初级部师生毕业留影（前排左起第八人为潘渊）

抗战胜利后，学校回迁杭州，潘渊继续任教浙大直至解放。新中国成立后，潘渊由马叙伦、马寅初两人推荐入华北人民革命大学政治研究院学习。1950年8月25日，潘渊与陆志韦、周先庚等一同参与在清华大学心理系举办的中国心理学会全国总会成立会议，在会议中讨论会章、草案等事宜，开始筹备恢复因为战火而被迫停止活动的中国心理学会。翌年，潘渊在政治研究院毕业后，自愿支援老解放区，在山东师范学院任心理学教授，并于1953年12月20日与章益、傅统先等组成中国心理学会济南分会筹委会。

1955年，潘渊因年迈体弱回绍定居，垂暮之年依旧不废著述，仍不忘多次参加浙江省心理学会年会，发表教育心理学论文多篇。大约在1960年前后，时任浙江省省长的周建人从浙江图书馆馆长张宗祥口中得知潘渊在绍兴定居，并有意利用他的英文和心理学专长译介西方名著，但苦于无从下手。周建人听后十分兴奋，辗转与潘渊书信联系商榷译书选择事宜，并四处联系出版社。在几次荐书未得到出版社认可后，潘渊也不气馁，再在家藏书中翻阅，发现詹姆士（W. James）的心理学名著《心理学原理》一书乃心理学经典著作，此前虽已有人翻译，但未全部译成。因此致函周建人，并得到商务印书馆认可后，投入翻译工作。此书并非全用英文来写，不少章节用其他语种表达。这期间，潘渊已年过七十，限定每日翻译进度，每逢书中有大段法文、拉丁文、德文、意文或其他疑难问题时，除了翻阅字典、查阅大英百科全书等资料外，还经常登门与绍兴真神堂一位通晓拉丁文的蒋牧师、原杭大化学系教授王琟拉脱维亚籍夫人德梦铁女士切磋商讨，终于在1965年完稿。在此基础上，1964年，潘渊还撰写了一篇长篇幅的学术论文——《对维廉詹姆士记忆学说的简述和略评》，由绍兴县科学技术协会编印出版。此外，潘渊还受邀出任浙江省图书馆特约顾问，定期来杭为图书馆选购外文书目、编写外文书目。这位耄耋老人就这样倔强且执着地发挥自己的余热，直至1974年逝世。

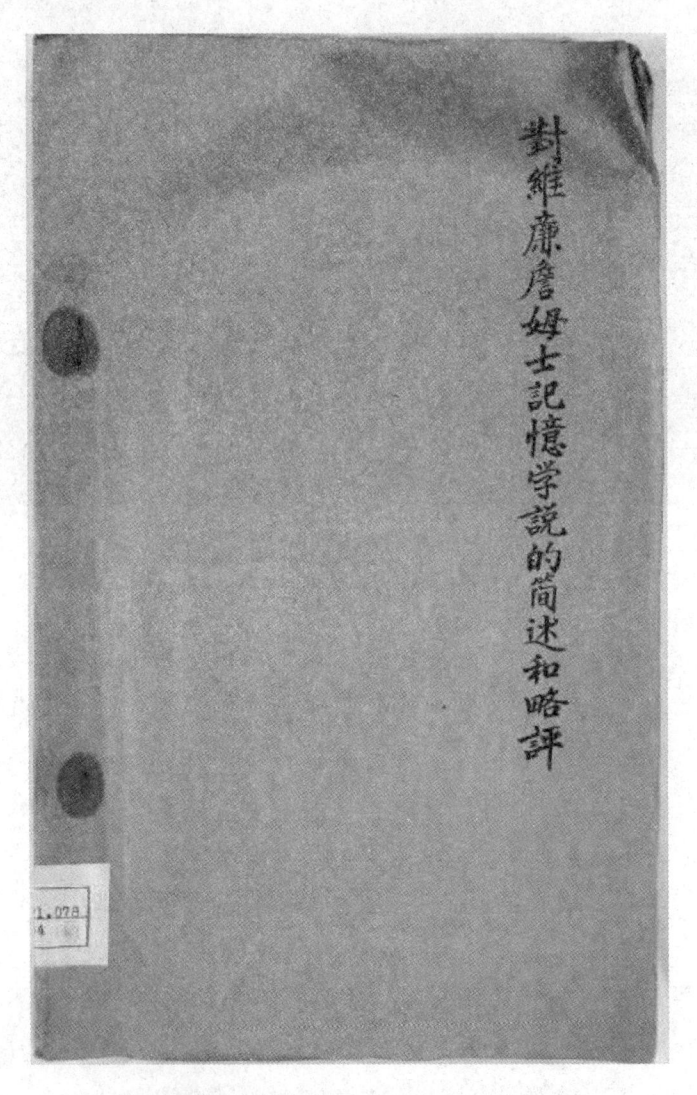

《对维廉詹姆士记忆学说的简述和略评》封面

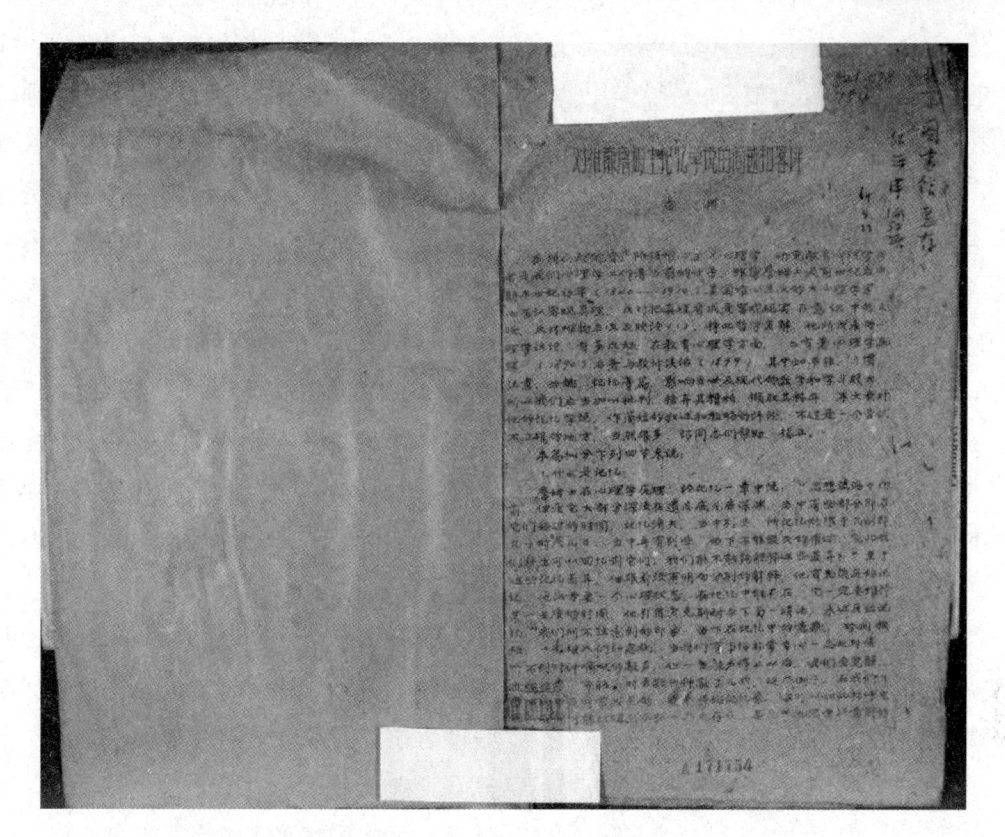

《对维廉詹姆士记忆学说的简述和略评》内容一瞥

三 "策动心理学"的中国传人

从亚里士多德（Aristotle）的知意二分到康德（I. Kant）的知意情三分，心理学中对于知情意的划分素有其历史。对此，潘渊所持的立场是人的精神生活可以知意情三终极之相进行划分。① 就知（认知）而言，潘渊对记忆做出了独到的论述，认为心理学中有关记忆问题的讨论，归根到底是一个有关于"身心"问题的讨论，即有关"心理和客观实在与脑关系"的讨论。相较于冯特（W. Wundt）的构造派以心身平行论的观点解释心理现象，潘渊则认为记忆是心理和身体在侧重客观实在的基础上相辅相成的一种产物。同样，相较于反对联想主义的机能主义代表詹姆士所持的矛盾的记忆观，即一方面主张心理学家在研究记忆的时候应当重视实际材料，抛弃灵魂，而另一方面却又把许多分散的心理作用保持在一个"统一体"中，想要有一个类似人格或灵魂的东西②，潘渊主张记忆是脑的技能，这种技能需由外界刺激引起，并以大脑皮层细胞的可塑性为基础，以实现对外界事物的头脑反映，即让这些外界事物成为过去经验中发

---

① Pan, Y. (1930). *The relation of feeling and conation with special reference to the hedonic and hormic theories*, Doctoral Dissertation, London, UC: University College London.

② James W. (1890). *The Principles of Psychology*, New York: H. Holt and Company.

生过的事物。① 概言之，相较于冯特构造派的联想主义和詹姆士的机能主义记忆说，潘渊的记忆观强调客观现实的环境作用，看重大脑身体在将客观实在转换成主观心理时的技能表现。

在对心理做出知情意三分划后，连带出另一个困扰心理学界的问题，即意志是由情绪诱发的抑或情绪是由意志诱发的？针对这个问题，麦独孤②（M. McDougall）曾在《社会心理学导论》一书中提出了著名的"策动心理学"（hormic psychology）学说："心理学应注重研究本能、情绪、情操和意志，而过去的心理学过分偏重认知方面，忽略了对情和意的研究，而情意不仅和本能有亲密关系，也是本能奋力追求的目的，激起了的情意活动和认识活动一起构成整体的主动活动"。潘渊对此表示了赞同：在麦独孤之前，研究者对本能的定义只顾及意的方面，只顾及本能的生物倾向，忽略了知情对本能的心理作用。③ 麦独孤对本能的定义，很好地考虑到了知情意这三者的心理作用，将本能认作知情意这三者综合作用的产物。

那么，如何验证麦氏主张的合理性？例如，我们想要某物究竟是因为它们是让人愉悦抑或是因为我们想要它们而使其变得令人愉悦？为了对此问题做出回答，潘渊作了系列实验研究，设置两个实验组。A 组"假设为在试验中所采用之态度（欢迎、不相干和嫌恶）受心理过程之情绪状态（令人快乐之刺激物、令人不快乐之刺激物和中性之刺激物，主要是对听觉、味觉、嗅觉、痛觉、触觉和视觉这些感官的刺激）之影响"，即"情绪决定意志组"。B 组的设立是为验证"意志能否追逐情绪，被试在其后究竟可否以相反之意志将情绪唤回"，即"意志决定情绪组"。实验结果有三：其一，对于"令人快乐之刺激物"，当个体持欢迎的意志态度，会增加对刺激的快乐体验，同时隐没刺激产生的不快乐要素并使快乐要素变得明显。但倘若持过度的欢迎态度，快乐体验不增反减。此外，个体若增加对肌肉的注意，以清晰持有的欢迎态度，会增加对刺激物的快乐体验，这类特殊动作包括伸手或深呼吸等，其中怀抱动作尤能增加对快乐刺激物的快乐体验。当个体持不相干的意志态度，对刺激物的快乐体验会变为较少快乐甚至中性。当个体持嫌恶的意志态度，快乐的感觉体验有变成不快乐的趋势。其二，对于"中性之刺激物"，欢迎的意志态度一般可使其由中性变成快乐（或多或少）的刺激物。其三，对于"令人不快乐之刺激物"，欢迎之意志态度可压抑、含忍刺激的不快乐因素，或联想唤回刺激物的快乐因素，或采取自虐的意志态度，或通过接近的行为方式，可降低刺激的不快乐因素，或使刺激变为中性甚至可使不快乐刺激物转变为快乐刺激物。最终，潘渊通过十个严格的心理学实验，经过数以千次的繁复统计计算，得出了数十条定律，初步证明："意志能决定、变更并引起情绪，而情绪可以停顿意志，但在其后，情绪不能变更意志。"也就是说，情绪和意志并非是享乐论认为

---

① 潘渊：《对维廉詹姆士记忆学说的简述和略评》，绍兴县科学技术协会 1963 年编印，第 1—12 页。
② McDougall, W. (1960. First published 1908), An Introduction to Social Psychology (23rd ed.), University Paperbacks, Imprint of Methuen & Co (London) and Barnes & Noble (New York).
③ 潘渊：《本能》，《大公报》1936 年第 11 卷。

的"我们想要某物是因为它们令人愉悦",而应该是策动论认为"某物令人愉悦是因为我们想要它"。直至40年后,贾斯麦①(Jusmani)才提出与潘渊相似的观点。

参照根据袁同礼编《中国留美同学博士论文目录(1905—1960)》(*A guide to doctoral dissertations by Chinese students in America, 1905—1960*)、《中国留学大不列颠及北爱尔兰同学博士论文目录(1916—1961)》(*Doctoral dissertations by Chinese students in Great Britain and Northern Ireland, 1916—1961*),《中国留学欧洲大陆同学博士论文目录(1907—1962)》(*A guide to doctoral dissertations by Chinese students in continental Europe, 1907—1962*)的史料,潘渊于1930年发表的有关情绪和意志关系的论述极有可能是近代中国心理学留学生撰写的博士论文中唯一涉及情绪与意志研究的研究工作。② 从某种程度上,潘渊的研究是对麦孤独的"策动心理学"的系统推进。

四 教育心理学与教育改革实践的先行者

(一)潘渊的发展与教育心理学思想

先验与经验之争构成了西方哲学发展转型的主线索。先验论代表康德认为:所谓先天知识,将不是指独立于这个或那个经验的知识,而是指绝对独立于一切经验的知识③。与这种知识相对立的是经验知识。经验知识只是后天可能,也就是只有通过经验才有可能;而17世纪英国唯物主义经验论的先驱洛克(J. Locke),在哲学认识论上坚决反对"天赋观念说",提出了著名的"白板说",即认为人类的知识和观念源自后天的生活经验。从心理学的角度出发,潘渊将"先验与经验之争"的焦点聚集在了"后天获得性能否遗传"的问题上。④ 通过追溯古今,潘渊提出了对当时大家普遍认同的"后天获得性不能遗传"这一观点的质疑。

潘渊指出,主张"获得性之能遗传"可追溯至希波克拉底(Hippocrates),而希波克拉底通常举证的例子是:环境对个体身体各部位有影响,而身体各部位又影响着男性精子的构成,如此一来精子和卵子结合而成的胚细胞间接受到环境的影响,这些影响则会在后代身上有所表现;到了19世纪初期,拉马克(Lemarck),认为本能这种习惯就是来自对前人后天获得性的继承,甚者结构和技能均能被后天获得者遗传之。⑤ 例如移居或者气候变化这类的环境改变,均可使生物体产生新的需要,而这些新需要可引致新生活与作用,能改变生物体现有的器官或者产生新的器官。而这些因适应需要

---

① Jusmani, A. A. (1969). *Mcdougall's hormic theory and its influence on subsequent psychological thought*, Durham theses, Durham University.
② 袁同礼:《袁同礼著书目汇编》,国家图书馆出版社2010年版。
③ Kant, I. (1997). *Critique of Pure Reason*, Cambridge: Cambridge University Press.
④ 潘渊:《论个性差异》,《胜流》1946年第5卷第4期,第20—22页。
⑤ de Lamarck, J. B. (1809). *Philosophie zoologique*, Paris: Dentu.

而发生的器官改变，均可遗传至后代，使该生物群积聚而保存。潘渊进一步指出，拉马克提出的"神经反应可以遗传"的观点，为心理学中有关"本能"概念的解释提供了援助，如路易斯（Luis）和冯特都有提出，如习惯这类的本能均得益于遗传于后代的先天获得性。在回溯了希波克拉底、楼罗氏和拉马克的观点之后，潘渊提出了自己的结论，即先代的本能获得可遗传于后代。也就是说，后天获得具有可遗传性；就个体发展而言，幼童均刻复于其父母亲。①

在潘渊看来，和"只有一个短的历史，而有长长过去"的心理学一样，教育心理学作为一门独立学科的时间虽甚短，但具有系统而有条理的科学史，如研究人类之天性以应用于教育，又或者是自古以来我国及欧西之哲贤讨论的学习与教育方法，这些都是将心理学原理应用于教育，使心理学与教育学发生联系，都无疑是研究教育心理学史的适宜材料。②对此，他对我国古人及西欧先哲的教育心理学思想予以系统回顾，著《教育心理学史略》一文，这是国内为数不多的教育心理学史研究论著。③

20世纪60年代，已经70多岁高龄的潘先生对"孔子教育学说对于教育心理学之贡献"予以了深入探讨。在潘渊之前，虽也有学者对孔子教育心理学思想予以探究，但相较于前人，潘渊得出的"二十余条孔子教育心理学思想"更具系统性，对教育者来说更具实用性和现实意义④。概括来说有二：其一，就受教育对象而言，在教学之始，教学者需借助强调学习意义的重要性来使学生端正学习态度，在此基础上再对受教者的禀赋、能力、天资做类别判断，并从个体的动机行为考察其个性特征，做到因材施教，但又需有教无类。其二，作为一名教育学者，对于教育实施者来说，在教学过程中需遵循"入门、升堂、入室"三步骤，重次序，先易后难，从已知到未知，把握主次。结合孔子的思想，潘渊认为教育者还可采用思学相结合的教学法、产婆术的诘问法，重启发辅导，切勿机械注入。在打开学生"知"的时候可采用问、复习和测验、访问和参观（环境教学）等方法。当然这只是学习的开始，重点在于当学生的学习认知被打开之后，要将意志和情感渗入其中，即针对学生内在心理的批评、鼓励和自我改造等方式。

潘渊认为，要想明确某一学科的职能和功用，必须首先明确这一学科的范围和内容。他先对教育心理学的范围和内容作了明确：从教学出发，教育心理学不仅对学生学习所需本性予以探讨，也就心理上有利学习的原理原则展开研究，如学习方法的改进，以及就学生的个性差异和资质高下来选择适宜教材，以促进教学目的的达成。由此，潘渊认为可将教育心理学视为是一种应用心理学。⑤在当时的西方心理学界，关于男女两性心理上差异的研究已稍具规模，相比之下，在教育心理学领域，除了考德威

---

① 潘渊：《论后天获得性能否遗传之问题》，《胜流》1946年第5卷第3期。
② 潘渊：《对于我国教育宗旨之意见（续第十一期）》，《北京华北大学旬刊》1936年第14卷，第7—10页。
③ 潘渊：《教育心理学史略》，《国立北京大学学报》1935年第4卷第1期。
④ 潘渊：《试论孔子教育学说对于教育心理学之贡献》，绍兴县科学技术协会1964年编印，第1—11页。
⑤ 潘渊：《教育心理学之范围与内容》，《大公报（明日之教育专栏）》1936年第11卷。

尔（Caldwell）和诺威（Nowry）就西班牙与美国儿童、英国与美国儿童学校课业成绩来研究两性之间的差异外，却鲜见有关"两性在学校成绩上之差异"的研究。着眼于心理学对于教育的应用价值，为了更有效地开展教学，潘渊就"欧美既有中学女生成绩优于男生之说，而吾国通俗亦有中小学女生成绩优于男生之见解"进行了实证研究，即对472名小学和初高中学生的学科成绩予以调查。① 调查一：对200名高一和高二学生的7科学科（党义、国文、算学、物理、生物学、历史和英语）成绩进行调查，结果显示女生的各科成绩均优于男生。调查二：对99名初一学生的3科学科（国文、英文和算学）的月考成绩进行调查，结果显示女生的三科成绩均优于男生。调查三：对73名小学生的3科（国文、英文和算术）成绩进行调查，结果显示女生三科（国文、英文和算术）之中有两科（国文和英文）优于男生。调查四：对100名初一学生的3科学科（国文、英文和算学）成绩进行调查，结果显示女生的英文成绩以7.6分优于男生。由此潘渊得出，"在中小学女生成绩优于男生之说是有据可循的②"，而为了展开更有效的教学，教育者在日常教学过程中需考虑到学生的性别个性差异③。当然，潘渊也提出，若要对学习能力的性别差异做较为圆满的研究，需得更多国际资料做对比研究方可完成。

校名	國立北京大學				理科——心理	
1. 題目	中文	男女學習能力之差異				
	西文					
2. 研究人		姓名	職別	性別	年齡	籍貫
		潘淵	教授	男	四十四	浙江省紹興縣
3. 研究設計及步驟	擬先將關於本問題已往重要之著作（理論的與實驗的）作一簡略之考查借知此問題之研究現在已至於何種程度次搜集中小學校同年級男女學生考試之成績再次擬制試驗方法以測驗男女學生學習能力之差異未作結論					
4. 研究期間	開始	民國二十四年四月一日起				
	預定完畢	民國二十五年十二月三十日				
5. 研究結果	就調查中小學男女學生考試成績所得之結果觀察知女生學習能力大抵優於男生其結果已在二十四年九月十六日大公報第八十七期明日之教育發表題曰「關於男女學習能力差異幾種小小的學校考試成績之報告」					
6. 備考						

"男女学习能力之差异"研究项目的主要内容

---

① 潘渊：《关于男女学习能力差异——几种小小的学校考试成绩之报告》，《大公报（明日之教育专栏）》1936年第11卷。
② 潘渊：《教育心理学史略》，《国立北京大学学报》1935年第4卷第1期。
③ 潘渊：《论个性差异》，《胜流》1946年第5卷第4期。

(二)潘渊的教育改革思想

虽然我国历代设学教民,但是未有明定宗旨。从民国元年(1912)教育部公布的"注重道德教育,以实利教育、国民教育辅之、更以美感教育完成其道德"到民国八年(1919)教育调查开会决议"养成健全人格、发展共和精神"的教育宗旨,后一个教育宗旨是当时社会新近提出的,潘渊认为:此新教育宗旨注重健全人格之养成,共和精神之发展①。所谓健全人格,不仅需要德智体全面发展,还需顾及快乐的情感和美好的品德。所谓共和国精神,即发挥平民主义、养成公明自治习惯,这是对注重平民主义的世界潮流的迎合②。当时中国的大患在于民德之堕落、民生之凋敝,解决的关键就在于如何养品,如何救贫,而问题若遵循"养成健全人格、发展共和精神"的教育宗旨,不免有失轻重缓急,实则上较为合理的教育宗旨应是以人格教育、实业教育为重心,以美感教育辅之。③

在20世纪上半叶民国时期,先后产生了三次规模较大的考试思想论争:一是由"五四"狂飙突进的新文化洪流引起的有关传统考试文化乃至考试的去与留的争论;二是在20世纪20年代,又围绕前新法考试产生了民国时期第二次论争,对中国教育近代考试的发展产生了重要影响;三是发生于三四十年有关会考、大学毕业总考的讨论。在有关会考的第三次讨论中,潘渊对民国高中会考选拔提出了自己的看法,认为当时的会考制度存在改革的必要性,具体而言:当时的会考科目包括了中学所学各科(初中13门,高中14门),学生要在很短的时间内复习这10余种科目,不仅会增加其课业负担,还会出现为了全力以应付会考各科目的考试而终止最后一学期功课修毕的问题④。这类注重知识记忆的会考制度是科举制度的复活⑤。潘渊进一步指出,当然,在当时的社会大背景下,中学的很多教职员对各种教学和考试都是一种敷衍的态度,这导致很多学生在毕业的时候均达不到学业标准。⑥虽然此种现象在当时泛滥,但是政府的督学视察次数又是有限的,因此,如不举行会考,政府将很难掌控每个学校的腐败情况。因此,对国家而言,会考制度的存在可促进教育的发展。而对学生而言,他们正在逐渐步入青年期,此时他们的心智尚未成熟,情绪不稳定,因此有必要从教育制度上为学生广泛涉猎各方面知识提供条件,从而使学生获得稳定、良好的品性。

因此,在潘渊看来:毕业会考为教育当局对于当时教育病症的一剂猛烈的救济药,但含有毒性的副作用,绝不可常服。⑦ 因此,对于会考制度,我们既要认识到统考对传承文化、统一程度、督学励才等方面的作用,也要看到统一考试带来的弊端,改革者

---

① 潘渊:《对于我国教育宗旨之意见(未完)》,《北京华北大学旬刊》1936年第8卷,第8—11页。
② 同上。
③ 潘渊:《对于我国教育宗旨之意见(续前期)》,《北京华北大学旬刊》1936年第9卷,第9—11页。
④ 潘渊:《毕业会考现行制度的批评与补充几点》,《国闻周报》1934年第5卷第11期。
⑤ 潘渊:《中学会考规程之探讨》,《教育杂志》1936年第26期。
⑥ 潘渊:《教学法历史上之探讨》,《大公报(明日之教育专栏)》1936年第11卷。
⑦ 潘渊:《毕业会考现行制度的批评与补充几点》,《国闻周报》1934年第5卷第11期。

需对这两点做综合考虑后方可出建设性的意见，即在保留会考制度主体的基础上对会考规程稍作修改①。

除此以外，潘渊对军事心理学也进行过系统的反思。他指出，中国古代不乏谈及军事心理的著作，甚至科举试题也常涉及军事部署，而这些著作和试题的核心莫过于利用对敌人所怀的同仇之心理来激励士气，争取主动。事实上，用兵之本应归于仁义，以仁为本，以义治之，爱其民。因此，在人才选拔的时候，清朝早就实现了八旗子弟准与汉人一体应试，应试科目是文科兼武科，这是统治者由重文轻武转向文武并重趋向的体现；民国时期，为防军人成为全国之特种阶级，教育部采用军国民教育；对于未来新中国，则应发展文武合一之教育，以提升国家综合实力。②

五 难以忘怀的君子风范

著名历史学家彼得·斯特尔林斯（Peter Strearns）在批判以伟人史观为代表的旧历史观，进而为一种彻底的时代精神历史观进行辩护时有过一个惊人的比喻："当少女初潮来临的历史和君王朝代的历史被看得同样重要时，我们'新历史'的目标就达到了。"对中国近现代心理学历史的溯源也应作如是观。在过去的20余中，中国近现代心理学史的研究基本上沿袭的是以强调影响与成功的辉格主义，即按心理学家对中国当代心理科学的建立所作贡献的大小来对其评价。

潘渊，作为一名心理学家，在中国近代心理学学术共同体建生、西方心理学思想传播与本土化实践中做出了辛勤的努力。他用思辨的方式证明后天获得性可以遗传，从而使得本能等心理学概念解释获得了依据，用实证的方式得出意志决定情绪，证实了就意志和情绪关系而言，策动论相较于享乐论是正确的，由此，从某种程度上来说，他的心理学思想推动了当时策动心理学的发展。作为一位成功的教育实践者、改革者和探索者，他主张将心理学相关研究运用至教学实践，从而更好地发挥教育心理学应用价值，也正因为他注重教育的实践价值，才使得他从当时的国情出发，对会考制度改革、国民军事教育提出了自己富有建设性的意见。遗憾的是，在那个连年战乱、政治运动此起彼伏的年代，全身心投入学术研究终究是一种奢望。1937年注定成为潘渊学术生命的一个拐点，虽然没有完全中断其学术生涯，但让其无法正常地开展科研工作，并曾一度远离了当时心理学界的视野。这从潘渊的师弟、浙江大学陈立教授的回忆中就可管中窥豹："此外本系另有心理学教授两人，一为潘渊（企莘）先生，二为朱希亮（习生）先生，但前者在龙泉分校，后者在湄潭分部。与本实验室距离过远，工作不明，无从报道。"③ 然而，历史注定不会遗忘这些"失落"的中国心理学先驱，因

---

① 潘渊：《毕业会考现行制度的批评与补充几点》，《国闻周报》1934年第5卷第11期。
② 潘渊：《吾国古来军事心理之鸟瞰与夫近日之因重视》，《国防月刊》1940年第5卷第2期。
③ 陈立：《抗战时期的浙大心理实验室》，《八年来的浙大师范学院》1946年第4卷。

为正是他们衬托出了中国现代心理学史的波澜壮阔与多舛命运。

虽然学贯中西，才华满腹，但潘渊为人素以敦厚随和的君子风范而深受学生爱戴。对此，潘先生在浙大龙泉分校的学生陈言曾深情地回忆："犹记1945年深秋的一个傍晚，潘教授悄然来校，晚上跟住宿在校内的一些教职员共进晚餐。教授为人随和，不立崖岸，虽以当时国立大学部聘教授品位之尊，也并无丝毫的俨然道貌，所以人们没有把他看成是特殊人物而有所趋避，相反大家都愿意和他交往。"① 潘先生的古道热肠更加令人动容："一天，潘先生忽来我家，别后乍见，分外高兴。只见他还是那个模样，头发虽已花白而仍红光满脸，身上还是穿着那件蓝布长衫，肩上背了一条垫搭（一种挂在肩上前后两头都可盛物的布袋），我连忙请他坐下。他说他从山里带来许多栗子，这些是送给我的。我真非常不好意思，试想一位头发花白的老先生，从几十里外的山里背一袋沉重的栗子来送给学生，这叫做学生的怎么敢当？但又辞谢不得。我要留他吃饭，他说还要到另一家去，坐了一会便匆匆走了。他那淳朴的形象和诚挚的心意，我至今想起来还是感动不已。"

1994年，潘渊家人遵其遗嘱，将家中数千册藏书全部捐赠给绍兴鲁迅纪念馆。鲁迅纪念馆还特意辟了一间"潘渊书室"，2698册珍贵藏书凝聚着潘渊先生一生心血。这位"土气"的"洋博士"，"一根筋"的"书呆子"；勤俭简朴、唯书是命的教书先生；钻研学问、不为名利的学者——他一生清贫，点着萤火虫似的桐油灯，吃着红色的糙米饭，朴实无华的形象永驻，孜孜不倦的治学精神长存！

【作者简介】王蕴瑾，台州学院心理健康教育与咨询中心助教；陈巍，绍兴文理学院教师教育学院副教授，博士，浙江省越文化研究中心兼职研究员

---

① 中国人民政治协商会议浙江省绍兴县委员会文史资料工作委员会：《绍兴文史资料选辑》（第12辑），绍兴县政治文史资料工作委员会1992年版，第89—91页。

张元济与瞿启甲的友情及书事交往

曹培根

【摘　要】 张元济与瞿启甲都是著名藏书家，同志传承文化。瞿启甲支持张元济影印出版《四部丛刊》，提供铁琴铜剑楼所藏宋元古籍珍本 81 种作为影印底本，成为当时《四部丛刊》诸编采录的私家藏本之冠，此举对于保护我国古代文献遗产功不可没。

【关键词】 张元济　瞿启甲　《四部丛刊》

一　张元济与瞿启甲的友情

张元济（1867—1959），字筱斋，号菊生。原籍浙江海盐。光绪壬辰（1892）进士。曾任总理各国事务衙门章京。戊戌变法时光绪帝曾破格召见，政变后被革职。1898 年冬任南洋公学管理译书院事务兼总校，后任公学总理。1902 年，应商务印书馆创办人夏瑞芳邀请入商务，1903 年任编译所长，1916 年任经理，1920—1926 年任监理。1926 年任董事长直至逝世。张元济主持商务印书馆期间，组织了大规模的编译所和涵芬楼藏书，制订实施系统全面的编辑出版计划，以清廷提倡新学、废除科举为契机，组织编写新式教科书；精心选择、组织翻译出版了严复翻译的《天演论》、林纾翻译的《茶花女》等一大批外国学术和文学名著，编辑出版《辞源》等一大批工具书和《东方杂志》《小说月报》等有广泛影响的杂志。从 1915 年开始筹备，1919—1937 年动用国内外 50 余家公私藏书影印出版《四部丛刊》《续古逸丛书》、百衲本《二十四史》3 种丛书共 610 种近 2 万卷。1949 年张元济被特邀参加中国人民政治协商会议并选为全国委员会委员，后又选为第一届全国人民代表大会代表。张元济精于版本目录之学，著有《涵芬楼烬余书录》《宝礼堂宋本书录》《涉园序跋集录》《校史随笔》《张元济日记》《张元济书札》《张元济傅增湘论书尺牍》。

张元济在影印出版《四部丛刊》《续古逸丛书》、百衲本《二十四史》和藏书、著书过程中与常熟铁琴铜剑楼主人瞿启甲建立了深厚的友谊。友谊的基础是张元济与铁琴铜剑楼第四代楼主瞿启甲都生于藏书世家，同志传承文化。

张氏耕读传家，为当地的文化世家。张元济在《排印本〈张氏艺文〉序》中说："余家海盐号称旧族，历数百年读书种子不绝。家乘所纪先人遗著凡数十种。"① 张元济的九世祖张惟赤所创涉园，为清初江南著名藏书楼。六世祖张宗松，字青在，藏书最著名，有《清绮斋书目》四卷，刻宋李壁撰《王荆公诗注》50卷。张宗松的兄弟9人中，有6人以藏书著名。当年的张氏涉园藏书丰富，与瞿氏铁琴铜剑楼一样，是开放的藏书楼。张元济在《排印本〈涉园题咏续编〉序》中记："余家涉园，为大白公读书之处，创于明万历之季，逮螺浮公始观厥成。林泉台榭，为一邑之胜。历康、雍、乾、嘉四朝，修葺不废。四方名士至余邑者必往游，游则必有题咏。嘉庆丙寅，鸥舫公集而刊之。又数十年而洪杨难作，园始毁。"② 张元济在《排印本〈海盐张氏涉园丛刻〉跋》中记"闻先大夫言"："吾家世业耕读，自有明中叶族渐大，而以能文章掇科第者，首称符九公；然绝意仕进，潜心义理经济之学，门弟子极盛，咸称曰大白先生；尝筑屋城南，读书其中，今所谓涉园是也。"又述："吾涉园藏书极富，积百数十年，未梢散失。嘉、道之际，江、浙名流，如吴兔床、鲍渌饮、陈简庄、黄荛圃辈，犹尝至吾家，借书校雠。青在公博通群籍，性耽吟咏，尤喜刻书；群季俊秀，咸有著述，剞劂流布，为世引重。自更洪杨之乱，名园废圮，图籍亦散佚罄尽，而先世所刻书，更无片板存焉矣！"③

张元济与瞿启甲有着共同的爱好，并相互仰慕。瞿启甲在为《涵芬楼烬余书录》所撰序文中高度评价张元济创办涵芬楼和影印《四部丛刊》的贡献，称："张菊生先生手创涵芬楼，附设于商务印书馆，广事搜罗，遍求海内外异书，承会稽徐氏熔经铸史斋、长洲蒋氏秦汉十印斋、太仓顾氏谀闻斋、北平盛氏意园、丰顺丁氏持静斋、江阴缪氏艺风堂、乌程蒋氏传书堂之敝，以故珍秘之本，归之如流水，积百万卷，集四部之大成，虽爱日、艺芸，不能专美于前矣。先生精于校雠，不愧家风（先生六世祖青在先生喜藏书，并延通人手写校刊，至今为人称道）。其影印《四部丛刊》《续古逸丛书》、百衲本《二十四史》，复宋元旧刊本之本来面目，尽泄天地间之秘藏，其嘉惠士林，有功文化，不在黄、顾下，岂仅抱残守缺而已哉？！"④

张元济撰《题瞿良士遗像》诗，对铁琴铜剑楼及传人瞿启甲予以高度评价：

故侯门第忠宣裔，小隐田园罟里庄。最羡幽人性馨逸，半耕半读是家常。
有书可读真为福，况属人间未见书。万卷人家今有几？双丁杨陆尽邱墟。

---

① 张元济：《张元济全集》（第10卷），商务印书馆2010年版，第96页。
② 同上书，第97页。
③ 张元济：《排印本〈海盐张氏涉园丛刻〉跋》，《张元济全集》（第10卷），商务印书馆2010年版，第94页。
④ 瞿启甲：《〈涵芬楼烬余书录〉序》，张人凤编《张元济与中国近现代图书馆事业》，上海科学技术文献出版社2014年版，第235—236页。

> 君家遗泽最绵长，虹月归来未散亡。赖有孙枝勤爱护，又经浩劫度红羊。
> 真能爱护在流传，鸿宝珍藏意未安。深幸一瓻频借与，故教四部得丛刊。
> 异书思作荆州借，二客相从鼓枻来。鸡黍共君情似昨，人琴剩我首重回。
> 不堪回首卅年前，每望黄垆一怆然。差喜父书能共读，诸郎才调尽翩翩。
> 子弟翩翩未易才，铁琴铜剑好追随。危楼百尺灵光峙，况在阶前有白眉。
> 海内此楼足千古，江南文物系几希。他年获见新堂构，定有英灵来护持。①

张元济影印出版《四部丛刊》《续古逸丛书》、百衲本《二十四史》得到瞿启甲的全力支持。当瞿启甲遇到困难时，张元济同样全力帮助。时在民国十九年（1930），瞿启甲遭遇人为麻烦，孙舜臣、郑亚风等向教育部呈控瞿启甲有私藏祖遗藏书出售外人之事。经上海特别市府调查，并无孙舜臣、郑亚风其人。有关当局欲查封藏于法租界的瞿氏运沪之书，因交涉手续日期颇久，被张元济、蔡元培等所闻并作证瞿书无外售，瞿书才未被查封。

民国十九年（1930）10月14日，蔡元培致函张元济："菊哥同年大鉴：别后，弟于十二日之夜车来京。瞿氏藏书事，已与蒋梦兄谈及，教育部得证明函，即可销案，请勿念。……专此，并祝著祺。弟元培敬启。十月十四日。"张元济复蔡元培函："呈寄予董康等联名保证瞿氏藏书公函。我兄护持文化，加以梦麟兄调庇善良，必能消弭于无形也。"②

民国二十年（1931）2月2日、6日，教育部社会教育司于上海《时事新报》上发表《常熟铁琴铜剑楼藏并无私售与外人情事》。民国二十年（1931）2月6日（庚午十二月十九日）的《徐兆玮日记》详载张元济、蔡元培等帮助瞿启甲的过程："五日《时报》载《铁琴铜剑楼并无讨论价买》云：教育部社会教育司来函云，顷阅本月二日京沪各报，载有中央函请价买铁琴铜剑楼藏书新闻，内称本部将派员视察，并讨论价买办法等语。查与事实不符，兹将本部办理此案经过略述于下。去年五月间，本部据常熟公民孙舜臣呈控瞿启甲私将祖遗之铁琴铜剑楼藏书售与外人，请予查禁。到部当以瞿氏藏书为国内四大藏书家之一，倘将此项典籍流出国外，殊为可惜，经部分咨财政部、上海特别市政府，并训令上海特别市教育局分别查禁。嗣迭接蔡元培、纽永建、张一麐、张元济、狄膺诸先生先后来函证明，所控不实，即经分别咨令，停止执行。同年十月间，又据党员郑亚风代电，案同前情，即经本部致函蔡元培先生查询究竟，旋得蔡先生复函，谓瞿氏售书确非事实，请加意护持，勿为浮言所动，并附送张元济、董康两先生担保函件到部，故将此案暂付存查。本年一月十六日准中央执行委员会秘书处函奉批交办上海特别市执行委员会呈为据报，常熟铁琴铜剑楼藏书有私售于外人之说，请给价接收，以保国粹一案。当经本部将以上办理经过情形复请转陈核示，本月二日续准中央执行委员会秘书处函，复略称经陈奉常务委员批照，令行上海

---

① 张元济：《张元济全集》（第4卷），商务印书馆2007年版，第195—196页。
② 高平叔、王世儒编注：《蔡元培书信集》下，浙江教育出版社2000年版，第1174页。

特别市执行委员会，除上会以呈悉查，此案业经蔡委员元培向教育部负责证明，瞿氏并无私将藏书售与外人情事，所请应毋庸议等语，指令知照外，特此函复查照。现在此案已暂告结束，本部并无派员视察及讨论价买办法情事，诚恐传闻失实，用特函请贵报代为发表，至纫公谊。阅此《新闻报》所载收买藏书非尽无因，而是案真相转因此而大白云。"①

张元济与瞿启甲的友情，包括生活上互相照顾以及对下一辈的关心。1925年春，瞿启甲子凤起经张元济介绍入南洋高级商业学校学习。1927年10月17日至23日，张元济遭绑匪劫持期间，瞿启甲与子旭初、凤起父子上门慰问，张元济珍藏有"被劫友朋慰问名刺并谢信"名刺。②1937年，经瞿启甲证婚，翁同龢玄孙翁万戈与张元济侄孙女张祥保在上海的国际饭店订婚（后1944年解除婚约）。

二　影印出版《四部丛刊》

《四部丛刊》汇集当时所能找到的最好的善本，有极高的文献价值，是一部汇集各方面必读书、必备书的小型《四库全书》。瞿启甲支持张元济影印出版《四部丛刊》载入中国近现代出版史册。民国九年（1920）至十四年（1925），上海商务印书馆影印的大型丛书《四部丛刊》初编、续编、三编，瞿启甲提供了铁琴铜剑楼所藏宋元古籍珍本81种作为影印底本，成为当时《四部丛刊》诸编采录的私家藏本之冠，此举对于保护我国古代文献遗产功不可没。

张元济倡导编纂《四部丛刊》，有感于"自咸同以来，神州几经多故，旧籍日就沦亡；盖求书之难，国学之微，未有甚于此时者也"，于是影印商务印书馆涵芬楼所藏善本，"复各出公私所储"，瞿氏铁琴铜剑楼成为出私藏之先，楼主瞿启甲列入为影印出版《四部丛刊》25位发起人之一。③

影印《四部丛刊》之事，始于叶德辉民国八年（1919）五月十六日致函瞿启甲，商借瞿氏藏书以影印出版《四部丛刊》，得到瞿启甲赞同。八月二十一日，叶德辉又致瞿启甲函称："此次《四部丛刊》之印，发端于鄙，而玉成于阁下。"

张元济民国八年八月十六日，与孙毓修乘舟前往常熟与瞿启甲商谈影印出版《四部丛刊》事宜。十七日，张元济、孙毓修在常熟城晤瞿启甲，瞿启甲素抱"书贵流通，能化身千百，得以家传户诵，善莫大焉"，支持商务印书馆影印出版《四部丛刊》。午后，张元济、孙毓修随瞿启甲乘船至古里。当晚，张元济、孙毓修交瞿启甲拟借书单一纸，并赠《宁寿鉴古》《客心斋集古录》各一部。十八日，张元济、孙毓修阅铁琴铜剑楼藏书。十九日，张元济、孙毓修交瞿启甲拟借影抄书单，约定明春派人前来拍

---

① 徐兆玮：《徐兆玮日记》，黄山书社2013年版，第3350—3351页。
② 张树年：《张元济往事》，东方出版社2015年版，第113页。
③ 张元济：《印行〈四部丛刊〉启》，《张元济全集》（第9卷），商务印书馆2010年版，第3页。

摄书籍。

民国九年（1920）春，商务印书馆做影印《四部丛刊》准备工作，以巨舶运至古里照相机等工具。摄影古籍设于瞿氏茶厅，一切事务包括借书还书由朱桂负责。工作人员数人寄宿古里后街马姓家。拍摄之书，每晨专册记载，当晚用毕交还，拍摄书籍至年底结束。《四部丛刊》第一批收书323种，依据涵芬楼藏145种，采自江南图书馆37种，而选用铁琴铜剑楼所藏精品25种，列私人藏书第一：版本有宋刊本15种、金刊本1种、元刊本2种、高丽刊本1种、明刊本3种、影宋抄本2种、抄本1种；类分经部5种、子部6种、集部14种。

民国十三年（1924），商务印书馆影印《四部丛刊》续编，瞿启甲又尽出家藏供续编选用。《四部丛刊》续编收书75种，选用铁琴铜剑楼所藏精品40种，占半数以上：版本有宋刊本14种、蒙古刊本1种、元刊本3种、明刊本13种、明活字本1种、明抄本2种、明末清初抄本1种、影宋写本1种、影宋抄本3种、旧抄本1种；类分经部8种、史部3种、子部12种、集部17种。

民国十四年（1925），商务印书馆影印《四部丛刊》三编。三编收书70种，选用铁琴铜剑楼所藏精品16种：版本分有宋刊本3种、宋写本1种、元刊本1种、明刊本4种、明活字本1种、明抄本1种、精抄本1种、旧抄本1种、影宋抄本2种、抄本1种；类分史部1种、子部9种、集部6种。

民国十六年（1927）十月初十，张元济致瞿启甲函称："前承盛意，将尽出所藏善本影印行世，嘉惠后学。敝馆不揣冒昧，愿效壤流，仰蒙慨允，不胜感幸。"十月十四日，商务印书馆与瞿启甲签订《租印善本书事议》合同，条款为："第一条，书主允将收藏之善本书租与发行人印行；第二条，两方议定：宋元本书、宋元人写本书，每部在十册以内者，每册赁金贰拾元；在十册以外者，每册赁金拾伍元；明本书、钞本书、校本书，每部在十册以内者，每册赁金拾元；在十册以外者，每册赁金伍元；第三条，发行人应纳赁金于领取借书之日，如数交付，另出收书收条，每书一部填具一张，载明版本册数及本书实值，交付书主收执；第四条，书主收到赁金，另出收款收条，交付发行人收执；第五条，发行人应将原书保存，凡封面、副页、衬纸或夹笺等均不令损坏、散失、于校对完毕后，缴还书主，领回收书收条；第六条，如有损失，赔偿之数照租赁数十倍计算，但全部在二十本以上或最精在四本以下者，应酌量增加至三十倍为止；第七条，发行人允于印行时如登报广告，毋庸叙及书主；第八条，原书拆卸后，旧装规模已失，书主允收回自行精装，由发行人送所印书一份，偿装订之费；第九条，宋元明本中间有钞配者，仍照宋元明本计租费，如发行人已得他书配入，则于交书时照数剔除；第十条，书主允于影印本出版后十年内，不将所租印书另行印行或租借与他人发行。中华民国十六年十一月十四日，立合同书主瞿良士及发行人商务印书馆代表王云五以及保证人宗子戴、张元济（涵芬楼主人）各自签字生效。"

《四部丛刊》三编之后，张元济有续出四编的计划，未刊书目中选用铁琴铜剑楼所藏精品30种。但是，1937年8月13日日军进攻上海，战火四起，四编出版无法实现。

瞿启甲子凤起回忆："尚有再续目录，亦列有十余种。重以抗战军兴，遽告终止。"①

三　张元济与瞿启甲的其他书事交往

瞿启甲支持张元济影印《四部丛刊》事后，张元济与瞿启甲父子的书事交往很多。民国十九年（1930）闰六月初七日至七月初八日，商务印书馆出版《百衲本二十四史·汉书》32册，系借铁琴铜剑楼藏北宋景祐本影印而成。民国二十五年（1936）十月十八日至十一月十八日，商务印书馆出版《百衲本二十四史·旧唐书》36册，系借铁琴铜剑楼藏宋刊本影印阙卷并以明闻人诠复宋本配补。商务印书馆出版《续古逸丛书》亦借瞿氏铁琴铜剑楼相关藏本。《张元济全集》（第三卷）书信，载张元济致瞿启甲书信18通、致瞿启甲子凤起书信5通，均涉及张、瞿书事交往。②《张元济傅增湘论书尺牍》一书中多处论及向瞿氏借书事。例如，民国十二年（1923）七月二十三日，张元济收到瞿启甲寄赠的铁琴铜剑楼影印《铁琴铜剑楼宋金元本书影》以及《李丞相集》《中原音韵》《秋影楼集》《学古斋启桢宫词》各一部送海盐张氏宗祠藏书楼。民国十四年（1925）五月初七，张元济致函瞿启甲借铁琴铜剑楼所藏《旧唐书》残宋本六十一卷，以参校、辑印旧版《二十四史》。张元济称铁琴铜剑楼所藏《旧唐书》残宋本："实海内孤本，倘能影印流通，实为士林之幸。"五月十七日，张元济又借铁琴铜剑楼所藏宋本《旧唐书》。民国十八年（1929）八月初七日，张元济借铁琴铜剑楼所藏《明志》二十四种、《北石间文集》四册。现存瞿凤起致张元济函载，瞿凤起将《秋声集》等送呈张元济审阅，邀请张元济至常熟养病，游虞山，附赠《常熟指南》一册。③

同时，瞿氏辑印图书，也得到张元济的帮助。张元济帮助瞿启甲刊印了《铁琴铜剑楼宋金元本书影》《铁琴铜剑楼藏扇集锦》《瞿氏四代忠贤遗像》等图书。民国九年（1920）三月，孙毓修访铁琴铜剑楼，阅瞿氏藏书并观《前明常熟瞿氏四代忠贤遗像》，并将《前明常熟瞿氏四代忠贤遗像》带至上海以影印流传。商务印书馆为《瞿氏四代忠贤遗像》所提供的彩色石印技术在当时堪称一流。

【作者简介】曹培根，常熟理工学院教授

---

① 瞿凤起：《答友人问吾家响应影印〈四部丛刊〉事》，仲伟行、吴雍安、曾康编著《铁琴铜剑楼研究文献集》，上海古籍出版社1997年版，第121页。
② 张元济：《张元济全集》（第3卷），商务印书馆2007年版，第519—523、528—529页。
③ 瞿凤起：《致张元济一函》，仲伟行、吴雍安、曾康编著：《铁琴铜剑楼研究文献集》，上海古籍出版社1997年版，第265页。

畛域：明清之际知识女性的社会交往与活动空间

——以李因（1610—1685）为个案

何永智

【摘要】 李因是明清之际著名的遗民画家、女诗人。作为明清之际江南知识女性的翘楚，李因早年随夫宦游，与士绅、才媛的广泛交结促使其蜚声画坛、文坛。明亡后，李因以明遗民自居，不仅与有着相同身份认同的明遗民群体交往密切，同时与政治立场对立的仕清贰臣亦有交际，与女冠、画商等亦有联络。明清鼎革社会政治环境的模糊性为李因的社会交往提供了较为宽松的条件。与不同社会群体的联络交结，促使李因跨越闺门，将视角投入外部世界。伴随社交网络的拓展，从而李因涉足不同畛域，为其建构社会交往关系、拓展活动空间提供了多样化的途径。

【关键词】 明清之际　李因　社交网络　明遗民

李因（1610—1685），字今是，又字今生，号是庵，又号龛山逸史、海昌女史，浙江钱塘人。① 李因生而韶秀，"资性警敏，耽读书，耻事铅粉"，② 自幼学诗作画。后沦

---

① 李因生于明万历三十八年（1610），卒于清康熙二十四年（1685）。陆心源《三续疑年录》载："李是庵七十余。因生万历，卒康熙二十四年乙丑，以诗集小传'随宦无奇十五年，无奇卒，后守节四十年'推之"。参看（清）陆心源：《三续疑年录》卷十，《续修四库全书》（第五一七册），上海古籍出版社1996年版，第362页；郭味蕖：《宋元明清书画家年表》，人民美术出版社1982年版，第193、288页。关于李因原籍，有钱塘、会稽、海昌之说。如黄宗羲《南雷诗文集》载，"李因，字今生，号是庵，钱塘人"（浙江古籍出版社2005年版，第584页）。朱彝尊《静志居诗话》载，"李因，字是庵，会稽人"（人民文学出版社1990年版，第729页）。陶元藻《全浙诗话》载，"李因，因字今是，号是庵，海昌人"（浙江古籍出版社2015年版，第1308页），"李因，因字今是，号是庵，海昌人。"据《竹笑轩吟草序》（辽宁教育出版社2003年版，第5页），按，《竹笑轩吟草序》载"是庵家西子湖"（辽宁教育出版社2003年版，第5页），《竹笑轩吟草叙》记"夫人产于越，为西子后身"（同上，第1页），可知李因生于杭州西子湖畔。西湖旧称武林水或钱塘湖，"钱塘人"之说较为贴切。李因嫁海宁葛光禄后居海昌，海昌人之说或由此。会稽人之说其由未详。

② （清）李因：《竹笑轩吟草》，辽宁教育出版社2003年版，第4页。

落风尘,而气质淳雅、绝去尘俗,在明清江南一带名噪一时。海宁光禄卿葛征奇偶得其梅花诗"一枝留待晚春开"之句,异而纳之为侧室。明崇祯十七年(1644)甲申,朱明王朝告于终结。次年清军南下,葛征奇在"南都之变"中抗清殉节。[1] 自此,李因"傫然称未亡人,雪操冰襟,四十年如一日"。[2]

  作为明清之际江南知识女性中的翘楚,李因寓诗人、画家于一身,"有班婕妤之文章,谢道蕴之诗词,卫管夫人之书画",大有"当世女学士"之风范。[3] 李因有诗文集《竹笑轩吟草》及诸多画作存世。今人对之研究颇多。[4] 文学史研究者多从修辞、意象、诗风等方面阐释李因在明清诗坛的重要地位。[5] 艺术史学者则围绕李因某一画作,探讨画风、画技及艺术成就。[6] 本文以李因为个案,透过社会交往的视野,探讨李因的社交网络及活动空间形成与拓展,并尤其关注明清鼎革前后李因社会交往与政治选择之间的互动关系。

  纵观李因一生的行迹与交游,大致可分为三个阶段。第一阶段,自李因生年至下嫁葛征奇之前,其社交网络概以亲属、友人及青楼朋辈为主。[7] 唯限于史料无多而详不可考。第二阶段,自李因嫁与葛征奇至葛氏殉节,此一时期李因随夫宦游,与江南才媛、士绅及葛氏同僚交结较多。第三阶段,自葛征奇殉难至李因辞世,在此期间,李因虽以明遗民自居,而与亲朋旧故、遗民处士、仕清贰臣、女冠道友及画商等都有不同程度的联络和交际。具体交游情况见下表。

---

[1] (清)叶珍:《明纪编遗》卷二,《四库禁毁书丛刊·史部》(第十九册),北京出版社2000年版,第45页。

[2] 施淑仪:《清代闺阁诗人征略》卷一,《清代闺秀诗话丛刊》(第三册),凤凰出版社2010年版,第1756页。

[3] (清)李因:《竹笑轩吟草》,辽宁教育出版社2003年版,第50页。

[4] 《竹笑轩吟草》共三集,《初集》刊于明崇祯十六年(1643),收录诗作156首;《续集》刊于清初,收录诗作107首;《三集》刊于清康熙二十二年(1683),收录诗259首,词22阕。李因画作据统计现可查者64件,参见赫俊红《丹青奇葩:晚明清初的女性绘画》,文物出版社2008年版,第181页。

[5] 相关研究有莫立民:《赋得真情在人间——记明末清初女诗人李因》,《古典文学知识》2005年第2期;赵雪沛:《明末清初女词人研究》,首都师范大学出版社2008年版,第337—342页;吴琳:《清初女性诗歌嬗变研究》,浙江大学硕士论文,2012年;杨玉菡:《李因诗歌考察》,湘潭大学硕士论文,2012年;(加)方秀洁、(美)魏爱莲:《跨越闺门:明清女性作家论》,北京大学出版社2014年版,第175—183页。

[6] 相关研究有李湜:《李因和其〈荷鸳图〉轴》,《文物》1997年第4期;王巨安:《李因〈越中八景图〉》,《东方博物》2008年第3期;蒋琳:《李因〈水墨花鸟图卷〉考》,《东方博物》2013年第1期;曹清:《香闺缀珍:明清才媛书画研究》,江苏美术出版社2013年版,第96—97页;赫俊红:《丹青奇葩:晚明清初的女性绘画》,文物出版社2008年版,第158—160页。

[7] 史料中对李因早年沦落风尘的经历少有追述。《翠楼集》专记青楼才媛诗作,载:"李因……光禄葛征奇副室。翰墨林中,可推祭酒。"参看刘云份《翠楼集》,上海杂志公司1936年版,第3页。《竹笑轩吟草》辑有李氏赠与王玉烟、王畹生、李澹生、柳如是等人诗文,皆以"校书"称之。"校书"是古时对歌姬的雅称,明末普遍用以称呼名妓中通文墨者。此外,黄宗羲《李因传》认为李因可与柳如是、王修微相颉颃,三人不仅皆以风尘之身嫁与名士,更是明末才媛中文采和气节尤著者。参见(清)黄宗羲《南雷诗文集》,沈善洪等编《黄宗羲全集》(第十册),浙江古籍出版社2005年版,第584页。

李因交游人物简表

交往对象		交游内容	资料来源
名媛才女	梁夷素	相与出游，有唱和诗	《竹笑轩吟草》，第13、16页
	朱中楣	葛氏携李因出游拜访，有赠诗	《竹笑轩吟草》，第22页
青楼朋辈	王玉烟	赠诗唱酬	《竹笑轩吟草》，第19页
	王畹生	寄诗唱酬	《竹笑轩吟草》，第19页
	李澹生	赠诗唱酬	《竹笑轩吟草》，第20页
	章韵先	寄诗唱酬	《竹笑轩吟草》，第20页
	柳如是	寄诗唱酬	《竹笑轩吟草》，第20页
	莲如	出游赠诗	《竹笑轩吟草》，第82页
	素芳	赠诗唱酬	《竹笑轩吟草》，第61页
葛氏同僚	李日华	为李因画作题诗	《六研斋笔记》卷四
葛氏门人	朱一是	为《竹笑轩吟草》作序	《为可堂初集》卷十六
	吴本泰	南归通行，相与唱酬；为《竹笑轩吟草》作序	《竹笑轩吟草》，第2、28页；《吴吏部集》卷上
	朱嘉徵	为《竹笑轩吟草》作序	《竹笑轩吟草》，第49页
	卢传	为《竹笑轩吟草》作序	《竹笑轩吟草》，第1页
道友居士	西堂女师	赠诗唱和兼题画	《竹笑轩吟草》，第80页
	慧圆女师	李因作悼亡诗追挽之	《竹笑轩吟草》，第81页
	体真女师	相与出游唱和	《竹笑轩吟草》，第82页
其他	黄太夫人	八十寿辰，李因赠祝寿诗	《竹笑轩吟草》，第66页
	黄宗羲	为李因作传	《南雷诗文集》
	许三礼	出游唱和；将李因事迹载入《海宁县志》	《竹笑轩吟草》，第92页；《海宁县志》卷十一
未详	林夫人	李因作悼亡追挽之	《竹笑轩吟草》，第93页

一　闺阃之外：与士绅名媛的交往

作为明清之际江南知识女性中的翘楚，李因早年随夫宦游，将视界投入闺阃之外，与官僚、名媛交结颇多。《竹笑轩吟草》中不乏李因与一些士绅、名媛的交际酬唱之作，这些交往不仅使得李因结识了许多文学之士，更扩大了其在文人阶层的知名度，进一步促使其蜚声文坛和画坛。

葛征奇是明季江南士人的典型代表，亦是李因拓展社会交往的重要媒介。葛征奇（？—1645），字无奇，号介龛，浙江海宁人。明崇祯元年（1628）进士，历任湖广道御史，升太仆寺卿，转光禄寺卿。清顺治二年（1645）清军南下，葛征奇在"南都之变"中抗清殉节。先是，葛征奇偶得李因梅花诗，颇赏识其才气，遂纳之为侧室。在当时的社会话语中，"见闺中识字者，如见不祥"，加之女子多囿于内闱，故"铲华匿才，未易与人世扬镳而驰耳"。①葛光禄以官位显达，成为李因跨出闺门的社交媒介。自崇祯初年，葛征奇携李因宦游十五载，"偕与溯太湖，渡金焦，涉黄河，泛济水，达幽燕"。②二人所到之处，或作诗唱和，或泼墨写生。清初文人毛际可《安序堂文钞》言："光禄既以诗名，而是庵夫人（李因）绘事臻逸品，一时文采风流，犹可想见。"③葛氏夫妇唱酬之风雅，黄宗羲亦赞曰："虞山有柳如是，云间有王修微，皆以唱随风雅闻于天下。是庵（李因）为之鼎足，伧父担板亦艳为玉台佳话。"④二人之风流韵事与中国古代才子佳人的叙事颇为契合，经文人传颂，名声益著。凭借自身的才华横溢，加之葛征奇的社交引介，李因的社会交往与活动空间得以扩展至闺阃之外。

李日华（1565—1635），字君实，号竹懒，浙江嘉兴人。明万历二十年（1592）进士，除九江推官，累官至太仆寺少卿，与葛征奇同朝为官，交情颇深。李日华工书画，精鉴赏，时人云："士大夫风流儒雅，好古博物。祥符王惟俭、云间董其昌为最，日华书画亚于其昌，博雅亚于惟俭，而微兼二公之长。落落穆穆，韵度颓然，可称名士。"⑤李日华《六研斋笔记》载："葛无奇家姬李因者，妙于写生。无奇以牡丹折枝贻余，余酬一绝云：'珠箔银钩独坐春，抛将绣谱领花神。脂轻粉薄重重晕，恰似崔徽自写真。'"⑥葛征奇将李因所绘《牡丹折枝图》赠予李氏，李日华对李因点染相宜的笔法大加赞赏，因而欣然题诗，并以唐代名妓崔徽比之。这一风流文采之事后广为流传，明清诸多诗画录，如《珊瑚网》《玉台画史》等皆录入此条，作为李因其人其画的生

---

① （清）李因：《竹笑轩吟草》，辽宁教育出版社2003年版，第4页。
② 同上。
③ （清）厉鹗：《玉台画史》卷四，《画史丛书》（第五册），上海人民美术出版社1992年版，第62页。
④ （清）黄宗羲：《南雷诗文集》，沈善洪等编《黄宗羲全集》（第十册），浙江古籍出版社2005年版，第584页。
⑤ （清）嵇曾筠，（清）李卫等修；（清）沈翼机等纂：雍正《浙江通志》卷一七九《人物六·文苑二》，《中国地方志集成·省志辑·浙江》（第六册），凤凰出版社2010年版，第684—685页。
⑥ （明）李日华：《六研斋笔记》卷四，凤凰出版社2010年版，第198页。

动写照。

梁夷素（1560—1640），字孟昭，浙江钱塘人。梁夷素兼诗人、画家、戏曲家于一身，是明末江南才女的代表人物之一。时人赞其工词翰而清绰悦丽，善山水而深远秀逸。① 陈继儒称其诗画乃"天女花、云孙锦，非人间所易得"，② 素有"女中元白"之称。李因与梁夷素不仅同邑，且均以诗画双绝而负盛名。二人的交游唱和，亦多系于此。李因曾同梁夷素赴西溪赏梅，有"夫人索我梅花谱，携得清风两袖香"③ 之句。《竹笑轩吟草》另有和梁夷素诗多首，可见二人之相熟。④

朱中楣（1621—?），本名懿则，字远山，江西庐陵人，明宗室瑞昌王朱议汶之女。⑤ 夫李元鼎，字梅公，江西吉水人，明天启二年（1622）进士，官至光禄寺少卿，与葛征奇为朝中同僚。朱中楣早年与李元鼎吟咏唱和，大有李清照遗风，时人称闺阁中风流佳语。⑥ 崇祯甲申，李自成陷北京，李元鼎投诚。清师既定，李元鼎复应诏仕清，"中楣阻之不得，乃赠之以诗曰：'妾身自是裙钗女，羞把蛾眉别画人。'不欲偕行"。⑦ 李元鼎的出处问题为朱中楣带来极大困扰，时人多有诟病。⑧ 《竹笑轩吟草》收录《和豫章李夫人》《途次再和豫章李夫人韵》等诗，系李因与葛征奇出游江西之时所作。⑨ 虽然无从追踪明亡后李因与朱氏的交往联络，但明清鼎革的变故给二人带来的家国之痛可谓感同身受。

李因早年流落风尘，与青楼朋辈友谊颇深。其中可考者有王畹生、柳如是。王畹生，生卒年未详，明末清初名妓，"工弈棋，善绘画，尤以画兰见长"。⑩ 张岱《陶庵梦忆》载："我家声伎，有'可餐班'……次则'武陵班'……再次则'吴郡班'，以王畹生、夏汝开、杨啸生名。"⑪ 王畹生早年活跃于吴地一带而小有名气。李因曾作《赠王畹生校书》二首寄之，追忆早年之事。⑫ 柳如是（1618—1644），本名杨爱，后改名柳隐，字如是，又称河东君，明末清初秦淮名妓，浙江嘉兴人。柳如是"为人短小，结束俏利，性机警，饶胆略"，⑬ 先与陈子龙相恋，后与钱谦益结缡。李因曾作《赠柳如是校书》叹"一声折柳正相思"，⑭ 可见二人之相熟。

---

① 浙江省社会科学院编：《浙江人物志》，浙江人民出版社1986年版，第167页。
② （清）姜绍书：《无声诗史》卷七，《画史丛书》第3册，上海人民美术出版社1992年版，第133页。
③ （清）李因：《竹笑轩吟草》，辽宁教育出版社2003年版，第13页。
④ 同上书，第16页。
⑤ （清）裘君弘辑：《西江诗话》卷十二，《续修四库全书》（第一六九九册），上海古籍出版社1996年版，第618页。
⑥ （清）吴仰贤：《小匏庵诗话》卷三，《南开大学图书馆藏稀见清人别集丛刊》（第三十一册），广西师范大学出版社2010年版，第436页。
⑦ （清）陈鼎：《留溪外传》卷十六，齐鲁书社1996年版，第187页。
⑧ 王钟翰点校：《清史列传》卷七九《李元鼎传》，中华书局1987年版，第6600页。
⑨ （清）李因：《竹笑轩吟草》，辽宁教育出版社2003年版，第22页。
⑩ 同上书，第19页。
⑪ （清）张岱：《陶庵梦忆》卷四，上海古籍出版社2001年版，第70页。
⑫ （清）李因：《竹笑轩吟草》，辽宁教育出版社2003年版，第19页。
⑬ （清）顾苓：《河东君小传》，范景中，周书田编《柳如是事辑》，中国美术学院出版社2002年版，第5页。
⑭ （清）李因：《竹笑轩吟草》，辽宁教育出版社2003年版，第20页。

二　黍离之悲：与明遗民的交往

清初著名女文学家王端淑曾指出"乾坤贞烈之气多钟于妇人"。① 按照传统儒家思想，政治忠诚是个人忠诚的一种自然延伸，遗民女性将其对丈夫的个人忠诚和对明廷的政治忠诚相结合。经历亡国与丧夫之痛，国变后的李因"矢柏舟节，终身不变"。② 历经明清鼎革，明遗民坚守其身份认同，在话语和心理上都不接受或认同清政权。李因与明遗民的交往不仅有助于构筑一定的人脉，搭建更为广阔的交往平台，更是李因寻求与建构身份认同的重要途径，反映了李因作为忠明者的政治立场和遗民气节。

吴本泰（1573—1653），字梅里，又字美子，浙江海宁人，葛征奇故旧。吴本泰少时热衷于功名而屡试不中，至崇祯六年（1633）举于北雍，次年登进士。吴本泰深精兵制、屯田之法，"一切利弊，无不毕究"。③ 崇祯帝召对后，以其有材用，授吏部主事，后任南京礼部郎中。④ 明亡后，吴本泰隐居西溪，结庐自娱。晚年与僧道多有唱和，著《西溪梵隐志》四卷，抒隐逸情怀。崇祯十六年（1643），吴本泰调遣南京，与葛征奇夫妇一同南归。道经宿州，遇"哗卒之难"。其时兵戈扰攘，矢石雨集，李因以身蔽葛氏，"丛矢创胸且贯其掌"。⑤ 吴本泰在《竹笑轩吟草叙》详述当时惨况，盛赞李因遑恤躬烈，"可以愧须糜丈夫而弃城殉节者"。⑥ 入清后，海宁县令许三礼修县志时亦直接取材吴氏文本，作为李因的小传。后世学人辑著李因画传者亦多抄录之。

朱一是（1610—1671），字近修，号欠庵，浙江海宁人。朱一是富于才学，敏悟过人，少时与朱嘉徵、范骧等结十二子社。⑦ 明崇祯十五年（1642）举孝廉，⑧ 尝受学于吴伟业，后浪迹交游，与周篔、周亮工等交好⑨。明亡后，朱一是避地梅里，人劝其出仕，而介然守志，披缁衣授徒，以述作自娱。晚年逃禅问道，翛然高蹈，以志节终。⑩ 朱一是文集辑李因《感旧》一诗，朱氏在《小序》述及往日与葛征奇的交往，并盛赞国变后李因孀居守志的气节：

　　余发覆额，即与先辈光禄卿葛公征奇善，垂二十年。乙酉夏日乱作，公及余

---

① （清）王端淑：《名媛诗纬初编》卷二一《新集》，康熙六年（1667）清音堂刻本，加拿大麦吉尔大学—哈佛燕京图书馆"明清妇女著作数字计划"，第3b页，http://digital.library.mcgill.ca/mingqing/chinese/index.php。
② 金燕：《香奁诗话》卷上，《清代闺秀诗话丛刊》（第三册），凤凰出版社2010年版，第2231页。
③ （清）许三礼等修：《海宁县志》卷十一《人物志·文苑》，台北成文出版社有限公司1983年版，第1015页。
④ （清）陶元藻：《全浙诗话》卷四，浙江古籍出版社2015年版，第979页。
⑤ 施淑仪：《清代闺阁诗人征略》卷一，《清代闺秀诗话丛刊》（第三册），凤凰出版社2010年版，第1756页。
⑥ （清）李因：《竹笑轩吟草》，辽宁教育出版社2003年版，第3页。
⑦ （清）金鳌等修：《海宁县志》卷九《列传·文苑》，台北成文出版社有限公司1984年版，第1316页。
⑧ （清）许三礼等修：《海宁县志》卷十一《人物志·文苑》，台北成文出版社有限公司1983年版，第1015页。
⑨ （清）黄容：《明遗民录》卷四，谢正光、范金民编《明遗民录汇辑》（第一册），南京大学出版社1995年版，第113页。
⑩ （清）阮元，（清）杨秉初辑：《两浙��轩录》卷一，浙江古籍出版社2014年版，第2882—2883页。

痛哭海上。别去,寻卒。后七年,余客他县,竟不及登公墓,伤如何矣!时在秀州,友人偶言,公故姬李因守志,毁容屏艺,自甘岑寂,有古闺侠风。为赋一绝记其事,且志悼公之深云。①

葛征奇虽系朱一是的长辈,而二人交情颇深。此"友人之言"颇见李因苦节守志之艰,亦可见李因事迹当时在海宁远近的知名度。

朱尔迈(1632—1693),字人远,号日观子,浙江海宁人。幼以诗名,绝意进取,潜心学业。年十六补会稽学诸生。青年时代曾四上京师,遍交名公巨卿与四方奇士。后随其父朱嘉徵至叙州(今四川宜宾),而出入四川,游历甚广。相与唱和者,不乏黄宗羲、屈大均、陈维崧、宋琬等名士。明亡后,朱尔迈隐居海宁城西道游堂。晚年卜居梅树霜竹间,吟诗辑著。朱尔迈配葛氏,即葛征奇子葛定辰之女。② 由此可知,葛朱两家有姻亲之交。朱尔迈《扶桑阁集》收录《李夫人竹笑轩续集序》一篇,系朱尔迈代其父所作。序文论及李因与同邑女诗人徐灿:

> 吾邑僻处海滨,文章甲第相望,不名一家。自数十年来,推最盛者:曰陈氏,曰葛氏,即闺门丽则亦与相埒。陈氏以徐夫人湘蘋特闻,葛氏李夫人是庵其流并与。两夫人生并时,皆擅丹青,能为诗及长短调,声名振远近间。予尝以两夫人相提而论。徐夫人事师相陈公,李夫人事光禄葛公,皆当盛时处津要。故其诗音缓而节和,如绛云在霄,卷舒自若,其乐然也。逮沧桑后,流离患难,匿影荒村,或寄身他县。其诗益凄楚不堪读,盖忧从中来,不可复止。此两夫人所同也。若夫陈师相更历崇阶,位元老,徐夫人唱随之,雅不比于平时。而李夫人则茕茕称未亡,徒抱遗编,咿唔穗帐之侧。嗟乎!其相去且弗啻寻丈。虽然玉阙月黑,铁领云黄一时,万里羁魂,登高台而望故乡者,徐夫人之所独也。李夫人虽老且贫,犹得偃息于梅轩竹坞之中,伸纸长吟,岂非至幸?予故读其诗、论其世,而见两夫人之遇若同若异者,其人之穷达所系为何如哉?③

徐灿,李因同邑,字湘蘋,号深明,明光禄丞徐子懋女,海宁陈之遴继妻。④ 徐灿兼词人、诗人、书画家身份于一身,"善属文,工填词,不减北宋人风调",⑤ 曾结蕉园诗社,在清初诗坛颇具影响力。徐灿亦善书画,"脱手画作,世争宝贵"。⑥ 鼎革之际后,陈之遴投诚仕清,一度攀上仕途顶峰,直至陈氏结党案发,徐灿与陈之遴被发往

---

① (清)朱一是:《为可堂文集》卷十六,转引自黄裳:《翠墨集》,安徽教育出版社2006年版,第41页。
② (清)许三礼等修:《海宁县志》卷十一《人物志·文苑》,台北成文出版社有限公司1983年版,第1017页。
③ (清)李圭修,(清)许传霈、刘蔚仁续修,朱锡恩续纂:民国《海宁州志稿》卷十六《艺文志·典籍》,《中国地方志集成·浙江府县志辑》(第二十二册),上海书店出版社1993年版,第470页。
④ 施淑仪:《清代闺阁诗人征略》卷二,《清代闺秀诗话丛刊》(第三册),凤凰出版社2010年版,第1761页。
⑤ 雷瑨、雷瑊辑:《闺秀诗话》卷十,《清代闺秀诗话丛刊》(第二册),凤凰出版社2010年版,第1170页。
⑥ 施淑仪:《清代闺阁诗人征略》卷二,《清代闺秀诗话丛刊》(第三册),凤凰出版社2010年版,第1761页。

盛京（今辽宁沈阳），流亡七年之久。① 在朱尔迈看来，李因、徐灿有着相似的经历和相异的结局。二人风采斐然，亦嫁与名士，堪称闺门佳丽。明亡后，李因以嫠妇之身守志孀居，尝尽易代之际国亡家破、无处容身之感。徐灿因政治变动，饱经沧桑。二人之名节在当时当地可推最盛，而晚景寥落，闻之令人叹惋。

黄宗羲（1610—1695），字太冲，号南雷，世称梨洲先生，浙江余姚人，明末清初著名遗民、学者。鼎革之际，黄氏曾组织"世忠营"武装抗清。明亡后，全心侍母，屡拒清廷征召。隐居之余，专事讲学与著书立说，有《宋元学案》《明儒学案》《明夷待访录》等。黄氏晚年与仕清者交往密切，对地方官员、当朝皇帝多有肯定和颂美之辞。②《梨洲先生神道碑文》有云："公自以身遭国家之变，期于速朽，而不欲显言其故也"。③ 自入清后，黄氏终身不仕，这一政治符号表明其始终坚守遗民身份。李因与黄宗羲同岁，二人亲眷都有在明廷为官者，亲友中亦有在抗清斗争中不幸罹难者。明亡清替使得其同遭家国、身世之悲，故而二人在政治取向都相一致，心路历程和思想上亦有极大的共鸣。李因曾作《题画为姚江黄忠端太夫人寿》为黄母贺寿。黄宗羲后从友人处得知，李因"欲余作传，以两诗寿老母为贽"，④ 便回赠《李因传》。一方面代母答谢，另一方面则出于对李因守节气的钦佩与文才的推崇。传文有言：

> 庵茕然一身，酸心折骨，其发之为诗，尚有三世相韩之痛……吾友朱人远以管夫人比之：其宦游京师同，其易代同，其工辞章同，其翰墨流传同，差不同者，晚景之牢落耳。余读文敏魏国夫人之志，夸其遭逢之盛，入谒兴圣宫，皇太后命坐赐食，天子命书千文，敕玉工磨玉轴送秘书监装池收藏。而是庵方抱故国黍离之感，凄楚蕴结，长夜佛灯，老尼酬对，亡国之音，与鼓吹之曲，共留天壤。生无哀乐，要皆灵秀之气所结集耳！⑤

黄宗羲《李因传》对李因的文采、为人品格给予高度评价，塑造了一位忧心故国、守节不渝的忠明列女形象。黄宗羲认为，李因的文墨才气可与南宋管夫人相媲迹，而易代之变使得李因惨遭国亡家破，而管道升却尽享身后荣华，殊为可叹。以黄宗羲当时之声望，《李因传》流传无疑提升了李因在文坛和士人中的名气与影响力，可说是李因交游的一个重要媒介。

杨德建，生卒年未详，字鲁山，号愚斋，浙江海宁人，清兵部侍郎杨雍建弟。杨

---

① （清）金鳌等纂修：《海宁县志》卷十《列女传六·闺秀》，台北成文出版社有限公司1984年版，第1606页。
② 有关黄宗羲遗民志节和晚年对清政府态度转变问题，陈永明认为，在黄宗羲的遗民意识中早已摆脱了"一姓之忠"的教条，"不仕"更多的是出于其个人情感因素的驱使，是"孝"和"义"的彰显。参看陈永明《清代前期的政治认同与历史书写》，上海古籍出版社2011年版，第23—41页。
③ （清）全祖望：《梨洲先生神道碑文》，朱铸禹汇校集注：《全祖望集汇校集注》上册，上海古籍出版社2000年版，第221页。
④ （清）黄宗羲：《南雷诗文集》，沈善洪等编《黄宗羲全集》（第十册），浙江古籍出版社2005年版，第584页。
⑤ 同上书，第584—585页。

德建早年由明经补国子监正学，明亡后拒仕不出，与查慎行交好。晚年仰心禅宗，自号"直心子"。① 海宁杨氏与葛氏数代为邻，交情甚好。后杨德建娶妇葛氏，岁时进谒李因。杨德建作《竹笑轩吟草三集》跋，有言：

> 予家世居双仁里，光禄葛公亦卜居焉。嗣是沧桑变更，予家迁居城东。伯氏、仲氏，与太夫人诸兰玉论文往返。凤钦太夫人（李因——笔者注）能诗，称为"当世女学士"。时而染翰淋漓，直使管夫人不得擅美于前矣。后予娶妇葛氏，得稔知太夫人为人。每岁时进谒，见太夫人甘澹泊，勤纺织。且端亮慎淑，恬色怡颜，无今昔炎凉怨愤之态，真闺壶之仪刑也。常出其近咏示余，予少失学，从不知诗，亦何能谬为赞扬？②

杨德建与李因有较多接触。李因甚至时常出近咏与其切磋讨论。杨德建复以李因比之管夫人，对李因的人格、品德颇为赞赏。其"端亮慎淑，恬色怡颜，无今昔炎凉怨愤之态"之语，更以寥寥数语描述了李因晚年冰雪贞操、学问纯净、乐夫天命的长者形象。

三 掩映之间：与仕清者的交往

明清更替的剧痛导致李因忠明而反清的政治立场。入清后，李因的政治选择未有转向，但面对仕清贰臣，李因并未显示出决然强硬的疏离态度。李因与仕清者的交往乃出于现实的考量，显示出特殊政治环境下明遗民政治选择的模糊性。与李因交往的仕清者或与其有着相投的志趣爱好，或对李因有经济上的援助、社交上的引介。故而政治立场的对立并未造成社交网络的中断。

朱嘉徵（1602—1684），字岷左，号止溪，浙江海宁人，朱尔迈之父。朱嘉徵早年受学于老儒钟鸿颖，后于灵隐山苦读十年。少时与朱一是、范骧等结十二子社。③ 明崇祯十六年（1642）举于乡，次年会试中副榜。自两都寻没，依恋前朝，无意于功名。朱嘉徵在情感上忠于明朝，却务实地与清廷合作。清初，以学有盛名，被荐为会稽教谕，后谒选得叙州府推官。在官六年，擒剿匪寇，屯民生息，多施惠政，为黄宗羲所盛赞。④ 朱嘉徵曾应海宁县令许三礼之邀辑纂县志，主撰"海防、海塘、人物诸门，莫不简而有法"。⑤ 辞官后，谈经著述百余卷，时人多求其诗文，唯闭门研学，一派萧然

---

① （清）陶元藻：《全浙诗话》卷四一，浙江古籍出版社2015年版，第1040页。
② （清）李因：《竹笑轩吟草》，辽宁教育出版社2003年版，第102页。
③ （清）金鳌等纂修：《海宁县志》卷九《列传·文苑》，台北成文出版社有限公司1984年版，第1316页。
④ （清）黄宗羲：《南雷诗文集》，沈善洪等编《黄宗羲全集》（第十册），浙江古籍出版社2005年版，第424—426页。
⑤ （清）金鳌等纂修：《海宁县志》卷九《列传·文苑》，台北成文出版社有限公司1984年版，第1316页。

物外之风。康熙二十二年（1683）六月，葛征奇门人欲为李因刻《竹笑轩吟草三集》，时年八十有一的朱嘉徵欣然为序。朱氏在《序》中谈及葛征奇与李因"敬爱如师友而人或拱璧"的传奇佳话，以及李因等人南归所遇哗卒之变诸事。朱嘉徵盛赞李因"其诗益沉郁慷壮，一往情深，有烈丈夫之所难为者"。更写到李因晚年"志愈坚，节愈苦"，① 转而投身宗教世界，"资禅悦"的诸多细节。

许三礼（1625—1691），字典三，号酉山，河南安阳人。清顺治十四年（1657）举人，十八年（1661）进士，授海宁知县，历任福建道御史、大理寺卿、顺天府尹等。② 许三礼师从著名理学家孙奇逢（1584—1675），颇详礼义之道，深受康熙帝赏识。执政海宁期间，整饬县政，兴利除弊，敦促救灾储粟，筑塘浚河，教民以务本，创立正学书院、海昌讲院。在县八年，声誉甚美。许三礼与黄宗羲之交好，"（许）及在海宁，从黄宗羲游。官京师，有所疑，必贻书质宗羲"。③ 自康熙十五年（1676），黄宗羲应邀数次赴海宁讲学，主持讲席达五年之久。④ 李因极有可能通过黄宗羲的引介而与许三礼建立了联系与友谊。康熙二十年（1681）秋，许三礼于海昌讲院开讲。李因与许氏登塔观景，作《九日登塔和许邑侯原韵》八首与之唱酬。当是时，"胜会郊游政事停"，众多海昌名流凭高赏景。其中，"白社相邀多后起，词坛有主继先型"⑤ 之句印证了二人的文学交流。

先是，康熙十四年（1675），许三礼邀朱嘉徵编《海宁县志》。此次修志，李因事迹被载入其中。今本康熙《海宁县志》影印不清，据乾隆年间重修本补全，兹录全文：

> 李因，字是庵，光禄葛征奇侧室也。善画，名重京师。吟咏间作有《竹笑轩集》行世。光禄寺葛征奇《题画松图》曰："操一秃笔写千年□虬鳞，怒张虎爪蹲附，化为老人。瞿然惊顾俯□□之，莫知其故。"是庵哭征奇诗："秋生风急闭重关，泪寄潇湘疏竹斑。莫问苍梧多少怨，至今石化望夫山。"
>
> 葛光禄门人吴本泰《吟草》跋曰："余既叙《竹笑》已，□宿州。吾师遇哗卒之难。凶锋猋突，飞镝如雨，白□昼暄，舟中错愕不相顾。夫人亟走出，迹师所在，□一二艘，踉跄而入余舟。呼曰：'夫子何在，夫子□□！'时被贼椎击，丛矢创胸，且贯其掌。血流朱殷，不□觉痛。迨余遣侦师，还白无恙，夫人意始帖然，□乃知羽簌奋身矢石之下而欲护其主，遑恤其躬。烈哉！可以愧须眉丈□弃城殒节者。"⑥

---

① （清）李因：《竹笑轩吟草》，辽宁教育出版社2003年版，第49页。
② （清）黄叔璥撰，（清）戴璐等续补《国朝御史题名》，《续修四库全书》（第七五一册），上海古籍出版社1996年版，第307页。
③ 赵尔巽等撰：《清史稿》卷二六六，《列传五十三·许三礼传》，中华书局1977年版，第9951页。
④ 康熙十五年（1676）二月，黄宗羲应许三礼之邀请于海昌讲学，停留两月之久。参看（清）黄炳垕《黄梨洲先生年谱》，中华书局1993年版，第45页。
⑤ （清）李因：《竹笑轩吟草》，辽宁教育出版社2003年版，第59页。
⑥ （清）金鳌等纂修：《海宁县志》卷十《列女传六·闺秀》，台北成文出版社有限公司1984年版，第1607页。

比对康熙、乾隆《海宁县志》的文本，后者删去"吴本泰《吟草》跋"，代之以"黄宗羲为立传"一句。此外，在编排上，康熙《海宁县志》将李因归入"列女传/闺秀/明"这一序列，乾隆朝续修《海宁县志》及此后所修《海宁州志》《海宁州志稿》等亦将李因归入"列女传/闺秀/国朝"之序列。①

李因笄期即小有名气，其人其事被载入地方志，与李因当时的影响力及社交网络不无关系。葛征奇生前曾作《叙竹笑轩吟草》评论李因为人，认为"异日传之女史，为敬庵后百年一人可乎"。②吴本泰《竹笑轩吟草叙》补述李因在"哗卒之变"的英烈之举，坦言其所记"以俟传烈女者"。③国变后，李因忠贞不渝的义行在海宁地方长久流传，又经黄宗羲《李因传》之渲染传布，其声名在海宁乃至江南更是遐迩。④加之李因与许三礼、朱嘉徵的交际，入《列女传》似所当然。

卢传，生卒年未详，直隶晋州人。据《国朝御史题名》载，卢氏系前明举人，入清后由工部主事考选湖广道御史。⑤卢传为《竹笑轩吟草》作首序，文中称葛征奇为"吾师"，可见其应为葛氏门人。卢传在序中盛赞李因可称"女史""忠臣""异才奇节，掩映古今"。⑥序文落款题"江南直使者"。以当时卢传在朝为官，可见此首序颇具现实意义。

黄斐，生卒年未详，字云襄，号菉园，浙江鄞县人。⑦清康熙九年（1670）进士，由翰林院庶吉士改山东道御史，升副都御史。⑧黄斐为《竹笑轩吟草三集》作序，盛赞李因为"闺中之秀"，堪为"巾帼者流能亭亭自立者"。⑨此外，文中"圣朝鼎兴，云蒸霞蔚，人文之瑞益甲寰中"之语，则极尽歌颂清朝之能事。其政治取向可见一斑。

李因以诗画著称，名节亦远播。以上四人中，许三礼系引介新识者，李因与其交际多集中于文学领域，体现出社会人际交往中业缘、趣缘的面向。是故，二人相异的政治取向并未成为实际的交往障碍。其余三人或为葛征奇门生故吏，或与葛氏家族建立了姻亲关系，李因与之交往很大程度上是基于旧时交情，由是反映出社交网络中血缘与地缘的持久性，而不能过分强调仕清贰臣与明遗民的身份对立。

---

① 参看（清）金鳌等纂修《海宁县志》卷十《列女传六·闺秀》，台北成文出版社有限公司1984年版，第1607页；（清）战鲁村等修《海宁州志》卷十《列女下·闺秀》，台北成文出版社有限公司1983年版，第1888页。
② （清）李因：《竹笑轩吟草》，辽宁教育出版社2003年版，第5页。
③ 同上书，第3页。
④ （清）许三礼等修：《海宁县志》卷十一《人物志·列女下》，台北成文出版社有限公司1983年版，第1178页。
⑤ （清）黄叔璥撰，（清）戴璐等续补：《国朝御史题名》，《续修四库全书》（第七五一册），上海古籍出版社1996年版，第298页。
⑥ （清）李因：《竹笑轩吟草》，辽宁教育出版社2003年版，第1页。
⑦ （清）阮元，（清）杨秉初辑：《两浙辀轩录》卷九，浙江古籍出版社2014年版，第2882—2883页。
⑧ （清）黄叔璥撰，（清）戴璐等续补：《国朝御史题名》，《续修四库全书》（第七五一册），上海古籍出版社1996年版，第308页。
⑨ （清）李因：《竹笑轩吟草》，辽宁教育出版社2003年版，第50页。

四 安身之途：与画商、女冠的交往

鼎革变故给李因的生活带来巨大的震荡，生计与安身是其不可忽略的现实考量。自家道中落，李因生活无依，从前"薰四种之好香，濯十样之名锦。琉璃砚匣，自足清娱；翡翠笔床，时供雅玩"①的生活一去不复返，唯有四壁萧瑟、举目凄凉。李因《忆昔扶榇归来有感》有云："一身无长物，颓垣瓦砾馀。饱鹰冲碧汉，饥鼠奔空厨。童仆掉头去，园亭异姓居。旧时黄犬在，为我守蓬庐。"②这便是李因流亡生活的真实写照。正所谓"独剩穷魔未肯降"，③生计问题迫使李因在国变后以画家的身份谋生度日，以致生活所需皆"赖笔墨以自给"。④

李因诗画双绝，早年即以善画而名重京师，所画脱手即流传。⑤画坛赞其画作"苍秀入格，点染生动，大幅益佳"，⑥更有"闺阁中笔力，当以今生（李因）为第一"⑦之说，故颇具市场号召力。加之李因遗民画家的特殊身份，当时人称，"武林人得其一幅，价值千金"。⑧向李因求画者或慕名而来，或附庸风雅，而更具现实意义的是，画商的出资购买很大程度上给予了李因相当的经济援助，亦促使其在画坛声望更巨。据黄宗羲所述，"三十年以来，求是庵（李因）之画者愈众，遂为海昌土宜馈遗中所不可缺之物，是庵亦资之以度朝夕"。⑨另一方面，借助书画和诗文，李因独特的遗民画家身份促成了道德资本向经济利益的转化。这给李因带来一定的困扰。清代书画评论家秦祖永有言，李因之画"当时极有名誉，故赝本颇多"，更有甚者，"假其画者，同邑遂有四十余人"。⑩李因并未因为困厄而丢失气节，闻之，"第此四十余人之高下，不在高第者，毋使败我门庭"。纵使孀居困顿，李因仍高风亮节，论者赞"其残膏剩馥，尚能沾溉如此"。⑪

明亡后，李因远离了象征权力中心的城市而避隐郊居。避世是与现实政治空间的隔离，既表达对清朝合法性的直接否定，亦彰显明遗民独立存在的姿态。正如其诗所

---

① （清）李因：《竹笑轩吟草》，辽宁教育出版社2003年版，第2页。
② 同上书，第57页。
③ 同上书，第71页。
④ 雷瑨，雷瑊辑：《闺秀诗话》卷十，《清代闺秀诗话丛刊》（第二册），凤凰出版社2010年版，第1170页。
⑤ 窦镇：《清朝书画家笔录》卷四，《三十三种清代人物传记资料汇编》（第四十二册），齐鲁书社2009年版，第365页。
⑥ （清）徐沁：《明画录》卷六，《画史丛书》（第三册），上海人民美术出版社1992年版，第89页。
⑦ （清）秦祖永：《桐阴论画》附录《闺秀名家》，浙江人民美术出版社2014年版，第98页。
⑧ （清）李因：《水墨花鸟图》长卷拖尾，李法孟《跋》，浙江省博物馆藏。
⑨ （清）黄宗羲：《南雷诗文集》，沈善洪等编《黄宗羲全集》（第十册），浙江古籍出版社2005年版，第585页。
⑩ （清）秦祖永：《桐阴论画》，《附录·闺秀名家》，浙江人民美术出版社2014年版，第98页。
⑪ （清）黄宗羲：《南雷诗文集》，沈善洪等编《黄宗羲全集》（第十册），浙江古籍出版社2005年版，第585页。

言，"地僻村幽隔市尘，昔时曾有避秦人"。① 匿影荒村无疑起到了安顿身心的作用。与此同时，国变后的李因亦投入宗教的自我表达，通过逃禅使现实的苦闷在禅境中得以平息。明清易代之际，许多妇女过早地失去了丈夫或其他家庭成员，促成闺秀和比丘尼朋友的结交。② 李因早年即与居士相熟，甚至有"道谊相知四十年"③者。康熙二年（1663）夏，李因与西堂女师唱酬，并以作画赠之。是年秋，与李因相熟的慧圆女师圆寂，李因作悼亡诗二首追思。吴本泰曾言："夫人体抱纯素，志存净业。名因，了三世之因；庵是，识二报此也。"④ 黄宗羲《绿萝庵诗序》亦言："李是庵佛火消寒未泯，侠骨可谓盛矣。"⑤ 李因虔佛，并将佛理入诗，所作咏怀诗多为表达禅心禅趣以及看破红尘、洞明世事之意，如"世事如棋局，乾坤几废兴"⑥"甘愚不与时宜合，扫却红尘便是禅"⑦。这些禅思诗句折射出李因作为遗民无力面对故国山河破碎的身份失语，特别是在历经朝代转换与家道中落后，试图借助宗教寻求语境转换。与女冠居士密切的交往，成为李因寻求自我安顿、排解愁苦的一种途径。正所谓"抱故国黍离之感，凄楚蕴结，长夜佛灯，老尼酬对，亡国之音与鼓吹之曲共留天壤"。⑧

五　总　结

明清之际，知识女性辈出，其清淑之风堪与艺苑争雄，而独开生面，正所谓"名媛闺彦，项背相望。自江南北以及吴越鲁蜀，声播金石，为一代鼓吹，猗与盛哉"。⑨ 作为明清之际江南知识女性的翘楚，李因与才媛、文士、明遗民、仕清官僚、画商、居士等不同社会群体广泛联络交结，社交网络和活动空间的拓展，促使李因跨越闺门，涉足不同畛域，为其联络社会交往关系、建构身份认同提供了多样化的途径。

李因早年随夫宦游的经历促使其跨越闺门的畛域，具备了超越一般名媛闺秀的眼界和气度，形成了与囿于闺阁而不出的知识女性相异的自我认识。据葛征奇所述，李因时常"扼腕时事，义愤激烈，为须眉所不逮"。⑩ 王端淑亦赞叹李因与众不凡的气度：

---

① （清）李因：《竹笑轩吟草》，辽宁教育出版社2003年版，第88页。
② ［加拿大］方秀洁，［美］魏爱莲：《跨越闺门：明清女性作家论》，北京大学出版社2014年版，第206页。
③ （清）李因：《竹笑轩吟草》，辽宁教育出版社2003年版，第81页。
④ 同上书，第2页。
⑤ （清）黄宗羲：《南雷诗文集》，沈善洪等编《黄宗羲全集》（第十册），浙江古籍出版社2005年版，第100页。
⑥ （清）李因：《竹笑轩吟草》，辽宁教育出版社2003年版，第87页。
⑦ 同上书，第76页。
⑧ （清）黄宗羲：《南雷诗文集》，沈善洪等编《黄宗羲全集》（第十册），浙江古籍出版社2005年版，第585页。
⑨ （清）李因：《竹笑轩吟草》，辽宁教育出版社2003年版，第4页。
⑩ 同上书，第5页。

"撮合花鸟，凑泊烟云，易易耳。而奇志卓荦，矫矫不磨，岂非天壤间傀伟女子乎？"[1]通过葛征奇的引介，李因与士绅名媛的交往使其在明清画坛、文坛名气加增，客观上促成李因才媛闺秀身份的外延。

  明清鼎革之际，伴随着政治、社会和文化的变征，李因的社会交往关系亦经历着分化与重组。以往对于李因的研究，有关其遗民身份的言行事迹得到充分肯定，而李因与仕清官员的交际却被有意无意地忽略了。李因与明遗民的交往体现出其一贯的"忠明"立场与遗民气节，与仕清者的交结则体现出易代背景下明遗民政治选择与现实抉择的妥协一面。李因与降清者对立的政治取向并未成为社会交往中不可逾越的障碍。明清之际是旧政权分崩离析、固有官方话语暂时失语的时期，社会政治环境的模糊性为李因社交网络的展开提供了较为宽松的条件，从而折射出清初遗民社会又一面向。

  避世村居、结交女冠是李因孀居生活中安顿自我、排遣愁思的社交场域与交际方式。李因与画商的联系如实反映出清初遗民社会交往的现实性与功利性。求画者不仅提供了一定的经济援助，亦对推广李因画作有积极意义。正是得益于与诸多社会群体的广泛交往，李因跨越不同畛域的社交网络得以形成与展开。

【作者简介】何永智，中国人民大学清史研究所博士研究生

---

[1] （清）王端淑：《名媛诗纬初编》卷十八《正集十六》，康熙六年（1667）清音堂刻本，加拿大麦吉尔大学—哈佛燕京图书馆"明清妇女著作数字计划"，第25a页，http://digital.library.mcgill.ca/mingqing/chinese/index.php。

附:《中国越学》征稿启事

《中国越学》是由浙江省社科重点研究基地——浙江省越文化研究中心（绍兴文理学院越文化研究院）主办的学术辑刊，旨在反映国内外越文化研究的最新动态和创新成果，打造越文化研究的高端学术交流平台，促进学术事业进步。竭诚欢迎国内外学者来稿。

一、本刊为半年刊，诚征如下稿件：

（一）越文化研究，含于越民族文化、越国文化、越地文化（在原越国都城、越国统治腹心地区、越国统治长期稳定主要疆域以及影响辐射地区发展壮大起来的绍兴文化、浙东文化、浙江文化、江浙文化甚至南方百越文化）、越族越人文化（上述地域的越人以各种方式在大一统中国甚至境外创造的文化）研究，特别是王充、王羲之、陆游、王阳明、蔡元培、鲁迅等越文化尤其是绍兴文化标志性人物研究。

（二）中国其他地域特别是与越文化相关的其他地域文化研究。

（三）地域文化理论创新及地域文化产业开发研究。

二、文章要求：

（一）文章要求有原创性。

（二）文章以8000—10000字为宜，主题特别重大的论文不受此限，字数最多可到25000字。

（三）提供300字以内的中文提要。

（四）注释放在每页下端，用圈形数码。若所引为现代书籍，注释中所列依次为：作者名、书名、出版社名、出版年月、页码。比如，蒙文通：《越史丛考》，人民出版社1983年版，第1页。若所引为古籍，是影印本者，注释中所列依次为：朝代名、作者名、书名、卷数、版本、流水码。比如，（元）谢应芳：《思贤录》卷二《张夫人墓志铭》，《四库全书存目丛书》史部第82册，第369页。若所引为原版古籍者，注释中所列依次为：朝代名、作者名、书名、卷数、篇名、版本。比如，（明）王行：《墓铭举例》卷二《侍郎邹公埋铭》，清光绪四年朱墨套印本。若所引为文章，注释中所列则依次为：文章名、期刊名、年份期数、页码。比如，梁钊韬：《西瓯族源初探》，《学术研究》1978年第1期，第7页。

（五）若是研究项目成果，请于文章首页下注标明：课题来源、课题名称、课题编号等。

（六）文后写明作者姓名、所在单位、职称（或职务）、电话、电子信箱，以便联系。

三、本刊实行匿名评审，请勿一稿多投，自寄送后两个月，未收到刊发通知者，可自行处理。

四、稿件一经发表，敬奉薄酬和样刊两册。

五、来稿请以电子文档形式发送至：yuexue2016@163.com。

联系人：钱汝平，联系电话：0575-88342880。

期待并感谢您的合作与支持！

《中国越学》编辑部
2018年1月20日